e 스포츠 마케팅 쪼개기

e스포츠
마 케 팅
쪼 개 기

ALL ABOUT
JOBS IN ESPORTS

이승용 지음

북마크

내 삶을 완성시켜 준 애니와 션에게

세상을 바꾼 성덕들의 이야기

글을 쓰는 2020년 겨울의 지금, 세상은 완전히 변했다. 매년 가을에 열리는 '리그오브레전드 월드 챔피언십(속칭 '롤드컵')'의 시청자 수는 상상을 초월한다. 2020년 롤드컵 결승전의 최대 동시 시청 자수는 1억 6천만 명에 이르렀다. 그 어떤 스포츠산업이나 엔터테인먼트산업을 비교해봐도 이만큼 파급력 있는 콘텐츠는 아마 없을 것이다.

e스포츠가 세상을 호령하고 있다. 2018년 e스포츠 실태 조사에 따르면 리그오브레전드 프로게이머 선수들의 평균 연봉은 약 1.7억 원이라고 한다. 세계적인 프로게이머 'Faker' 이상혁 선수는 나이키와 광고를 찍었다. 내가 어제 슈퍼마켓에 가서 6살 아들에게 사준 월드콘의 겉면에 있는 'Faker'가 나를 보고 웃고 있다.

나는 블리자드 e스포츠팀에서 총 4년의 시간을 보내며, 2020년 가을까지 아시아-태평양 e스포츠 총괄 실장 역할을 역임하다 회사를 떠났다. 오버워치라는 게임의 런칭 시점에 맞추어 e스포츠 경험을 시작했고, 그 이후 스타크래프트, 스타크래프트2, 하스스톤, 월드오브워크래프트, 히어로즈 오브 더 스톰, 그리고 콜 오브 듀티 등 액티비전-블리자드가 보유한 e스포츠 프로그램을 경험했다.

전통 스포츠마케팅 업계에 있으며 보고 배운 그간의 경험을 엮어 '스포츠마케팅 쪼개기(2013)'란 서적을 출판했고, 그 이후 세 권의 스포츠산업 관련 서적을 더 출간했다. 그리고 e스포츠에 들어온 지 4년이 지난 지금, 이제 e스포츠판 '스포츠마케팅 쪼개기'를 출간하게 됐다.

아마 이 책을 읽을 독자의 대부분은 한번쯤은 이런 궁금증이 있는 사람들일 것이다.

나도 e스포츠 쪽에서 일할 수 있을까?

e스포츠는 어떤 일자리들이 있을까?

이런 생각을 가져본 것이 맞다면 내 책을 보고 많은 정보를 얻을 수 있을 것이라고 믿는다. 이 책을 집필하며 가장 많이 신경 쓴 점이 있다. 그것은 바로 고등학생이 읽어도 쉽게 읽을 수 있는 책이어야 한다는 콘셉트이다. 아무래도 책과 친해지기가 부담스러울 수 있는 일반 독자들을 위해 최대한 쉬운 말로 글을 쓰려고 애썼다. 그리고 동시에 반드시 이 책은 유튜브 채널과 같이 진행해야 한다는 결론도 내렸다(유튜브 '스마쪼맨'). 보는 것이 읽는 것에 비해 정보 전달의 속도와 효율성이 훨씬 뛰어나기 때문이다(e스포츠人과의 인터뷰 콘텐츠 업로드 예정).

그럼에도 이 책을 꼭 읽어야만 하는 이유는 있다.

첫째, 이 책은 업계 최초로 e스포츠 산업의 취업 분야를 상세히 소개하고 있다.

둘째, 그 누구도 이렇게 e스포츠 산업을 현실적으로 정의하고 미래에 대해 다룬 적이 없다.

셋째, e스포츠 각 분야의 현업자들을 만나 그들의 이야기를 모아 담았다.

이 글을 읽는 사람들이 취업에 도전할 정도의 나이일 것을 고려하여 가장 도움이 될 만한 정보만을 골라 쉬운 단어로 표현하고자 노력했다. 인터뷰 대상을 선정할 때도 가급적 나이가 젊은 현업인들을 대상으로 해 독자와의 거리감을 최소화하려고 했다.

이 책을 통해 나는 크게 네 가지 큰 질문을 던진다.

도대체, e스포츠 비즈니스가 무엇인가?

그래서, e스포츠 취업은 어떻게 하는 것인가?

어떻게, 스티브(저자)는 e스포츠를 정복해 나가고 있는가?

앞으로, e스포츠의 미래는 어떻게 될 것인가?

그동안 'e스포츠 산업의 실질적 정의'를 묻는 질문에 쉽게 설명하는 자료가 없었다. 그게 프로게이머나 구단을 말하는 건지, 대회를 말하는 건지, 아니면 방송 중계를 말하는 건지 명확하지 않았다. 어디서 누가 어떻게 일하고 있는 건지, 그 사람들은 도대체 어떤 과정을 통해 현재의 자리에 오게 됐는지도 궁금했다. 또한 나의 이야기도 많이 담아보려 노력했다.

　e스포츠 산업으로 오게 된 계기와 입사 과정에서 겪은 좌절과 깨달음, 그리고 현장에서 뛰며 얻은 성찰을 고스란히 적어 놓았다. 이렇게 빠르게 확장해 가는 e스포츠 산업의 미래가 약 10년 후쯤이면 어떻게 됐을지도 궁금했다. 코로나19 사태로 인해 변해버린 일상생활, PC에서 모바일로 빠르게 변해가는 게임문화, e스포츠가 과연 스포츠로 인정받는 날이 올지 등에 대한 궁금증을 풀어보았다. 또한 e스포츠라는 것이 창업아이템이 될 수 있는지에 대해서도 창업자의 입을 통해 직접 들어보기도 했다.

　내 첫 번째 책인 '스포츠마케팅 쪼개기'를 한번이라도 읽어 본 사람이라면 지금 이 이야기가 그 책과 많이 다르지 않다는 것을 알 수 있을 것이다. 내가 스포츠마케팅 쪼개기를 기획했을 2012년 당시, 전통 스포츠산업은 지금의 e스포츠 산업과 그 결을 같이 하고 있었다. 끝없는 가능성, 멈출 줄 모르는 성장성, 하지만 반면에 매우 불명확했던 진로 탐색 경로가 바로 그것이었다.

e스포츠는 그만의 몇 가지 특징을 가지고 있지만 결국 스포츠시장과 비슷한 성격을 가진 이웃사촌임을 느꼈다. 반면, 지난 10년 간 미디어 시장을 뒤흔들어 놓은 유튜브, 트위치, 넷플릭스 등의 등장은 기존의 전통 스포츠 미디어 시장이 e스포츠에서는 통하지 않음을 보여주기도 했다.

이런 이야기들을 한 스토리로 풀어내고 싶은 게 이 책의 주목적이다. 만약 e스포츠에 관심이 있는 사람이 이 책을 읽는다면, 한번이라도 프로게이머 외의 e스포츠 진로를 생각해 보고 이 책의 정보를 통해 무엇이 맞는 길인지를 다시 한번 생각해 보는 계기가 되길 바란다.

요즘 아이돌 이름도 외우려고 노력하지 않는 마흔한 살 애아빠인 내가 하는 e스포츠 이야기가 얼마나 울림이 있을지 모르겠다. 또한 내가 직접 만나 인터뷰한 십여 명의 현업인들의 스토리가 정답이라고 이야기하고 싶지는 않다. 하지만 그 스토리 속에는 분명 열정과 실행력이라는 공통분모가 보인다. 그것을 자신의 삶에서 어떻게 풀어냈는지에 대한 핵심포인트를 이 글을 통해 간접 체험할 수 있도록 돕고자 한다.

　요즘에는 자신이 좋아하는 일을 직업으로 가지며 성공 커리어를 이룬 사람들을 두고 '성덕(*성공한 덕후)'이라고 부른다. e스포츠 산업에서 일하는 선수, 구단, PD, 게임사 직원, 미디어 플랫폼, 기업 담당자 등은 모두 성덕이라 부를 수 있지 않을까. 지금부터 들려주는 그들의 이야기를 통해 여러분도 'e스포츠 성덕'의 꿈을 키우고 또 이룰 수 있는 계기가 되길 기대해 본다.

　세상을 바꾼 성덕들의 이야기, 지금 바로 만나 보자.

2020년 11월

차 례

| 1장 | **도대체, e스포츠 비즈니스가 무엇인가?**

| 4장 | 앞으로, e스포츠의
미래는 어떻게 될 것인가?

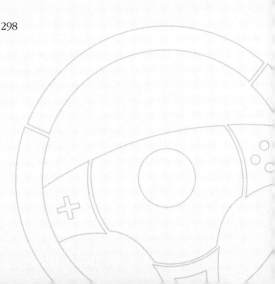

e 스포츠 마케팅 쪼개기

제 1 장

도대체, e스포츠 비즈니스가 무엇인가?

| ▶ |

e스포츠의 역사는 약 20년이 됐지만, 산업의 폭발적 성장은 채 5년이 되지 않았다고 분석한다. '산업적 성장'의 의미는 e스포츠가 단순 게임 마케팅의 역할을 넘어 산업적으로 받아들여지고, 그를 둘러싼 여러 곳에서 부가가치가 발생하며, e스포츠 자체로 비즈니스가 되기 시작했다는 것이다. 다시 말해, 누군가는 e스포츠로 사업을 구상하고 밥 벌어먹고 살 수 있는 환경이 만들어져 간다는 것이다.

e스포츠,
요즘 네가 제일 핫하다던데

뉴주 e스포츠 리포트 - 2021년 e스포츠 산업규모 글로벌 1.7조 시장 예상
PC방/게임/e스포츠의 영향력, 결국 젊은이들의 문화를 대체
PC와 모바일의 경계선에 선 지금, e스포츠의 미래는?

최근 'e스포츠'라는 키워드는 게임, IT, 문화, 스포츠, 투자, 미래산업 분야를 막론하고 여기저기서 등장하고 있다. 하루가 멀다하고 쏟아져 나오는 e스포츠 산업 규모에 대한 뉴스들이 지면을 장식하고 있다.

- "돈 몰리는 e스포츠 상장사 나오나"
- "e스포츠 전망 밝아… 투자 지속하겠다"
- "기업들 e스포츠 전문교육 사업 전개한다"
- "한국 e스포츠 성지로 뜨는 이유"
- "한국에서 시작된 e스포츠, 이제 글로벌이 열광하다"

가파른 속도로 성장하는 e스포츠 산업의 규모는 날이 갈수록 높아지고 있고, 그 규모는 여러 지표를 통해 확인되고 있다. 특히 시청자 수의 규모는 이미 여러 메이저 프로 스포츠를 따라잡은 지 오래되어 스포츠와 시청률을 충분히 다룰 수 있는 정도의 콘텐츠가 되었다.

한국콘텐츠진흥원이 발간한 '2019 e스포츠 실태조사'에 따르면, 세계 e스포츠 시장 매출 규모는 1조 원 정도로 파악되고 있으며, 이후에도 고속 성장이 전망된다.

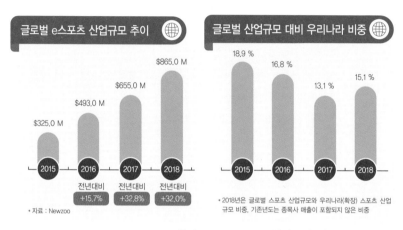

* 출처 : 2019 e스포츠 실태조사, 한국콘텐츠진흥원

이는 리그 오브 레전드와 오버워치를 중심으로 빠르게 진행된 글로벌 e스포츠 리그의 프랜차이즈화와 전통 스포츠 구단의 활발한 e스포츠 시장 참여가 큰 역할을 해냈다고 볼 수 있다. 여기에 플랫폼의 확대, 광고시장과 스폰서십, 중계권 판매 등의 활성화가 이뤄지면서 산업 규모의 성장에 기여했다고 분석된다.

프로게이머라는 직업은 더 이상 게임덕후를 의미하지 않는다. 어느덧 많은 어린 친구들이 프로게이머를 진지하게 미래의 직업으로 생각하고 있다. 2019년 12월, 교육부와 한국직업능력개발원이 발표한 초 · 중등 진로교육 현황조사 결과에 따르면 초등학생 장래희망 순위에 프로게이머가 6위일

정도로 e스포츠의 영향력은 어린 세대에게 막강해지고 있다.

인터넷 스트리머는 그보다 높은 장래희망 3위에 위치해 있는데 이는 최근 무섭게 성장한 디지털 콘텐츠도 이와 결을 같이 한다. 이미 대부분의 e스포츠 콘텐츠는 디지털 플랫폼 특히 모바일 디바이스를 통해 소비되고 있다. 유튜버, BJ, 스트리머, 인플루언서 등의 1인 미디어 키워드들이 게임 또는 e스포츠와 매우 밀접하게 맞닿아 있다는 점도 주목할 포인트이다.

e스포츠가 대세가 될 수밖에 없었던 배경 - PC방 문화

대부분의 우리나라 어린이들은 초등학교 입학 전후로 PC방 문화에 눈을 뜨게 된다. 치열한 교육문화에 시달리는 대한민국 학생들에게 가장 좋은 여가시설이자 가장 재미있게 놀 수 있는 곳은 아무래도 PC방일 것이다.

이유는 단순하다. 학교 끝나고 친구들과 모여 갈 수 있는 가장 저렴하고 재밌는 공간, 시험이 끝난 후 스트레스를 풀 수 있는 공간이 바로 PC방이기 때문이다. 비교적 저렴한 금액으로 친구들과 모여서 고사양의 컴퓨터를 할 수 있다는 장점 하나로 이미 PC방은 성공할 수밖에 없는 모델이었

다. 현재는 PC방 산업 자체는 포화상태(2020년 8월 기준 전국 등록 PC방 약 1만 개)에 이르렀고 그 부정적인 측면도 곳곳에서 드러난 바 있다. PC방은 자연스레 PC게임 위주로 플레이를 할 수 있는 여건이므로, 한국인들에게 PC게임은 거의 자신들이 뛰노는 사이버 공간의 놀이터와 같다. 다만 2020년 코로나19 사태의 직접적인 영향을 받아 PC방 사업은 급속도로 줄어들고 있는 모양새이다.

PC방 문화가 잘 정착된 국가는 한국이 거의 유일하다. LAN을 기반으로 고사양 컴퓨터가 100대 이상 구비된 PC방. 언제든지 원하는 시간에 찾아가 안정적인 환경에서 친구들과 게임을 즐길 수 있다. 축구장, 야구장, 풋살장처럼 장소를 예약하고 다수의 사람이 모여야 하는 불편함이 적다.

사양이 좋은 PC방은 최고 품질의 잔디구장에 비유할 만하다. 그렇다 보니 화수분처럼 쏟아져 나오는 한국의 e스포츠 스타들은 어린시절부터 동네 PC방 정도는 충분히 정복한 실력자였으리라. 결국 PC방이라는 한 공간에서 e스포츠 유소년 선수들이 여러 게임을 플레이해 보며 프로게이머로서의 미래를 점쳐보고 있는 것이다. 이런 이유로 나는 한국이 e스포츠에 막강한 나라인 이유를, 브라질이 축구에 강한 이유에 빗대어 설명한다. 그 어느 곳에 가서도 축구할 수 있는 문화가 정착한 브라질, 그리고 그 어디서도 쉽게 PC방에서 게임을 즐길 수 있는 한국은 같은 맥락에서 이해할 수 있지 않겠는가. 한국이 많은 e스포츠 종목에서 최고의 위치에 있고, 또 이것이 e스포츠를 대세로 만들고 있는 중요한 배경이기도 하다. 최근에는 코로나19 사태의 여파와 모바일 게임의 상승세가 이루어지며 시대가 한 번 더 변해가고 있지만, 여전히 PC방 문화는 우리 청소년들의 여가문화의 많은 부분을 차지한다.

e스포츠의 태동이 스타크래프트라는 게임으로부터 시작된 것은 이미 모

두에게 익숙한 사실일 것이다. 스타크래프트는 장르 분류상 전략 시뮬레이션(RTS, Real-Time Strategy)이다. RTS게임이 가진 동시다발 전투, 그에 따르는 멀티태스킹과 마이크로 컨트롤 능력의 요소들이 하나로 어우러져, 사람들이 게임을 통한 경쟁에서 승리하는 것에 희열하는 현상이 발생했고, 이것이 곧 e스포츠의 시초가 되었다. 스타크래프트가 영원할 것 같았지만 아니었다. 그 뒤를 따르는 새로운 e스포츠 게임 장르들이 계속 등장하면서 그 범위가 점차 넓어졌다.

e스포츠가 존재하는 게임의 장르를 큰 줄기로 보면 다음과 같다.

- **RTS**(Real-Time Strategy, 전략 시뮬레이션)
- – 예: 스타크래프트 시리즈, 워크래프트 시리즈, 클래시 로얄(모바일)
- **AOS**(Aeon of Strife, 유즈맵명이 장르화되었으며 공식 장르 이름 없음)
- – 예: 리그 오브 레전드, 도타2, 히어로즈 오브 더 스톰, 펜타스톰(모바일)
- **FPS**(First Person Shooter, 1인칭 슈팅 게임)
- – 예: 오버워치, 서든어택, 콜 오브 듀티, 카운터 스트라이크,
    레인보우 식스
- **Battle Royale**(배틀로얄)
- – 예: 배틀그라운드, 포트나이트, 에이펙스 레전드
- **TCG**(Trading Card Game) – 예: 하스스톤, 섀도우버스
- **대전격투게임** – 예: 스트리트 파이터
- **스포츠게임** – 예: 피파, NBA2k

장르적 다양화 외에도 최근 게임 플레이의 반경은 디바이스나 플랫폼을 망라하고 계속 확장되고 있다. PC에서 모바일, 콘솔(플레이스테이션이나

XBOX), 닌텐도 스위치 등 어떤 기기로도 플레이할 수 있는 게임들이 등장하고 있고, 거기에 이제는 클라우드 기반 게이밍의 시대가 오고 있다. 클라우드 게이밍 서버에 접속하기만 하면 이제는 어떤 기기로 언제 어디서든지 게임을 즐길 수 있는 것이다. 구글의 스타디아(Stadia)나 마이크로소프트의 프로젝트 엑스클라우드(Project xCloud) 등이 그 예이다.

2018 인도네시아–팔렘방 아시안 게임에 첫 등장한 e스포츠 종목과 그 구분을 살펴보면, 2개의 PC게임, 2개의 모바일 전용게임, 1개의 PC/모바일 겸용 게임, 그리고 1개의 콘솔/PC 겸용 게임으로 다양하게 선정된 바 있다.

게임명 (가나다 순)	장르	플레이 플랫폼
리그 오브 레전드	AOS	PC
스타크래프트2	RTS	PC
클래시 로얄	RTS	모바일
펜타스톰	AOS	모바일
하스스톤	TCG	PC, 모바일
PES 2018	스포츠	콘솔, PC

얼마나 지속될 것인가?

e스포츠의 지속성을 논할 때 가장 먼저 나오는 얘기는 아마 게임의 '수명'일 것이다. 스타 크래프트나 리그 오브 레전드처럼 10년 이상 e스포츠로서 장수하는 게임은 정말 흔치 않다. 대부분의 게임이 1, 2년 내로 사라지는 상황에서 그 게임의 e스포츠로서의 수명이 유지될 리 만무하다.

하지만 e스포츠 전체 시장을 바라볼 때, 다양한 종목의 새로운 게임이 시

시각각 등장하고 배틀그라운드(PUBG)처럼 새로운 e스포츠 장르를 창작해 버리는 변수까지 더한다면 한 게임의 영속 가능성이 낮을지언정, e스포츠 화가 가능한 게임의 수는 지속적으로 발생할 것으로 예상된다.

또한 세계적으로 성공한 대부분의 게임은 e스포츠가 자리를 잡으면서, 성공한 게임은 e스포츠를 시도하고 그를 위해 많은 투자를 아끼지 않는다는 공식 아닌 공식이 서 있다. 투자가 된 만큼 그것을 성공시키려는 이해 관계자들의 노력이 전방위적으로 더해짐으로써 e스포츠는 계속해서 유지되고 탄력을 받는 구조이다. 그런 측면에서 e스포츠의 지속성은 매우 밝은 편이라 말할 수 있겠다.

이제 여기서 생각해 볼 포인트가 하나 더 있다. 과연 e스포츠가 스스로 수익모델을 갖추고 자생할 수 있는 것인가, 아니면 게임의 지속적 인기를 돕는 마케팅 수단이 될 것이냐는 질문이다. 이 질문에 정답은 없다. 다만, 이 질문에 대한 분석은 책 뒤에서 별도로 페이지를 할애해 조금 더 얘기해 볼 가치는 있을 것이다.

e스포츠의 미래는 무엇인가?

20년 남짓된 e스포츠의 규모는 마치 그 끝을 모르고 달리는 기관차와 같다. 현재 글로벌 시장을 휘두르는 e스포츠 종목은 리그 오브 레전드, 오버워치, 도타2, 카운터 스트라이크: 글로벌 오펜시브, 그리고 PUBG 정도이다. 이들 뒤에서도 수많은 게임이 차세대 e스포츠 시장을 선점하기 위해 경쟁하고 있다. 게임의 e스포츠화와 더불어 눈에 띄게 성장한 분야가 다름 아닌 구단 비즈니스이다. 몇몇 게임 잘하는 친구들의 클랜 모임의 수준을 넘은 지 이미 오래이다. 현재 전세계적으로 가장 큰 기업 가치를 지닌 글로벌 e스포츠 구단의 가치는 4천만 달러(약 440억 원)를 상회한다. 빅픽처 인터렉티브 같은 국내 e스포츠 전문 기업도 코스닥 상장을 목표로 계속 성장하고 있다.

- #1 (tie) | Cloud9 | $400 million.
- #2 (tie) | Team SoloMid | $400 million.
- #3 | Team Liquid | $320 million.
- #4 | FaZe Clan | $240 million.
- #5 | Immortals Gaming Club | $210 million.
- #6 | Gen.G | $185 million.
- #7 | Fnatic | $175 million.
- #8 | Envy Gaming | $170 million.

* 출처 : The Most Valuable Companies In Esports, Forbes, 2020

여전히 수많은 어린 친구들은 미래의 글로벌 스타를 꿈꾸며 진지하게 게임에 임하고 있다. 이제는 한국에서 e스포츠 아카데미사업도 활황이다. 국내 최고는 곧 세계 최고라는 공식이 성립되어 있을 정도로 국내 선수들의 실력은 이미 전세계에서 인정한 바 있다.

하지만 '<u>e스포츠 강국</u>'이라는 말이 '<u>e스포츠 산업 강국</u>'이라는 말의 충분 조건은 아니다. 한국의 e스포츠 산업은 가장 선진화된 편이지만 여전히 작은 시장 규모의 한계와 미래 e스포츠 산업 동향에 유연하게 대처하지 못하는 모습은 넘어야 할 산이다. 흔히들 글로벌 대회 우승하면 마치 한국 e스포츠가 세계 최고인 것처럼 보여질지 모르나 <u>산업의 성장과 발전은 대회 우승과는 직접적 상관관계가 없다.</u>

앞서 얘기했듯이 거시적 관점에서는 e스포츠가 핫한 아이템인 것은 의심할 바가 없다. 그 미래도 매우 밝다. 다만, 이런 점이 책을 읽는 독자에게는 여전히 뭔가 분명하지 않고, 멀게 느껴진다는 점이 문제일 것이다. 그 수많은 뉴스와 기대감이 나에게 어떤 의미로 다가오는지, 특히 내가 이 산업에 관심을 가지고 뛰어든다면 어떤 식으로 접근해야 할지, 나에게 아직 기회는 있는 것인지 등을 면밀히 살펴봐야 한다.

e스포츠 산업에 관심을 갖는 많은 사람들이 가지는 궁금증은, 요즘 가장 핫하다는 e스포츠 산업의 미래에 내가 어떻게 발을 들여놓을 수 있느냐일 것이다.

프로게이머, 코치, 해설자, e스포츠 구단 마케터, 게임사 e스포츠 담당, e스포츠 방송제작 PD 등등 그 취업 분야가 무엇이고, 내가 준비해야 할 것은 무엇인지 이를 위한 해답을 같이 작성해나가 보자. e스포츠를 둘러싼 관계자들과 기업, 그리고 그 최전선에서 뛰는 프로들의 세상을 들여다 보면 자신과의 교집합을 찾아볼 수 있지 않을까?

02

누가 e스포츠를
이끄는가?

산업의 중심 : 1. 게임개발사, 2. 구단/선수, 3. 미디어 플랫폼
유튜브의 독점적 지위, 트위치의 무서운 성장세, 국가대표 아프리카TV,
뭔가 대기업 스타일 네이버, 저물어가는 TV/케이블 산업
e스포츠 산업 취업 위해선 산업 빅 플레이어들을 알아야

---

e스포츠의 역사는 약 20년이 됐지만, 산업의 폭발적 성장은 채 5년이 되지 않았다고 분석한다. '산업적 성장'의 의미는 e스포츠가 단순한 게임 마케팅의 역할을 넘어 산업적으로 받아들여지고, 그를 둘러싼 여러 부가가치가 발생하며, e스포츠 자체로 비즈니스가 되기 시작했다는 것이다. 다시 말해, 누군가는 e스포츠로 사업을 구상하고 밥 벌어먹고 살 수 있는 환경이 구성되어 간다는 것이다.

그렇다고 하여 과거에는 e스포츠 성장과 더불어 비즈니스를 영위해 가는 사람들이 없었다는 의미는 아니다. 게임사의 주도로 e스포츠가 성장하는 과정에서, 게임사의 예산을 활용해 서비스를 제공하는 업체들이 많았다. 그 대부분은 대회 운영, 그리고 방송의 제작비용이었을 것이다. 초창기에는 블리자드의 스타크래프트, 중기부터는 라이엇 게임즈의 리그오브레전드가 명백히 e스포츠 방송제작의 많은 부분을 차지했다. 우리가 기억하며

알고 있는 온게임넷(현 OGN)과 MBC 게임(2012년 채널 폐지)이 바로 이런 방송제작 서비스로 사업을 성장시켜 왔다.

하지만 현재 시점의 e스포츠 산업은 훨씬 세분화되어 있고 스스로 자생 가능한 모델들을 발견해 가고 있다. 과거 e스포츠 산업의 대부분을 차지하던 TV 방송사 중심의 제작 서비스는 시간을 거듭하며 많이 줄어든 형태이다. 오히려 구단을 기준으로 여러 e스포츠 관련 사업을 영위하는 회사들이 돋보이는 추세이다. 특정 슈퍼스타 프로게이머 선수들은 마치 스포츠 스타들처럼, 별도의 에이전트를 고용하고 구단에 의해 전문 관리를 받는다. 수많은 미디어 플랫폼(특히 디지털 플랫폼)들은 e스포츠를 컨텐츠로 받아들이고, 그 중계권을 확보하고, 광고주를 붙이기에 여념이 없다. 후원사들 역시 e스포츠를 마케팅 수단으로 분류하고 젊은 세대를 타깃으로 한 마케팅에 집중하고 있다.

한편, 글로벌 플랫폼의 등장, 특히 '유튜브'의 등장 역시 e스포츠 산업 발전에 큰 역할을 했다. 유튜브 1인 방송의 초기 컨텐츠에 게임이 많은 부분을 차지하면서 유튜브의 성장은 사람들에게 게임을 디지털 플랫폼으로 보는 것에 익숙하게 만들었다. 거기에 게임방송 전문 컨텐츠로 발을 넓히며 등장한 또 하나의 몬스터, '트위치TV'가 바로 뒤를 잇는다. 한국에는 예전부터 전통의, 또한 유일무이한 디지털 강자 '아프리카TV'가 버티고 있다.

그렇다. e스포츠라는 산업은 오늘도 진화하고 있다. 새로운 기회들과 부가가치들이 계속해서 발생하고 있다. 그렇다면 이 산업을 이끄는 주축들은 누구일까? 그 중심에 선 핵심 플레이어들을 하나하나 쪼개어 한 번 더 짚어보도록 하자.

게임개발사

　'게임'을 스포츠의 '종목'으로 구분한다면, '게임개발사'는 그 종목의 '주인'이다. 올림픽에 IOC, 축구에 FIFA가 존재하여 그 종목의 프로/아마추어 스포츠를 관장하듯이, 게임개발사는 자사 게임의 e스포츠를 주도한다. 물론 싱글플레이 캠페인 모드가 아닌 직접적인 경쟁을 기반으로 한 게임들은 대부분 e스포츠를 염두하기 마련이다.

　왜일까? 이유는 단순하다.

　게임의 e스포츠화가 정착될수록 유저들, 즉 플레이어들은 계속해서 게임을 플레이할 것이고, 같이 볼 것이기 때문이다. 또한 그 게임을 세상에서 가장 잘하는 사람들을 프로게이머로 만들면, 누군가는 프로게이머를 꿈꾸며 어릴 적부터 게임을 플레이하게 된다. 오래된 유저가 머물지 않고 떠나더라도 새로운 어린 유저가 유입되는 선순환 구조를 만드는 것은 게임의 지속력을 높여준다. 1, 2주 동안 약 100시간 정도 한 게임을 한 후, '아, 다 깼다. 재밌었네' 하고 손 터는 게임이 아닌, 계속해서 경쟁하고 승리하도록 만드는 장치가 e스포츠 안에 존재한다. 자신이 플레이하는 게임을 더

많은 사람들이 같이 하고, 같이 보고, 같이 얘기를 나누기 시작하는 순간, 그 파급력은 배가된다.

이러한 이유로 게임사들은 e스포츠에 많은 공을 들이고 그 규모를 계속 키워나가는 것이다. 대부분의 글로벌 히트 게임들은 e스포츠 규모 역시 정통 스포츠와 견줄 정도로 성장해 가고 있다. 라이엇 게임즈의 '리그 오브 레전드 월드 챔피언십(롤드컵)', 블리자드의 '오버워치 리그', 밸브의 '디 인터내셔널(도타2의 글로벌 챔피언십)', PUBG의 'PUBG 글로벌 챔피언십', 에픽게임즈의 '포트나이트 월드컵' 등이 그 좋은 예가 될 것이다.

프로게이머

전세계 게이머의 수는 얼마나 될까? 게임을 한번도 해보지 않은 사람은 아마 거의 없을 것이다. 조금 더 구분을 세분화해, e스포츠와 밀접한 관련이 있는 게임을 하는 사람의 수는 얼마나 될까? e스포츠 전문 시장조사기관 뉴주(Newzoo)가 발표한 자료에 따르면, 2020년 올해 게이머 인구는 약 47억 명(모바일 26억, PC 13억, 콘솔 7.7억)에 이른다고 한다.

게임을 하는 사람들은 자신보다 잘하는 사람을 동경하고 그들의 플레이를 보면서 쾌감을 느끼는 경우가 많다. 유튜브에 올라와 있는 수많은 게임 하드캐리 영상을 보라. 자신이 플레이하는 게임의 정점에 서 있는 실력을 가진 선수들, 그리고 그들이 실제 스포츠 리그에 참여해 자웅을 겨루는 모습은 모든 게이머들이 원하는 컨텐츠이다.

게이머가 없이는 e스포츠가 불가능한 것은 자명하다. 지금처럼 e스포츠 산업이 날로 커지는 요즘, 프로게이머의 영향력은 날이 갈수록 높아지고 있다. 프로게이머의 사전적 정의는 '비디오 게임 경기를 하는 것을 직업으로 삼는 사람'이다. 우리가 일상생활에 쓰는 이 단어의 정의는 아마 현존하

는 e스포츠의 가장 정점의 대회에 참여하며 삶을 영위하는 사람에 가까울 것이다. 하지만 실제 '프로'의 의미는 매우 광범위하거나 모호하여 게임별로 그 정의가 다르다.

2019 e스포츠 실태조사에 따르면, 국내에 파악된 프로게이머는 약 480명 정도이다. 비록 대부분이 어린 나이에 시작해, 젊은 나이에 그 꽃을 다 피워버리긴 하지만 게임을 플레이하는 것으로 직업을 가지는 것만큼 멋진 일이 또 있을까. 프로게이머가 되는 길은 정해진 바가 없으며, 게임마다 모두 다르다. 스타크래프트 같은 개인 대전이 e스포츠의 주를 이루는 게임부터, 리그 오브 레전드나 오버워치처럼 다대다(예: 5v5, 6v6) 위주의 팀게임 등 다양한 게임의 종류가 있다.

프로게어머들은 보통 게임 DNA가 남들보다 탁월하다고 하는데, 어떤 게임이든지 적응력과 마스터하는 스킬이 매우 좋다. 다만, 동종 장르의 게임, 예를 들어 1인칭 슈팅게임에 강한 선수들은 비슷한 종류의 신게임이 나왔을 때 그 성공여부를 판단해 빠르게 종목을 변환하는 경우도 있다. 프로게이머의 인재풀은 넓고도 깊다. 앞으로도 어리고 잠재 능력이 뛰어난 프로게이머들이 화수분처럼 계속 등장할 것이다. 이미 프로게이머 세계에 e스포츠 전문 에이전트들이 뛰어들고 있다. 최근에 불거진 팀-선수 간 불공정 계약도 그렇고 몇 년 전부터 이어져온 국내선수들의 해외 진출 러시는 전문 에이전트의 필요성을 낳았다.

한 가지 아쉬움이 남는 것은 그들의 은퇴 후 삶을 받쳐주는 시스템의 부재이다. 스포츠의 경우 대한체육회 내 은퇴선수진로지원센터를 마련해 국가예산으로 그들을 위한 진로 프로그램을 지원한다. e스포츠는 그 산업 인프라보다 자생적 성장속도가 빨랐다. 대표기관도 정하기 어렵고, IP를 보유한 게임개발사의 궁극적 목표는 스포츠가 아닌 게임을 통한 이윤추구이기에 이런 부분은 등한시되는 경우가 많다. 또한 그 게임의 수명이 얼마를 갈지 누가 알겠는가. 최근 e스포츠를 스포츠로 바라보는 추세에서, 그 관심에 어울리는 국가적 차원의 제도적 보완이 필요하다고 생각한다.

구단

최근의 e스포츠 구단들은 그 비즈니스를 대형화, 프랜차이즈화하는 모습을 많이 보이고 있다. 그동안의 e스포츠 구단 비즈니스는 사업이라고 말하기에는 어딘가 조금 부족한, '조금 더 조직적인 게임 전문 클랜' 정도의 모습을 가지고 있었다. 게임의 특성상, 한 게임의 수명이 전통 스포츠에 비해 매우 짧고, 게임의 흥망성쇠가 오가는 트렌드가 매우 빠르다 보니 한 게임에서 선전하는 구단의 성공이 연이어 일어나기 힘들었다. 또한 대기업이 직접 출자해 뛰어든 e스포츠 구단도 사업적 수익모델을 갖춘 자생체라기보다는 광고선전비를 활용한 마케팅 실행 객체에 가까웠다.

하지만 이제는 전혀 다른 모습이다. 사실 그 시작은 해외의 구단 프랜차이즈들이 먼저 시작했다. 클라우드 나인, 팀 솔로미드의 구단 가치는 어느덧 약 4천 억을 웃도는 수준으로까지 평가되고 있다. 한국의 경우, 오버워치 리그 구단 참여를 시작으로 e스포츠 산업에 뛰어든 '젠지 e스포츠(이하 젠지)' 같은 기업이 가장 최신 트렌드에 맞는 구단 비즈니스를 시작하고 있다고 평가할 수 있다. 가장 발전된 e스포츠 구단 사업의 예로 한국에 거점을 둔 글로벌 구단 젠지의 면모를 잠시 살펴보자.

젠지의 탄생은 2017년 오버워치리그의 출범 준비와 함께 시작됐다. 당시 서울팀의 연고를 목표로 두고 e스포츠 구단사업에 진출한 이 기업의 설립명은 KSV였다. 모바일 게임 회사 카밤의 공동 창업자인 대만계 미국인 케빈 추가 탄생시킨 KSV는, 2017년 하반기 창단 후 롤드컵을 우승한 삼성 갤럭시, 그리고 당대 최고 히어로즈오브스톰 우승팀 MVP 블랙, 그리고 오버워치 프로팀 루나틱 하이의 멤버들을 전체 영입하며 e스포츠 산업에 뛰어들었다. 그리고 브랜딩 컨설팅을 통해 향후 '젠지'라는 이름으로 사명을 변경하게 된다.

국내 e스포츠 중에 이만큼 파격적인 스타트를 한 전문기업이 있을까. 현재 우리나라에서 리그오브레전드 1부 리그인 LCK와 오버워치리그 프랜차이즈를 동시에 가지고 있는 기업은 젠지밖에 없다. 2020년 기준 포브스 발표 글로벌 구단 가치평가 6위에 오를 정도로 많은 투자와 관심을 받고 있다. 젠지의 구단 비즈니스는 횡적으로 계속 팽창하고 있다. 현재 운영하는 게임단만 해도, 위에 얘기한 LOL, 오버워치를 제외하고도, 배틀그라운드, 발로란트, 포트나이트, NBA2K 등 계속 확장하는 추세이다. 또한 이를 필두로, 소속 은퇴 선수들의 스트리머 비즈니스, e스포츠 전문 아카데미(젠지 글로벌 아카데미) 등으로 비즈니스 모델을 다양화하고 있다.

정리해 보면, 최근 구단 비즈니스는 '종합게임단'의 면모를 기본으로 하여, 아카데미 사업, 스타 프로게이머 관리, 개인 방송 스트리밍 관리, 스폰서 영입, 이벤트 기획/운영 등으로 사업을 확장하고 있다. 앞으로 e스포츠 구단 비즈니스는 더욱 성장하는 e스포츠 규모에 발맞추어 지속적으로 확대될 것으로 예상된다. 더 많은 자본 투자가 이어지고 있으며, 이 구단 사업 시장을 선점하고자 하는 치열한 노력의 결과가 주목된다.

미디어 플랫폼

플랫폼이라는 말이 요즘 가장 흔한 단어 중 하나지만, 이만큼 두루뭉술하게 설명하기 어려운 말도 없다. 2020년 11월 기준, 이 문단의 핵심을 e스포츠와 엮어 그냥 짧게 딱 잘라서 표현해 보자면 다음과 같다.

- 유튜브 독재
- 트위치 세력 확장
- 여전한 성장 가능성 국가대표 아프리카TV
- 뭔가 움직임이 대기업스러운 네이버
- 예전 생각나게 점차 힘겨워지는 TV/케이블 사업

e스포츠 미디어 제1의 전성기가 2000년대라고 한다면, 이때는 게임제작을 담당하고 유통했던 방송사들이 절대막강의 힘을 가지고 있었다. 게임

사들도 그에 큰 불만 없이 게임의 성공 수익을 e스포츠 제작에 쏟아부으며 방송사의 힘을 같이 키워줬다. 하지만, 2010년대 중후반으로 가며 디지털 플랫폼이 게임/e스포츠를 비롯한 대다수의 콘텐츠 유통을 흡수하기 시작했다. 한때 디지털 플랫폼은 '작은 미디어'로 불리며 메이저 방송 미디어들이 관심을 많이 두지 않았다. 하지만 스마트폰의 엄청난 성장과 그에 따른 우리네 포노사피엔스(*Phono + Sapiens: 스마트폰 없이 살아가기 힘들어하는 세대, 최재붕 저 '포노사피엔스'에서 인용)의 시청 양상의 변화가 급속도로 모바일로 변했다. 이제 밀레니얼 세대와 Z세대의 1번픽은 더이상 TV가 아니다.

위에 언급한 플랫폼사들은 다들 e스포츠 컨텐츠를 상당히 매력적으로 생각한다. 전통 TV 방송사들과 나머지 디지털 플랫폼의 차이가 무엇인지 아는가. 바로 자본력이다. 급속도로 성장한 디지털 플랫폼에게는 늘 엄청난 자본력이 장전되어 있다. 이들이 놀랄 만한 가격을 지불하면서까지도 e스포츠 중계권을 가져오는 이유는 e스포츠팬들의 수 때문이다. 그들이 자신의 플랫폼에서 머물며 광고주들의 소비자로 바뀔 수 있도록 유도하기 위해서이다.

그럼 위에 언급한 주요 미디어 플랫폼들을 하나씩 살펴보자.

유튜브는 가히 콘텐츠 세계의 독재자가 확실하다. 다만 e스포츠/게임만 보면 너무 많고 다양한 컨텐츠 중 많은 스포트라이트를 받지는 못하는 형국이다. 라이브가 생명인 e스포츠의 자리는 아직은 생각만큼 커보이지 않는다. 자신의 유튜브 앱  을 실행시켜 보라. 철저한 알고리즘에 따라 평소 자신이 보는 컨텐츠 중심의 컨텐츠가 나열되어 있다. 특정 경기가 라이브로 열린다고 해도 또 다른 수많은 구독 채널들의 콘텐츠와 경쟁해야 한다. 하지만 여전히 e스포츠 VOD를 관람하기에 유튜브만큼 편리한 플랫폼은 없으리라.

트위치TV는 게임방송, 그리고 e스포츠 방송 하면 제일 먼저 떠오르는 플랫폼이 됐다. 아직도 30대 이상 어른들은 잘 모르는 것이 트위치 플랫폼이다. 예전에 스타크래프트 프로대회 KSL  이 트위치에 독점으로 중계될 때, 경기일마다 네이버 실검에 'KSL 중계', '트위치' 등이 뜨곤 했는데, 그만큼 30~40대 이상의 시청자들은 트위치를 몰라 네이버에서 검색하는 일이 많았던 것이다. 트위치는 구글이 탐낼 정도로 매력적인 게이밍 스트리밍 전문 플랫폼이었다.

결국 이 인수게임에서 아마존이 승리하면서 아마존의 자본을 뒤에 업고 승승장구 중이다. 트위치는 초기 스트리머들에게 이득이 되는 수익분배구조를 내세워 많은 이들을 끌어들였고, 대부분이 게임전문 스트리머들이었다. 스트리머들의 엄청난 이동에 힘입어 점차 e스포츠 컨텐츠에도 관심을 보여 전세계 최고 리그들의 중계권을 거의 모두 사들이기 시작했다. 지난 2018년에는 블리자드 e스포츠의 모든 경기를 약 990억 원에 독점계약해 세간을 들썩이게 만들기도 했다.

아프리카TV는 명실공히 국가대표 인터넷 방송 플랫폼이다. 자세한 설명은 여기서 하  지 않아도 될 정도로 많은 이들에게 알려져 있다(대표 키워드: #BJ #별풍선). e스포츠와의 연결고리는 아무래도 기존 스타크래프트 게이머들의 개

인방송, 아프리카 프릭스팀 창단, 그리고 과거 곰TV를 인수하며 이어온 GSL(스타크래프트2)이 중심이지 않을까 싶다. 2016년 즈음 e스포츠 비즈니스에 본격적으로 뛰어든 아프리카TV는 2017년 전세계 대박을 친 국산 게임 배틀그라운드 e스포츠에 힘입어 많은 BJ의 영입과 더불어 새로운 활황을 맞이하게 된다.

지금은 오히려 e스포츠/게임 외의 컨텐츠까지 넘보며 세력을 확장하고 있지만, e스포츠에 대한 의지는 그 어느 때보다 크다. 2020년 초 잠실 롯데월드 내 새롭게 e스포츠 전용 구장 아프리카TV 콜로세움을 지었고, 특히 SBS와 손잡고 합작법인 형태로 SBS AfreecaTV가 출범하기도 하며 국내외 최정상의 e스포츠 컨텐츠도 TV채널로 모두 확보한 상태이다(2020년 여름, SBS와 아프리카TV는 관계를 청산했으며 향후 해당 케이블 채널은 아프리카TV가 단독으로 운영).

네이버의 현 위치를 파악하려면 그냥 네이  버 포털에 직접 들어가보는 것이 가장 정확하다. 네이버가 다루는 e스포츠의 모든 컨텐츠는 '스포츠' 카테고리 하위 'e스포츠&게임'으로 구분되어 있고, 대부분의 언론기사를 커버하고 있다. 동영상은 LOL e스포츠에 사실상 올인하고 있다고 봐도 무방하다. 기타 국내외 e스포츠 일정과 경기 결과는 기록으로 커버하고 있지만, 라이브 중계와 VOD는 LOL 그중에서도 LCK에 집중된 모습이다.

업계에서 얘기되고 있는 중계권 금액을 감안할 때, 네이버는 명확한 선택과 집중 전략을 취하고 있다. 하지만 뭔가 전략적으로 집중한다기보다는, 일단 발은 걸치되 e스포츠 콘텐츠에 사생결단 목숨을 걸지는 않는 안전한 대기업 스타일인 듯하다. 기본적으로 네이버는 개인 스트리머가 타

플랫폼처럼 편하게 방송하는 오픈형 플랫폼이 아니다. 그러다 보니 네이버가 선택한 콘텐츠 위주로 소비자가 접근할 수밖에 없는 구조적 한계가 있다. 즉 네이버라는 플랫폼은 방송을 '하는' 플랫폼이 아니라 '보는' 플랫폼에 가까운 기능을 하고 있다.

마지막으로 방송제작사 얘기를 해보자. e스포츠는 그 특성상 '보는 콘텐츠'가 여전히 대세이다. 물론 많은 대회들이 오프라인에서 체험적 컨텐츠로 벌어지고 있지만, 여전히 그 컨텐츠를 소비하는 대다수는 '보는 시청자'가 맞다. 그렇다 보니 e스포츠 프로그램 방송 제작은 e스포츠 산업 전체에서 아주 큰 부분을 차지하고 있다. 과거의 e스포츠 방송제작은 게임 개발사의 의지에 따라 기성 방송국을 통해 제작되어 왔다. 그렇다면 대회 운영은 누가 할까? e스포츠업계는 전통 스포츠산업처럼 대회 운영 전문 에이전시와 방송사가 구분되어 있지 않은 채 성장을 했기에, 보통은 방송제작사가 경기운영까지 했다.

하지만 시대의 흐름은 이 모든 것을 바꿨다. 가장 큰 변화는 게임개발사의 방송제작/대회운영 '내재화'였다. 가장 큰 축을 이루는 LOL과 블리자드 e스포츠는 최근 2, 3년 간 모든 대회운영과 방송제작을 직접 가져가기 시작했다. 때로는 외주로 큰 대회들을 제작했지만, 결국 모든 제작 디렉션, 규정 세팅, 리그 운영은 직접 흡수해 버렸다. 그 흐름의 변화는 실은 전통 게임방송 제작사에게는 큰 위기의 신호였다. 왜냐하면 제작의 여건을 갖춘 게임개발사들이 이제 필요한 건 e스포츠 리그 운영에 필요한 '손과 발'의 역할 정도뿐이기 때문이다. 따라서 지금 현존하는 전통 게임 방송사들은 신규사업 개발을 위해 사활을 걸고 있다. 적자생존의 사회에서 유연한 변화가 필요한 시기일 것이다.

자, 이제 e스포츠 산업을 이끄는 자들이 누구인지 어느 정도 감이 잡히는가? 'e스포츠 취업'에 관심 있는 자라면, 업계의 리더를 제대로 파악하고 또 그 산업 트렌드를 잘 파악해야 한다. 단순히 취업하고 싶다라는 생각에서 벗어나, 누가 어떤 역할을 하고 내가 어떤 시장에서 강점을 보일지를 잘 생각해 볼 때이다. 그런 측면에서 위에서 살펴본 'e스포츠 산업의 리더들'을 정보 파악의 시작으로 삼아도 좋다. 본 책의 2장를 통해 e스포츠 취업분야를 쪼개보고, 그 분야에서 근무 중인 현직 e스포츠인들의 인터뷰를 통해 좀 더 자세히 직무를 소개하고자 한다.

■ ■ ■

e스포츠 계의 TED를 지향한다, [e팩트]

유튜브 검색어: 'e팩트'

  날이 갈수록 커져가고 있는 e스포츠는 그 성장속도에 비해 산업에 대한 정보 축적이 너무 부족하거나 산발적으로 흩어져 있다는 느낌을 지울 수 없다. 게임사를 중심으로 구성된 e스포츠 산업 구조는 구단, 방송제작사나 플랫폼사 사이에 생성된 좁은 네트워크를 가지고 성장해 왔다. 세상이 주는 관심만큼 아직 알려진 정보가 없기에 e스포츠만을 주제로 한 전문 컨퍼런스가 필요한 시점이 됐다.

  나는 최근 몇 년 동안 진행된 기관 주최 게임/e스포츠 세미나에 특별 연사로 참여한 적이 있다. 보통 한 시간에서 90분 사이로 시간이 주어지는데, 산업에 대한 소개, 개론적 지식, 회사 소개 수준 이상을 다루기 어려운 게 사실이었다. 그렇다 보니, 개론을 넘어 깊이 있고 세부적인 정보가 필요한 사람들의 입장에서는 약간 겉만 맴도는 이야기 정도였을 것이다. [e팩트]는 그런 갈증을 해결하고자 연속성을 가진 시리즈물의 e스포츠 산업 전문

컨퍼런스로 출범했다.

주제로 따져 보자면, 아래의 키워드처럼 산업 분석에 있어서 필수적이 었던 내용을 다룬다.

#프로게이머, #게임캐스터, #방송 PD, #구단주, #스트리머, #게임개발 사 e스포츠 투자, #e스포츠 마케터, #구단운영, #스폰서십, #중계권, #에 이전트, #e스포츠 창업/투자, #콘텐츠 개발, #e스포츠 미래산업, #e스포츠 vs스포츠.

또한 글로벌 발표 학술 컨퍼런스인 TED의 콘셉트를 기초로 'e스포츠 판 TED'가 되고자 한다. 나 역시 기획이나 대본의 전반적인 부분에 관여했고, 힘이 닿는 대로 계속 참여해 볼 생각이다.

[e팩트]가 주는 기대는 크게 두 가지이다.

첫째, e스포츠 스타 또는 저명한 전문가들의 목소리를 직접 들어볼 수 있는 기회를 제공한다. 게스트들은 현장에서의 경험을 바탕으로 실제적인 목소리를 들려주고, 패널과의 토론를 통해 전문지식을 꾸준히 집약해 나갈 것이다. 이미 세 번의 컨퍼런스가 진행됐고, 명문 e스포츠구단 러너웨이, e스포츠 캐스터이자 사업을 시작한 주식회사 중계진 박상현 대표, 트게더/배틀독 등의 플랫폼을 가지고 창업한 EJN 박찬제 대표 등이 출연해 본인들이 바라보는 e스포츠 세상을 이야기했다. 각 컨퍼런스는 이 책 후반에 회차별로 리뷰를 남겨 놓았으니 읽어보기 바란다(모든 회차의 VOD는 유튜브에서 'e팩트' 검색을 통해 볼 수 있다).

둘째, e스포츠 산업으로 진로를 결정하고자 하는 사람들에게 양질의 지식을 전달한다. 최근 들어 급증하고 있는 취업 관심만큼이나 큰 정보에 대한 갈증을 해결하는 역할을 해줄 것이라 믿는다.

'e스포츠 종주국'이라는 말보다는 'e스포츠 선진국'으로 불리는 것이 의미있는 시대가 됐다. 산업적 선진은 그만한 인프라의 세팅, 제도적 지원, 그리고 정보 아카이빙이 모두 뒷받침 될 때 가능할 것이다. 가까운 미래 e스포츠 전문직업들이 속속 등장할 것이다. 약 15년 전, 스포츠마케팅이 그랬듯이 말이다. [e팩트]가 e스포츠 산업 분야에서 의미있는 정보공유의 장이 될 수 있기를 바란다.

유튜브 검색어 : 'e팩트'
e스포츠 산업 전문 컨퍼런스로 출범한 [e팩트]는 'e스포츠 팩트체크'의 줄임말이다. '한국 e스포츠의 오늘과 내일을 팩트 기반으로 살피고 사람들에게 영감과 영향력(effect)을 주자'라는 의미로 지어진 이름이다.

| 03 |

대기업과 e스포츠

과거 스타1 전성기 시절 대비 대기업 구단 수 현격히 줄어
단순 마케팅 추구하는 기업팀 줄고 투자 기반 클럽팀이 대세
대기업 구단의 미래는 무엇인가? '신사업' vs '스폰서십'

역사적으로 우리나라 프로스포츠의 역사와 대기업 참여는 불가분의 관계이다. 프로야구, 프로축구, 프로배구, 프로농구 등 4대 프로스포츠는 모두 대기업 중심 구단으로 꾸려져 있다.

[대기업=프로스포츠구단]이라는 공식은 예나 지금이나 한국 스포츠 구단의 대표 이미지이다. 삼성하면 대구(야구)나 수원(축구)이 떠오른다. LG하면 서울(야구)과 창원(농구)이 떠오른다. 그만큼 구단 소유기업은 팀의 성적, 이미지 등에 직접적으로 영향을 받게 되어 있다. 거기에 지역 연고가 붙으면 이런 공식이 성사된다.

[소유기업 + 스포츠 구단 = 지역대표 기업이자 구단]
롯데 자이언츠가 연고인 부산 지역 팬들은 팀 성적이 하락하거나 대형 FA 사인에 실패했을 경우, 소유기업인 롯데를 가장 먼저 비난한다. 구단에 지분 하나 없으면서도 팬들은 해당 팀의 일거수일투족에 관여하고 또

참여하고 싶어한다.

하지만 슬프게도 이 대기업 중심의 스포츠 구단들은 '수익 창출'의 동기가 극히 적은 '만년 적자사업'들로 변해 있다. 대기업의 입장에서도 웃긴 것이, 마케팅이라 보고 전략적으로 뛰어든 것도 아니고, 태생적으로 군부 정권과 연계되어 발을 담그게 된 프로스포츠 구단 사업에서 잘해도 손해, 못하면 '비난+손해'인 모델이라니, 얼마나 계륵 같은 존재일까 싶다. 철저하게 '수익 추구' 또는 '가치평가 상승을 통한 잠재적 수익 추구'를 모델로 하는 미국/유럽 프로스포츠와는 너무나 다른 그림을 그리고 있는 것이 한국의 프로스포츠이다. 기업의 존재 이유가 '사회 환원'이나 '간접 홍보'일 리없지 않은가. 한국의 프로스포츠는 이익 창출을 목표로 변해야 한다. 그리고 그렇게 변해가고 있다고 믿는다.

그렇다면 e스포츠와 대기업의 상관관계를 한번 살펴보자. 과거 '스타크래프트 프로리그'가 최절정에 이르던 시절, e스포츠 업계에는 수많은 대기업 구단이 존재했다. 스타크래프트 프로리그가 최정상에 있었던 2010년, 신한은행 프로리그 10~11 시즌의 참가팀 명단을 살펴보자.

1. KT 롤스터즈
2. SK텔레콤 T1
3. STX SouL
4. 위메이드 폭스
5. MBC게임 히어로
6. CJ 엔투스
7. 삼성전자 칸
8. 화승 OZ

9. 웅진 스타즈

10. 공군 ACE

재벌 대기업, 통신사, 방송사, 중견기업, 그리고 대한민국 공군까지 e스포츠 구단을 창설했으니 이건 뭐 국민스포츠랑 다를 바 없었다. 게다가 리그 타이틀 후원사도 대기업이 앞다투어 들어올 정도로 그 인기도 정말 대단했다. 한편 2020년 현재의 모습은 어떨까. 스타크래프트 전성기를 이어받아 현재 국내에서 가장 큰 리그를 운영하는 리그오브레전드 챔피언십 코리아(LCK)의 2021년 프랜차이즈 참가팀 명단은 다음과 같다.

1. T1

2. 젠지 e스포츠

3. DRX

4. 아프리카 프릭스

5. 담원 게이밍

6. KT롤스터즈

7. 한화생명 e스포츠

8. 샌드박스 게이밍

9. 팀 다이나믹스

10. 하이프레시 블레이드

약 10년 전의 모습과 많이 다른 모습이다. 눈에 띄는 대기업이라고는 전통의 e스포츠 대기업팀 SKT(T1)와 KT 정도이고, 새로운 이름은 한화생명이 보인다. 나머지는 게임판에서는 나름 알려진 팀들이지만 대기업 구단이라 보기에는 어려운 일반 기업팀 또는 클럽팀들이다. 언뜻보면 쉽게 이해가 가지 않는다. 과거보다 e스포츠 산업 규모는 갈수록 커져만 가고, '황금알을 낳는 거위'라는 기사들 투성인데 말이다. 오히려 지금이 찬스인 것 같은데 왜 갈수록 대기업 명단은 점점 줄어들고 있는 것인가.

대기업의 e스포츠 구단 철수는 당연한 수순이었다

2017년 롤드컵 '우승' 이후 전통의 강호이자 한국 e스포츠 판의 대들보 중 하나였던 삼성 갤럭시는 리그오브레전드 팀을 신생클럽팀 KSV(현 젠지)에 매각하게 된다. 삼성그룹의 모든 스포츠구단 운영

이 '삼성스포츠단'에서 '제일기획'으로 이관되면서 여러 구조개혁이 있었던 측면도 있지만, 삼성이 e스포츠판에서 빠진다는 것은 당시에 굉장히 충격적인 일이었다. 이뿐인가. 같은 해 CJ는 소속 리그오브레전드팀 코치/선수들과 계약을 종료하며 메이저 e스포츠에서 발을 떼게 된다. 물론 PUBG팀을 다시 꾸리며 새로운 기회를 엿보았지만 기존의 롤 e스포츠에 들인 공에 비해서는 축소가 확실했다.

이전에도 대기업들의 e스포츠 구단 창설에 오르내림이 있었던 것은 사실이다. 가장 큰 이유는 게임의 인기와도 그 맥락을 같이 하기 때문이다. 스타크래프트1 영광의 시절 이후 많은 팀들이 해체를 거듭했고, 그 과정에 참여 대기업들도 속속 빠져 나갔다. 스타크래프트2가 그 바통을 이어받았지만 임팩트는 과거에 비해 약한 게 사실이었다.

하지만 2010년 중반 LoL e스포츠가 글로벌 대세로 등장하며 다시 한번 e스포츠 전성기가 왔음에도, 이상하게 대기업의 참여는 예전 같지 않았다. 왜 그럴까? 속을 들여다 보면, 과거와 같이 투자하지 못하는 데에는 몇

가지 변수가 존재했다.

첫째, e스포츠의 덩어리가 너무 커져 버렸다.

둘째, 크게 성장해버린 e스포츠 산업 규모 때문에 구단을 운영하려면 이전보다 훨씬 더 큰 규모의 자본금 그리고 기업 내 큰 의사결정이 필요했다.

셋째, 전문가는 부족하고, 또 대기업은 유연성이 부족하다는 태생적 한계가 있다.

e스포츠 산업의 크기와 구단 비즈니스의 규모가 커진 것은 산업 측면에선 반길 일이지만, 대기업 입장에서는 오히려 큰 부담으로 다가왔다. 이쯤에서 경영학 개론을 복습해 보자. 기업의 존재 이유는? '이윤 창출의 극대화'이다. 기업의 모든 사업은 이윤 추구가 목적이고, 돈이 들어가면 갈수록 투자대비 효과(ROI)를 따지기 마련이다. 2021년의 e스포츠는 예전처럼 기업 구단의 이름으로 푼돈 주고 선수들을 영입한 후, 상금 나눠주면서 기업 홍보하는 단순한 구조가 아니다. 선수들은 프로스포츠 선수처럼 연봉 계약을 맺고, 전문 에이전트가 생겨나고 있다. 또한 이적 및 FA 제도까지 존재한다.

2019 e스포츠 실태조사에 따르면 2018년 게임단 전체 운영예산이 366억 원이다(2019~2020 LoL 스토브리그에서 최근 높아진 선수 연봉을 생각하면 2020년 예산은 훨씬 높을 것이라 예상한다). 현재 메이저 e스포츠 구단들은 리그오브레전드, 오버워치, PUBG팀이 대다수일 텐데 많아야 약 40개 정도 되는 국내팀들이 360억 원을 게임단 예산으로 쓴다니, 게임단 예산에 평균 15.6억 원을 써가며 유지한다는 것이 한 기업으로서는 사실 쉬운 일은 아니다.

여기서 아마 대기업들로서는 의사결정의 시기가 왔을 것이라 본다. 과연 내가 계속 이 돈을 들여서 얻어내는 것이 무엇인가? 단순 기업 홍보인가,

별도의 신사업인가? 그 대상은 국내인가, 해외인가? 내 사업이 이와 부합하는가? 이런 결정의 순간들 사이에서 다들 최선의 판단을 내린 것이다.

SKT는 신사업으로 그 가능성을 타진하기로 하고 글로벌 미디어 재벌 컴캐스트와 합작회사를 설립한 것이고, 삼성전자의 경우는 과감히 매각을 통한 철수를 결정한 것이다. 한화생명은 국내시장에 대한 마케팅으로 효율적인 도구라 판단해 오히려 리그오브레전드 팀을 인수 창단하였고, KT는 조직의 특성상 이미 발 들여 놓은 것은 함부로 변경하지 못하는 관성의 법칙에 따라 계속 유지되는 느낌이다. CJ의 경우는 좀 다르다. CJ ENM 자회사인 OGN이 전통의 e스포츠 제작방송국으로 군림하고 있다가 최근 방송제작을 내재화하기로 결정한 라이엇게임즈의 결정에 따라, 그동안 가져왔던 매출에 공백이 생기며 리그오브레전드 e스포츠에 대한 투자도 중단했다는 시각도 있다.

만약 e스포츠를 신사업으로 접근했다 하더라도 기업 입장에서 충분한 사업 노하우를 가진 인력을 수급하기 어려웠을 것이다. 설령 신사업으로 구단을 운영한다 하더라도, 그 의미는 자본금 외에 스스로 먹고 살 수 있는 수익 모델이 있어야 하며, 그만큼 유연성을 가지고 빠른 의사결정들을 해야 한다. 하지만 대기업의 특성상 의사결정이 느리고 엄청난 보고체계를 감당하려면 왠만한 경륜과 사업적 시각이 아닌 이상 유지가 어렵다.

2021년 e스포츠 구단 트렌드

구단은 크게 세 가지 종류로 나눠볼 수 있다.

첫째, e스포츠 관계자(감독/선수/협회/기업인 출신)가 투자금을 받아 구단을 창업

둘째, 돈 많은 자본가가 직접 e스포츠 구단을 신설

셋째, 기업이 직접 구단을 운영

첫 번째 케이스(창업자가 투자자의 돈으로 구단 창단)나 두 번째 케이스(자본가가 직접 출자해 구단 창단)는 보통 '클럽팀'으로 불린다(편하게 '기업팀'의 반대개념으로 생각하자). 이 둘이 규모에 상관없이 최근 가장 많이 유행하는 구단 창단의 트렌드이다.

사실 국내에서 구단을 만든다는 것이 기성 프로스포츠처럼 협회에 창단 기여금같이 프랜차이즈 비용을 내는 것이 아니기에, 사업자 등록만 하면 누구나 스스로를 구단주라 부를 수 있다(LCK, 오버워치리그 제외). 하지만 만드는 것이 문제가 아니라, 구단이 참여할 수 있는 e스포츠 리그가 있느냐가 더 중요한 포인트가 아닐까 싶다.

현재 e스포츠의 중심축을 이루는 리그오브레전드 e스포츠는 나라별로 시스템이 다르다. 우리나라를 대표하는 LCK 리그는 2020년까지 승강 제도를 채택, 구단을 창단해도 3부리그 밑에서부터 계속 도전해 1부 리그에 올라와야 했다. 일단 수단과 방법을 가리지 않고 1부 리그에 오르게 되면, 사업의 '해뜰 날"을 기대해 볼 수 있었다. 하지만 2021년부로 프랜차이즈화가 되면서 가입이 확정된 구단을 제외하고는 이제 그런 기회도 사라져 버렸다.

오버워치 e스포츠의 경우도 마찬가지. 가장 풀뿌리 리그인 오버워치 오픈 디비전(Overwatch Open Division)부터 참가해 상위권에 오르면 상위 리그를 한번 더 거쳐 생존팀은 컨텐더스 코리아에 참여할 자격을 얻게 된다. 가장 최상단에 위치한 글로벌 리그 오버워치리그에 참여하는 것은 아니지만, 구단을 창설해 컨텐더스를 바라보고 참여하는 것은 누구에게나 열린 기회이다.

구단을 창업한 사람 입장에서는 몇 부 리그에서 뛰느냐보다는 결국 '어떻게 수익모델을 만드냐가 관건일 것이다. 특히 여러 명이 한 팀을 이루게 되는 게임의 경우, 선수들의 연봉, 연습환경, 기타 부대비용만 해도 투자금이 상당하다. 대회별 상금, 이적료, 후원금, 스트리밍 수익 등이 어우러져 수익모델이 될 수 있겠지만 아직 우리나라에서 이 정도 수익모델을 구현할 수 있는 구단은 손에 꼽는다.

이번엔 '대기업팀'의 이야기를 해보자. 투자금이 많이 든다 하더라도 대기업 입장에서는 그렇게까지 큰 부담은 아닐 텐데 왜 예전처럼 쉽게 일을 벌이지 못할까. 그 이유는 이미 위에서 살펴본 것 같다. 갈수록 세분화되고 전문화되는 이 e스포츠 구단 사업은 기타 프로스포츠처럼 미래를 예측하기 쉽지 않고, 전문 인력들이 모여 장기간 투자 안목을 가지고 붙지 않으면 사업의 승산이 없다. 매년 수억의 돈을 쓰며 연봉을 준다 한들, 상금으로만 손익분기점을 맞출 일은 없지 않은가. 그렇다고 그룹 계열사에 강제수금식으로 마케팅 비용을 요구하는 것이 미래지향적인 비즈니스는 아니니 말이다.

하지만 그중에서도 인터넷 / IT 비즈니스와 관계된 회사들은 충분히 구단을 유지, 운영할 명분이 되기에 팀을 이어간다고 볼 수 있다. 우리나라만 하더라도 대표 통신사 SKT나 KT, 디지털 환경에 적합한 사업을 영위하는 아프리카TV(디지털 플랫폼)나 샌드박스(MCN 비즈니스)가 e스포츠 판에 들어오는 이유가 있다(말하고 보니 한화생명만 정말 순수 마케팅으로 보는 대기업 구단이라는 생각이 든다).

그런 이유로 최근의 구단 창단/유지되는 형태는 [클럽팀 우세 + 비즈니스 연관성이 높은 기업의 참여]가 트렌드라고 정리해 말할 수 있다. 관심있는 자들은 리그오브레전드 e스포츠 주요국 참여구단 리스트를 한번 살펴보길 권한다. 각국의 주요 메이저 구단의 리스트를 보면 이 트렌드가 상당히 글로벌하게 유지됨을 알 수 있다.

대기업 e스포츠 구단의 미래

대기업이 e스포츠(게이머 층을 타켓으로 한)를 마케팅 수단으로 보지 않는 한, 당분간 과거의 대기업 창단 러시는 다시 오지 않을 것으로 예상된다. 대기업의 창단 여부는 사업으로 판단하든지, 또는 명확하게 마케팅이 들어맞아야만 가능한 시나리오다.

SKT는 명확히 비즈니스적 가치가 있다고 판단, 본격적으로 e스포츠 구단 사업에 뛰어 들었고, 컴캐스트라는 또 다른 글로벌 대기업과 협력한 바, 이제 그 영역이 세계로 펼쳐지게 될 것이다. 글로벌 대기업의 만남이 e스포츠 세계에서 어떻게 자리를 잡을지 매우 기대가 되는 바이다.

하지만 이런 환경의 변화를 볼 때, 앞으로 클럽팀이 대세가 될 것임은 조금 더 자명하다. 대기업은 그 바탕이 국내사업인 경우가 많다. 하지만 e스포츠업계는 한국의 글로벌 진출 가능성이 훨씬 더 높은 산업이다. 세계 최고의 e스포츠 코치와 선수가 존재하고 해외 진출이 잦다. 팬베이스도 한국이 아닌 글로벌 대상이다. 그러니 내수사업이 전부인 대기업에게는 조금 더 명분이 떨어질 수밖에 없다.

'대기업팀'은 확실히 한국 e스포츠에서 탄생한 매우 특수한 형태임은 확실하다. 서두에 말한 전통 스포츠의 대기업 의존도를 생각해 보면 e스포츠도 그렇게 시작한 게 이상하지 않다. 반면 대부분의 해외 팀들은 '클럽팀'으로 시작해 충분한 투자를 통해 현재까지 성장해 왔다.

이제 대기업의 e스포츠 참여는 아마도 '스폰서십'이 주를 이룰 것으로 예상된다. 기업 담당자들이 조금씩 e스포츠의 가치에 눈을 뜨는 것은 사실이다. 하지만 구단 창단보다 가장 쉬운 것이 스폰서십이다. 담당자 입장에서 처음부터 끝까지 모든 것을 다 관여하고 관리해야 하는 구단 창단은 크게 매력적이지 않다. 오히려 디지털 세계의 노출, 광고, 방송을 기반으로 한

마케팅 효과만 명확하다면, 스폰서십이 일이 편하다.

사실 대기업 오너가 마음만 먹으면 안될 것도 없는 '사업'이 바로 e스포츠 구단 사업이다. 우리 국내 e스포츠 산업의 발전을 위해 그들의 참여는 분명 크게 기여하는 바가 있을 것이다. 하지만 이미 트렌드가 계속 클럽팀 위주로 변해가고 있는 요즘, 구단이 활발히 스폰서십에 참여해, '클럽팀'이 성장하는 밑거름이 되어 주고, 또한 그들이 그동안 원했던 마케팅 효과를 얻는다면 이 역시 좋은 흐름의 변화가 맞을 것이다.

e스포츠 구단 사업,
돈 진짜 버는 거 맞아?

국내 e스포츠 최초로 진행된 LCK의 프랜차이즈화
연비용 및 투자금에 비해 명확한 수익모델을 갖춘 구단은 많지 않아
단순 우승 목표를 넘어 지속가능한 수익모델 반드시 발굴해야

한국을 넘어 전세계에서 가장 인기있는 e스포츠 리그 중 하나를 뽑으라면 아마 라이엇 코리아가 주관하는 LCK를 주저 없이 뽑을 것이다. 2020 LCK 서머 시즌 기준, 최고 동시 시청자 수가 82만 명을 넘고, 일 평균 시청자 수는 463만 명이 넘는 최고의 흥행 리그이다. 최근 급변하는 미디어 구조에 따라 디지털 플랫폼에서의 시청자 수가 중요하다고 볼 때, 그 어떤 스포츠 대회를 비교해 봐도 이보다 강력한 시청 수치는 없을 것이다.

대한민국 스포츠리그의 중심이 프로야구라면, LCK는 e스포츠판의 프리미어리그(Premier League, 영국 프로축구리그) 정도로 볼 수 있을 정도로 전세계가 사랑하는 리그가 되었다. LoL이 뭔지는 몰라도 아이스크림 광고 모델을 하고 있는 Faker 이상혁이 누군지는 아는 게 요즘 사람들이고, 그가 최고 스타로 뛰고 있는 리그가 바로 LCK니 말이다. LCK를 주관하는 라이엇 게임즈 코리아는 2020년 여름, LCK 리그를 2021년부터 프랜차이즈화하겠다고 선언하게 된다.

원래 스포츠계의 프랜차이즈의 의미는, 하나의 본거지에 해당하는 구단의 지역 연고권을 의미한다. 우리나라로 따지면 프로야구가 프랜차이즈의 가장 좋은 예가 되겠다. 또한 프랜차이즈 개념에서는 승강제도가 존재하지 않는다. 각 팀들은 리그에 가입비를 내고 공동 의사결정자가 되는 것이며, 주최측과 함께 각종 의사 결정에 참여하고 비용을 뺀 나머지 수익을 나눠 갖는 모델을 갖추고 있다. 한편, LCK의 프랜차이즈 제도에 지역 연고 개념은 포함되지 않는다.

LCK의 프랜차이즈화는 사실 몇 년 전부터 언급이 되어왔지만, 막상 공식화되고 나서 국내 업계에 큰 반향을 일으켰다. 특히 e스포츠 현존 기업 및 여타 국내외 투자계에 하나의 '황금알'로 비춰질 정도로 큰 관심을 불러 일으켰고, 가입비가 약 100~130억이 오간다는 소문에도 불구하고 총 25개의 기업/컨소시엄이 입찰 참여의향서를 제출했다고 보도됐다(마감일 이후 최종 입찰팀은 21개로 마무리 됐다고 한다. 최종 선정 팀 수는 10팀으로 확정됐다).

100억 넘는 돈을 가입비로 투자하면서 어떻게 수익화를 해나갈지를 묻는다면 그게 누구라도 잘 대답하기는 어려울 것이다. 솔직히 말해, 내가 구단 소유주라면 오히려 게임사에게 '내가 그 돈을 내는데 LCK가 돈을 얼마나 많이 벌어 팀에 나눠줄 수 있는지'에 대한 계획을 듣고 싶을 것 같기도 하다. 왜냐면 그게 현실이기 때문이다. 팀에 따라 다르지만, LCK 소속 팀이라면 선수 연봉만 최소 10억 이상이 필요할 것이고, 코칭스태프 월급과 숙소, 연습실, 기타 직원 연봉 및 운영비용만 합쳐도 1년에 20억 이상은 족히 들어갈 텐데 말이다.

가입비 할부금 + 선수 연봉 + 기타 직원 연봉/운영비용을 감안하면 이를 감당할 구단이 얼마나 되겠는가. 당신이 회사의 주인이라면 1년에 수십억인 고정비용을 만회하기 위해 어떤 방법으로 돈을 벌려고 계획할 것이고 또 가능성은 얼마나 되는가?

어려운 회계문제가 아니다. 재무제표를 몰라도 되는 단순 공식. 쓰는 돈(Cost)보다 버는 돈(Revenue)이 많아야 하는 것 아닐까? 가장 좋은 건 연봉, 비용 다 제하고 대표인 내 연봉까지 주고 돈이 많이 남는 것일 것이고, 그 다음은 비용 다 제하고 손익분기점을 맞추어 손해는 보지 않는 수준일 것이다.

이번에는 이런 질문을 던져본다. 구단이 버는 돈은 어디서 나오는가?

첫째, 스폰서십/파트너십

둘째, 선수 이적료

셋째, 우승 상금

가장 쉽게 생각해 볼 수 있 것이 이 세 가지 일 것이다. 결론부터 말해주면 이 세 가지만으로는 현실적으로 손익분기점을 넘기 어렵다. 하나씩 살펴보도록 하자.

첫째, 스폰서십.

스폰서십은 정말 젠지나 T1 같은 탑 브랜드 몇 팀을 제외하고는 세일즈 성과를 내기가 어렵고, 현실적으로 현금으로 건 별 1억 이상 얻기가 정말 어렵다. 그것마저도 그 다음 해는 장담 못한다. 그게 국내의 현실이다.

파트너십이라고 부를 수 있는 것의 좋은 예는 스트리밍 계약이다. 국내 LCK 팀 중 몇 팀은 특정 스트리밍 플랫폼과 계약을 맺고 있다. 선수들이 그 플랫폼에서 개인방송을 하는 독점 계약을 맺는 것이다. 중국 최대 스트리밍 플랫폼 도유와 중국 내 스트리밍 계약을 맺고 개인방송을 내보내고 있는 젠지의 파트너십이 그 좋은 예일 것이다. 하지만 이마저도 인기팀 몇 팀을 제외하고는 만들어 내기 쉽지 않다.

둘째, 선수 이적료.

이는 종목별로 다르긴 하지만, e스포츠에서 팀이 가져가는 이적료라는 개념은 매우 비정기적이고 금액도 천차만별이라 예측이 불가능하다. 최근 유명 e스포츠 선수에게는 에이전트가 많이 붙기 시작했는데, 이는 선수들의 몸값을 좌우하는 것이지 그게 팀의 수익으로 연결되지 않는다. LoL에서 2부 리그로 육성한 유망주를 다른 팀으로 이적시키는 경우는 종종 있지만, 대부분의 1부 리그 선수들은 1년 단위 계약 종료와 함께 FA가 되어 자유 이적을 하기에 이적료는 큰 수익 원천이 될 수는 없다.

예외적으로, 현재 오버워치리그는 하부 리그인 컨텐더스에서 선수를 수급할 경우, 오버워치리그 팀이 컨텐더스 팀에게 이적료로 선수 연봉의 100%까지 줄 수 있는 조항이 있다(최저 연봉은 5만불). 따라서 소속 컨텐더스 선수 한 명을 오버워치리그로 보낼 경우 최소 5만불이 확보되는 것이다. 우리 돈으로 약 5천5백만 원인데, 내가 컨텐더스 팀의 오너라면 2명을 오버워치리그로 이적시켰을 경우, 1억 내외의 돈이 생긴다고 볼 수 있다.

셋째, 우승 상금.

상금은 크게 논할 것도 없다. 우승 상금은 구단의 수익과 거의 무관할 정도로 의미가 없다. 우리나라의 가장 큰 대회인 LCK도 시즌 우승 상금이 1억 원이다(총상금 3억 원). 선수들과 구단이 이 수익을 분배한다고 하면 정말 더욱 의미가 없을 것이다.

LCK 수입의 정말 큰 미래는 스폰서십이 아닌 중계권료가 될 것이라 조심스레 예상해 본다. 우리나라 스폰서십 시장의 한계를 생각해 볼 때, 상대적으로 엄청나게 성장하는 스트리밍 비즈니스에서 나오는 중계권료에 큰 기대를 걸 수밖에 없을 것이다.

이 글에서의 포인트는, 적어도 위의 세 가지 방법 외로 돈을 버는 방법이 필요하다는 의미이다.

LCK 프랜차이즈팀 명단과 그들의 주요 비즈니스 사업 분야를 살펴보라 (대기업은 대기업 주요 사업분야로 표시).

- T1 – 통신/미디어 (컴캐스트+SKT)
- KT 롤스터 – 통신
- 아프리카 프릭스 – 플랫폼
- 한화라이프 e스포츠– 보험/금융
- 샌드박스 게이밍 – MCN
- 담원 게이밍 – 모니터 제조
- 하이프레시 블레이드 – 브리온 스포츠마케팅 에이전시
- 팀다이나믹스 – 식품(농심에서 대다수 지분 인수)
- 젠지 – 교육(젠지 글로벌 아카데미)
- DRX – (사업분야 구분 모호)

이 모든 회사들이 기본적으로 탄탄한 비즈니스(자본력)를 갖추고 있기에 가능한 것이긴 하지만 팀의 운영만으로 솔직히 손익분기점을 넘는 수익 모델을 가진 회사는 아직 없다고 보는 것이 맞다.

이 글이 모든 케이스를 담을 수는 없겠지만, 기본적인 구단 비즈니스를 보는 내 생각은 다음과 같다.

첫째, 당신의 기본 사업이 탄탄하다면 구단 역시 좋은 투자가치를 가질 수 있다. 돈을 쓰더라도 차라리 스포츠마케팅보다 더 큰 마케팅 효과가 될 수도 있고(농심이 구단으로 마케팅을 하는 예), 구단 자체가 나중에 큰 성

2019년 게임단, 팀, 선수 현황

(단위 : 개, 명)

구분	2018년	
	팀	선수
전체	80	481
배틀그라운드	22	120
리그오브레전드	18	144
오버워치	12	108
카트라이더	9	42
클래시로얄	4	14
기타^{주)}	14	53

주) 〈스타크래프트2〉, 〈포트라이트〉, 〈카운터스트라이크 : 글로벌펜시브〉, 〈블레이드앤소울〉, 〈왕자영요〉, 〈하스스톤〉, 〈철권〉 등

＊출처 : 2019 대한민국 게임백서, 한국콘텐츠진흥원

장가치를 가져 기업 M&A 등으로 큰 이득을 보는 출구전략을 가져갈 수도 있을 것이다.

둘째, 당신이 캐시카우(Cash Cow)가 될 고유 비즈니스가 없다면 e스포츠 자체만으로 돈 벌려는 생각은 사실 큰 오산일 수 있다. 투자자들이 당장은 당신에게 돈을 투자하지만 1~2년 내는 '팀의 우승'보다도 '돈을 버는 파이프라인'을 만들었는지를 더욱 중요하게 생각할 테니까.

셋째, '지속가능하지 않은 모델'은 과감히 포기하고 '지속가능한 수익 파이프라인'을 반드시 만들어야 한다.

팀의 존재가치는 실력과 결과에서 오기에 우승을 목표로 하는 것은 당연하다. 팀 유튜브 채널, 인스타그램 등 적극적 마케팅과 소통을 통해 인기를 확보하는 것도 중요하다. 하지만 지금과 같은 무한도전, 적자생존의 바닥에서 e스포츠 구단 하나만으로 수익을 내기는 아직 어렵다. 최고의 리그 LCK도 100억 규모의 가입비를 내고 시작하라고 하지 않나. 몇 년을 지속적으로 연 수십억 이상씩 쓰면서 버텨야 하는 비즈니스인데, 누가 큰 금전

적 손해를 떠안고 시작하고 싶을까. 수익모델이 없이는 미래도 없다.

오늘날 e스포츠 구단의 수익화는 아직 갈 길이 멀다. 기초 비즈니스가 몇 년을 받쳐줄 수 있다면, 길게 보고 투자해 보라. 투자를 받았다면 지속가능한 수익모델을 발견하라. 그렇지 않으면 이사회 미팅 때마다 마이너스 투성인 숫자를 감추느라 매번 고생하게 될 것이다.

구단 비즈니스의 미래를 논하다 – 팀 러너웨이

'과연 한국의 구단 비즈니스가 돈을 버는 것인가?'

지금 한국에서 e스포츠 구단/팀 비즈니스를 하는(사업자로 분류되는) 기업은 약 80여 개로 조사되어 있다. 이들 중 수익창출 가능한 비즈니스모델이 있는 기업이 얼마나 되는지를 파악해 본다면 그 질문에 대한 대한 답을 내릴 수 있지 않을까.

[e팩트]가 처음 기획됐을 때, '구단의 수익모델'이란 주제는 한번쯤은 꼭 다루고 싶은 내용이었다. 역사가 깊은 여러 대기업 중심의 팀들도 있지만, 아무래도 튼튼한 자본금에 기초한 기업구단이 아닌, 정말 스스로 자생해야 살아남을 수 있는 구단들을 상대로 조금 더 현실적인 구단 비즈니스를 논해 보고 싶었던 것 같다.

팀 러너웨이. 오버워치 팬들이라면 모를 수 없는 팀 이름이다.

게임방송 출신 아프리카BJ 러너(본명: 윤대훈)가 오버워치 출시와 함께 만든 이 팀은, 오버워치 e스포츠의 역사에 빼놓을 수 없을 만큼의 임팩트를 가지고 있는 구단이다.

오버워치 APEX 시절 무수한 준우승 이력을 남기며 '콩라인(*2등의 저주)'이라는 재밌는 별명과 함께 많은 명승부를 선사하기도 했다. 항상 파이팅 넘치고, 져도 멋지게 지는 그들의 외인구단 같은 모습에 팬들은 열광했다. APEX 종료 이후 컨텐더스 코리아로 넘어오면서 러너웨이는 전성기를 구가하게 됐다. 특히 2018년도부터 2019년 사이에는 거의 모든 대회의 우승을 싹쓸이하며 실력과 인기를 겸비한 구단으로 떠오르게 된다. 하지만 오버워치리그에는 따로 참여하지 않았고, 컨텐더스 코리아에 남아 많은 선수들을 오버워치리그로 이적시키며 스토리를 이어가고 있다.

러너웨이는 정말 도깨비 같은 팀이다. 다른 팀들과 시작점 자체가 다르다. 인기 스트리머가 구단주이고, 다른 팀처럼 감독/코치로 이뤄진 [프론트, 마케팅/홍보, 경영팀]식의 조직적 구분도 애매한 팀이다. 그리고 시즌을 거쳐가며 선수들을 싹다 바꿔도 실력의 차이도 거의 없고, 인기도 여전하다. 한마디로 오버워치 4년을 하며 브랜드가 완전히 잡혀버린 팀이다. 그들의 경기가 있는 날이면, 러너웨이 굿즈 팝업 스토어는 늘 수백 명 팬들의 대기줄로 사람들을 놀라게 했다. 꽃빈 님이 나와 굿즈를 팔기 시작하면

순식간에 동이 나고, 그녀에게 역으로 선물을 주는 팬들, 또 함께 사진 찍느라 정신없는 장면들이 시종일관 계속된다.

보통 한두 명의 스타 선수에 의해 인기가 좌우되는 다른 팀들과 명확히 구분된다. 게다가 성적도 좋다. 늘 우승권에서 머물고 실제 그들이 가져간 트로피도 많다. 경기력은 또 어떤가. 일단 경기를 이기는 목적으로만 하지 않는다. 늘 멋진 장면과 전략을 연출하며 팬들을 소리지르게 만든다. 그들이 수도 없이 가져간 2등의 타이틀도, 사실 결승전 경기 자체를 보면 하나같이 명승부의 연속이었다. 이게 바로 내가 그들을 도깨비라 부르는 이유다.

러너웨이는 현재 오버워치, 그리고 리그오브레전드 이렇게 두 개의 팀을 운영 중이다. 오버워치팀의 정착이 어느 정도 이뤄지면서 러너웨이는 리그오브레전드 3부팀을 인수해 2부로 올라가 현재 롤 챌린저스 코리아로 참여했고, 2020년 가을 LCK 프랜차이즈에 도전했으나 아쉽게 탈락의 고배를 마셨다. 이 구단은 러너 본인과 또 다른 인플루언서이자 아내인 꽃빈(본명:

이현아)이 함께 운영해 나가고 있다. 인기 스트리머가 방송을 하면서도 직접 구단 비즈니스까지 겸업하는 케이스는 아마 국내외를 합쳐도 러너웨이가 거의 유일할 것이다. 그만큼 쉽지도 않은 일이거니와 또 그렇게 지속적으로 성적을 거두고, 인기를 유지하는 것도 어렵다. 그렇다면 그들의 비즈니스는 과연 어떤 모델로 이뤄지는 것일까? 쉬운 말로, 그들은 구단 사업으로 돈을 벌기는 하는 것일까?

e팩트 팀의 기획회의 시, 이 부분이 매우 흥미롭게 느껴져 과감하게 러너와 꽃빈을 1회 게스트로 초빙하자고 제안했다. 그리고 어렵게 시간을 내준 두 게스트 덕분에 e팩트 자리를 통해 진지한 사업이야기를 나눌 수 있게 됐다. 평소에 외부 자리를 통해 사업 이야기는 많이 한 적이 없기에 이날의 이야기와 토론은 매우 흥미로웠다. 구단 비즈니스를 시작한 동기, 우승과 이적을 둘러싼 여러 흥미로운 에피소드들, 구단주로서의 소신과 미래계획 등 많은 이야기를 나누었다. 그중에서 내가 생각했던 구단 사업과 관련한 큰 줄기의 질문은 또 이에 대한 그들의 대답을 아래와 같이 정리한다.

첫째, 러너웨이는 뭐가 그렇게 특별했는가?

러너는 e팩트 당시 네 가지 강점을 자신들의 차별성으로 꼽았다. 첫째, 팬들과의 소통, 둘째, 유망주 발굴과 스타 만들기 노하우, 셋째, 자신의 e스포츠에 대한 남다른 열정과 높은 이해도, 그리고 넷째, 선수와 구단 사이의 높은 신뢰라는 점이었다. 다 맞는 말이지만, 이를 정확히 실행하는 팀이 그만큼 적다는 반증이기도 했다. 러너웨이는 뭔가 조직적으로 갖춰진 시스템으로 팀을 운영하는 것이 아닌, 구단주의 선수를 보는 '촉'과 게임에 대한 높은 이해에서 오는 '코칭력(게임 실력+멘탈 코칭)'이 남들과 다르다 말한다. 팬들은 러너와 꽃빈의 방송을 보고 그의 팀 빌딩 과정을 하나같이 함께한다. 또 거기에 위에 말한 촉과 코칭력이 더해져 실력이 좋으니, 팬들은 자신을 그대로 팀에 이입시켜 팀의 승리에 같이 기뻐하고, 패배에 같이 슬퍼한다. 말그대로 '윗물이 그대로 아래로 흐르는' 아주 성공적인 마케팅 모델인 것이다.

그 어떤 팀도 구단주나 코치가 선수보다 인기 좋은 팀은 없다. 러너웨이를 보고 있으면, 구단이 선수고, 선수가 구단이고, 선수가 다른 팀이나 리그로 떠나가도 잘 되어서 떠나보내는 엄마의 마음으로 그들을 축하해 준다는 느낌을 준다. 러너와 꽃빈이 이 모든 것의 정점에서 팀의 상징으로서 진두지휘하는 한 이런 인기는 계속되지 않을까. 물론 그들이 참여한 게임 리그의 1부리그에서 계속 좋은 성적을 낸다는 전제 아래에서 말이다.

둘째, 러너웨이 구단 비즈니스, 돈이 남는 장사인가?

거두절미하게, 러너는 '수익이 남는다'라고 대답했다. 돈을 벌어들이는 수단으로는 굿즈판매, 유튜브 채널 수익, 선수 이적료, 스폰서십이라고 대답했다. 구단 초창기에는 쓰는 돈이 훨씬 많았지만, 지금은 어느 정도 수지타산이 맞는다고 한다. 러너웨이는 투자자본을 전혀 받지 않고 아직도 그들의 자본금만으로 운영되고 있는 팀이다. 유튜브 채널 수익이 가장 큰 수익을 차지한다고 설명했는데, 아마도 그 이유는 이적료나 스폰서십, 굿즈판매는 모두 외부환경에 많은 영향을 받기 때문일 것이라 믿는다.

즉, 그들이 오프라인에서 팬들과 만나 뛸 경기나 대회가 많을 때만 스폰서십이나 굿즈판매가 적극적으로 가능해지고, 이적료 역시 오버워치리그에서 비정기적으로 선수를 수급하기 때문이다. 이미 7, 8명의 선수를 리그로 보냈고, 현재 활동하는 수많은 국내 선수들이 세대교체하지 않는 한 언제 또 선수를 이적시킬 수 있을지는 아무도 모르기 때문이다. 어쨌든 이렇게 통제 불가능한 환경이 많은 가운데서도 수익을 남기고 있다는 것은 대단한 사실이다.

셋째, 향후 비즈니스 모델, 지속가능한가?

(촬영 당시) 러너웨이는 2021년 시작되는 LCK 프랜차이즈에 과감히 도전장을 내던졌다. 그 역시 앞으로 더 큰 구단 사업을 하기 위해서는 외부투자와 더 체계적인 조직이 필요함을 인정했다. 점점 더 높아질 선수연봉이나 러너와 꽃빈 둘만으로는 감당하기 어려운 여러 경영적 문제들을 해결하기 위해서다. 이를 위해서는 러너웨이 역시 그들이 가진 브랜드파워를 믿고 적극적으로 투자해줄 파트너가 필요함을 언급했다. 그리고 게임사, 지자체들의 조금 더 적극적인 지원을 언급하기도 했다. 지금 두 개의 팀을 운영하고 있지만, 앞으로 더 커질 e스포츠 시장을 생각하면 무작정 자신들의 자본금만으로는 미래를 장담할 수 없음을 간접적으로 내비쳤다.

그들과의 질의응답 시간을 통해 느낀 핵심 포인트를 아래 두 가지로 정리해 보고 싶다.

첫째, 그들이 가진 스토리의 중요성이다. 스토리가 있는 팀 중 인기가 없는 팀은 사실상 없다. 물론 실력이 받쳐줘야 하지만, 아무리 이겨도 인기없는 팀이 있는 반면, 그 안에 성공, 극복, 우승, 감동의 스토리가 있는 팀은 늘 팬들의 응원이 따라다닌다. 만약 이 두 마리의 토끼(스토리+성적)가 갖춰진 팀이라면 투자자 입장에선 주저말고 잡아야 하지 않을까.

둘째, 사업모델의 지속성이다. 러너웨이의 구단주 두 명이 유튜버인 사실은 러너웨이가 4년이란 시간을 계속 돈을 쓰면서도 팀을 유지하고 또 LoL까지 팀을 확장할 수 있는 큰 뒷받침이 됐다. 그리고 그 베이스로 다른 수익창출 출구가 조금씩 생겨나는 것이다. 하지만 e스포츠 메인스트림에서 지속가능한 사업모델을 키우려면 지금의 모습은 부족한 것이 현실이다. 2부리그에서 전전하다가는 언젠가는 없어져 버릴 수 있는 사업이 되어버리기 때문이다.

러너웨이는 개인적으로도 애착이 많이 가는 팀이다. 특히 나와 오랜 시간 오버워치 e스포츠의 관계자로 오랜 만남을 이어와서 그런지도 모르겠다. 최근 몇 년만큼은 블리자드가 주최한 대회에서 그들이 결승에 올라가느냐 못하느냐의 문제는, 국내 오버워치 계에서는 T1이 LCK 결승에 올라가느냐 못하느냐의 문제와 비슷할 정도로 흥행에 영향을 줬다. 하지만 그들이 왜 그런 위치에 오르게 됐는지는 이번 e팩트를 진행하기 전까지는 그렇게 깊이 생각해 보지 않았던 것 같다. 러너웨이의 사업모델이 구단 비즈니스 전반을 아우르는 정답을 제시한다고는 생각하지 않는다. 다만, 그들이 사업에 대해 가지는 미션과 비전을 듣고 나서야 왜 그렇게 e스포츠를 품으려 했는지 이해할 수 있었다.

구단 비즈니스의 미래는 결국 정답이 없다. 창업자의 비전과 사업전략이 가장 중요하다. 그리고 무엇보다 지속가능한 사업모델이 가장 중요할 것이다. 러너웨이의 독특하지만 매력있는 구단사업은 앞으로 또 어떤 식으로 변해갈지 그 미래가 정말 기대된다.

e 스포츠 마케팅 쪼개기

제 2 장

그래서, e스포츠 취업은 어떻게 하는 것인가?

| ▶ |

e스포츠의 경우 그 화려해 보이는 산업 외형에 비해 취업 경로에 대해 알려진 바가 없다. 2장에서는 e스포츠 산업에 대한 분석을 통해 취업 분야를 분류해 본다. 또한 각계 e스포츠 업계 종사자들의 인터뷰를 통해 담당 업무, 취업의 비결, 취업 준비생에게 들려주고 싶은 조언을 담아 보았다. e스포츠 취업문을 열고 싶은 사람들이라면 이제는 막연한 기대, 희망, 열정을 앞세우기보다는 산업 내에서 자신이 선택과 집중할 분야를 정확히 알고 그에 맞는 진로 계획을 짜야 할 시기이다.

e스포츠 취업문을
열어 보자

높아진 관심에 비해 e스포츠 관련 취업 자료 턱없이 부족
스포츠 시장과 매우 유사한 기본 뼈대를 가진 e스포츠 취업 영역
선호도 높은 게임개발사 외에도 플랫폼, 구단, 스트리머 등 기회 많아

만약 당신(또는 당신의 자녀)이 게임에 엄청난 관심을 가진 경우라면, 누구나 한번쯤은 게임, e스포츠, 스트리머와 관련된 진로를 고민해볼 것이라 믿는다. 특히 MZ세대라 불리는 1980년부터 2004년 출생자들의 그룹은 자라는 과정에서 더 많은 연관성을 가지고 있으며 취업이나 사업 방향에 게임과 e스포츠가 점차 더 포함되기 시작했다. 하지만 e스포츠의 경우 그 화려해 보이는 산업 외형에 비해 취업 경로에 대해 알려진 바가 없다. 알고 싶어도 알 방법이 없고, 가르쳐주는 사람도 없다. 내가 학원을 가야 하나, 입시상담을 받아야 하나, 아니면 직업 상담을 받아야 하나. 그것조차 정확한 가이드 라인이 없다.

그래서 이번 장에서는 책 제목처럼 '쪼개기' 방식으로 e스포츠 취업 및 진로설정 방법을 다뤄보고자 한다. 스포츠산업과 e스포츠 산업은 유사성이 상당히 많다. 그래서 스포츠를 예로 들어 쉽게 이야기를 풀어가고자 한다.

어릴 적부터 스포츠를 좋아하는 아이들은 스포츠를 하거나(Play) 본다(Watch). 필자도 축구와 농구를 좋아했으므로 늘 친구들과 방과 후 축구

또는 농구를 하느라 정신 없이 시간을 보냈다. 그리고 저녁이나 주말에는 늘 TV로 스포츠 경기를 보는 것이 관성처럼 여겨졌다.

여기서 1차적인 분류가 나눠진다. 축구를 열심히 하는(Play) 아이들은 유소년 선수가 되는 경로를 택하거나 아니면 커가면서 단순 취미로 즐기는 수준의 생활체육인이 된다. 반면, 축구를 열심히 보는(Watch) 아이들은 일반 팬으로서 스포츠를 좋아하는 아이다.

위에 설명한 그룹들이 고등학생쯤의 나이가 되어 스포츠 관련 진로를 꿈꾸기 시작했다고 가정해 보자. 이미 선수 생활을 하고 있는 아이들은 프로선수가 되는 것을 목표로 할 것이다. 그리고 향후는 자연스레 생각할 수 있는 것이 아무래도 코치나 감독이지 않을까. 그 외의 그룹은 아마 구단, 기자, PD, 에이전트, 일반 기업 스포츠마케팅 전문가 등을 꿈꾸게 될 것이다.

이걸 그대로 게임으로 넘어와서 생각해 보자. 많은 아마추어 e스포츠 선수들의 꿈은 당연히 프로게이머일 것이다. 그리고 은퇴 후 코치와 감독이 되는 경로도 일단 이 범주에 포함할 수 있겠다. 한편, 선수생활을 하지 않고 스포츠팬으로 남아있던 대부분의 사람들은 여러가지 직업군을 머릿속에 떠올릴 수 있을 것이다. 앞에 말한대로 e스포츠 역시 스포츠와 비슷한 경로를 떠올릴 수 있다. 미디어에서 보이는 캐스터나 중계진, 기자, PD, 구단 직원, 기업 e스포츠마케팅 담당자, PC용품사 담당자, 에이전트, 에이전시, 협회/연맹 직원 등 말이다. 정말 유사하지 않은가. 아래 조금 더 풀어 설명해 보았다.

● 캐스터/해설진: e스포츠도 동일하다. 전용준, 성승헌, 박상현, 정소림 등 유명한 캐스터 이름만 늘어놓아도 끝이 없다. 해설진은 보통 선수 출신이나 게임방송 스트리머 출신들도 많다. 이현우, 김동준, 김정민,

정인호, 신정민 같은 예가 있다.

- 방송국 PD: e스포츠도 게임전문 방송국/스튜디오 출신 PD라는 직업이 존재한다. 과거 스타크래프트 e스포츠를 통해 명성을 떨친 e스포츠 PD들이 중국 등지로 많이 진출한 사례도 있고, 여전히 한국은 e스포츠 제작 역량이 가장 높은 나라 중 하나이다. OGN, 아프리카TV, 라우드G(구 SPOTV GAMES), 인벤방송국 등의 회사가 있다.

- 기자: e스포츠 언론인들은 의외로 상당히 많다. 네이버 스포츠의 'e스포츠' 섹션을 가보라. 하루에도 수십 건의 기사들이 쏟아져 나온다. 포모스, 데일리 e-스포츠 등 전문 언론사 수도 상당히 많다.

- 구단 직원: e스포츠도 동일하다. 우리나라에는 약 80개 정도의 e스포츠 구단이 존재한다. 그 안에 선수/코칭스텝을 제외한 직원들도 있다. 매니저, 마케터, 분석가 등 다양한 직업군이 있겠으나 여기서 설명은 생략하고 일단 구단 직원도 직업 분류에 포함된다는 사실을 기억하자. 다만 대기업 중심의 프로스포츠와 비교해 아직은 매우 영세한 구단들이 대부분이지만 점차 선도적인 몇 개의 구단을 중심으로 상당히 빠른 속도로 성장해 나가고 있다.

- 기업 e스포츠마케팅 담당자: e스포츠에서 이 직업은 아직은 따로 구분하기는 어려운 분류이다. 후원사 담당자 정도일 텐데, e스포츠만으로 특화된 사람은 아직 보질 못했다.

- 용품사 직원: 인텔, 삼성전자, LG전자, HP, AMD, 레노버, 엔디비아, 벤큐, 로지텍, 하이퍼X 같은 PC관련 기업들이 e스포츠와 상당히 밀접하게 관련되어 있고 또 워낙 후원을 많이 하다보니 그 담당자의 경우가 이에 해당하지 않을까 생각한다.

- 에이전트: 아직은 좀 이르다. 리코스포츠에이전시 등이 최근에 e스포

츠 선수들로까지 영역을 확장했지만 그렇게 주목할 만한 정도의 에이
전트 시장은 발달하지 않았다.

- 에이전시: 딱히 존재감이 없다. 이벤트 대행, 대회운영, 방송대행 등
  을 의미하는 거라면 이미 게임 전문 방송사들이 이 영역을 해결해 주
  고 있기 때문에 별다른 니즈가 없는 직군이다.
- 협회/연맹 직원: 우리나라의 KeSPA(한국e스포츠협회)가 정확히 여
  기에 속한다.

스포츠와의 유사성을 기준으로 비교해 보면, 위의 분류만 봐도 e스포츠
직업군이 이제 어느 정도 감이 잡힐 것이라 믿는다. 하지만 이게 끝이 아니
다. e스포츠만의 특징을 가진 직업들이 더 많이 존재한다. 위에서 다룬 외
의 직업군을 살펴보자.

- 게임사(종목사) e스포츠 담당자: 이는 아마 모든 이들이 가장 선망하
  는 직업일 것이다. 라이엇 게임즈, 블리자드, PUBG 등 e스포츠 분야
  를 선도하는 게임 회사들은 별도의 팀과 인력들이 존재한다. 다만 들
  어가기가 하늘의 별따기라는 것이 문제일 뿐이다.
- 플랫폼 담당자: 트위치, 네이버, 아프리카TV 등에서 e스포츠/게임 업
  무를 담당하는 역할이 존재한다. 이 역시 e스포츠 업계에서 매우 임팩
  트있는 포지션이나 매우 적은 수의 사람들만 이런 업무를 담당하고 있
  다. 또한 아쉽게도 플랫폼의 전세계 최강자 유튜브에서 e스포츠만 담
  당하는 역할은 아직 한국 구글 내에 존재하지 않는 것으로 알려졌다.
- 게임 스트리머: 요즘 성공한 유튜버들 보면 직장인의 삶이 허무하게
  느껴질 정도로 큰 수익을 내고 있다. 지금은 정말 많아졌지만 초창기

디지털 플랫폼에서 게임 스트리밍을 시작한 BJ 또는 스트리머들은 이미 하나의 직업으로 존중받고 있다. e스포츠 관련된 게임 스트리머는 선수 출신이 많고 이들은 여러 이벤트 매치 등에도 꾸준히 참여하며 e스포츠 전문 스트리머의 이미지를 쌓기도 한다.

- 지자체 산하 e스포츠 관련 직업: 최근 부쩍 늘어난 관심 덕분에 서울을 비롯한 여러 지자체에서도 e스포츠 관련 업무가 늘고 있다. 문체부 산하 한국콘텐츠진흥원 게임본부, 경기 콘텐츠진흥원 게임/디지털혁신팀, 성남산업진흥원 콘텐츠 산업부, 부산 정보산업진흥원, 광주 글로벌 게임센터 등에서 근무하는 분들이 예가 되겠다. 특히 최근에 지어진 e스포츠 전용경기장을 보유하거나 보유할 지자체를 잘 살펴보면 향후 소속된 직업군이 열릴 것이란 걸 알 수 있을 것이다.

- e스포츠 전문 아카데미 직업: e스포츠 전문 아카데미가 여기 저기 생기며 게임을 통한 교육사업이 또 다른 잠재력을 보여주고 있는 요즘이다. 젠지의 '젠지 글로벌 아카데미'나 빅 픽처의 '게임코치' 등이 아주 좋은 예가 될 것이다. 이런 전문 아카데미의 직원들도 분명 취업 종류 중 하나가 될 수 있다.

- e스포츠 전문기업: e스포츠 전문기업은 사실 e스포츠 구단과 거의 일맥상통한다. 그 이유는 현재 구단을 가지고 있는 모기업들이 구단 사업으로 들어가는 비용을 충당하고, 또 그를 이용해 더 큰 수익성 높은 사업을 개발하기 위해 동분서주하고 있기 때문이다. LCK, 오버워치 컨텐더스, PUBG e스포츠에 참여 중인 팀들의 명단을 잘 살펴보면 알 수 있다.

스포츠와 유사한 직업군, 그리고 e스포츠만의 특별한 직업군을 구분해 나열해 보았다. 다시 한번 깔끔하게 취업문을 두드릴 직업들을 살펴보자.

1. 프로게이머
2. 구단 코치/감독
3. 게임 캐스터/중계진
4. e스포츠/게임 스트리머
5. 구단/e스포츠 전문기업 직원
6. 게임사(종목사) e스포츠 담당자
7. 디지털 플랫폼 e스포츠 담당자
8. 게임 방송국 PD
9. e스포츠 기자
10. PC 관련 기업 e스포츠 마케팅 직원
11. KeSPA 직원
12. 지자체 산하 e스포츠 관련 직업
13. e스포츠 전문 아카데미 직원

더 세분화할 수 있겠지만 가장 일반적으로 구분할 수 있는 직업군은 이렇게 13개 정도가 될 것 같다. 이 중 선수, 코치, 캐스터, 스트리머라는 네 개의 직업들은 워낙 특수 직업이기에 일반적인 사람들과는 취업 준비 과정 자체가 사실 조금 거리가 멀 수 있어 상위에 따로 구분했다(마치 '축구' 분야의 직업군에 '축구 선수'라고 넣어 놓는 것과 같으니까 말이다). 그렇다면 그 외 9개 분야는 충분히 중고등과정 및 대학교 학업과정을 이어가면서도 도전해 볼 만한 취업 경로일 것이다.

e스포츠 취업문을 열고 싶은 사람들도 첫 단추는 뀔 수 있는 기반을 마

련해 본 것 같다. 이제 막연한 기대, 희망, 열정보다는 어디서부터 시작해 어떻게 자신을 갈고 닦아나가야 할지에 대한 세부적인 계획이 필요할 때이다. e스포츠 취업시장에 대한 조금 더 명확한 분석을 위해 위에서 얘기한 e스포츠 업계 종사자들을 직접 인터뷰했다.

e스포츠 진출에 꿈을 가진 독자분들이 보고 현실적인 조언을 받을 수 있도록 최대한 젊은 나이의 e스포츠 마케터들과 인터뷰하려고 애썼다. 본 장에 이어지는 인터뷰들을 통해 e스포츠 취업에 대한 생생한 정보를 그들의 입으로 들어보고 그 속에서 자신에게 맞는 진로를 찾아가길 바란다.

왕관의 무게와 왕을 키우는 무게

- 이름 : 문성원
- ID : 'MMA'
- 직업 : 오버워치리그 서울 다이너스티 팀 코치(전 스타2 프로게이머)
- 나이 : 33세
- 경력 : 프로게이머 10년, 코치 2년
- 커리어 테크트리
  - 2008(21세) SKT T1 스타크래프트 팀 입단
  - 2009(22세) 특전사 입대 후 훈련 중 부상으로 퇴교
  - 2010(23세) SKT T1 퇴단 및 슬레이어스 스타2 팀 입단 후 스타2 선수 생활
  - 2016(29세) 은퇴 후 군입대
  - 2017(30세) 군 제대 후 스타2 선수로 현역 복귀
  - 2018(31세) 선수 은퇴 후 젠지 e스포츠 오버워치 컨텐더스 팀 코치로 전향
  - 2019(32세) 오버워치 서울 다이너스티 코치로 승격
  - 2020(33세) 오버워치 서울 다이너스티 코치로 시즌 최종 준우승

스타크래프트 팬, 특히 스타크래프트2 팬이라면 누구나 기억하는 그 이름 'MMA' 문성원. 그는 2016년까지 시대를 호령하던 스타크래프트2 프로게이머이다. 문성원은 스타크래프트2 자유의날개 시절부터 활동해 GSL 코드S 우승 트로피를 보유하고 있으며, 유럽팀 '팀 에이서'에서 활동하며 2013년과 2014년에 WCS 유럽 프리미어 리그 시즌3에서 우승을 차지하기

도 한 스타선수이다. 문성원은 2016년 군에 입대한 뒤 2017년 말 전역해 다시 선수로 복귀, 2018 GSL 코드S 시즌3 본선에 진출하기도 했다.

2018년 군 전역 후에도 선수생활을 이어가던 그가 어느 날 젠지 소속의 오버워치 컨텐더스 팀 코치로 들어갔다는 소식에 많은 이들이 놀라기도 했다. 선수의 우월한 유전자는 못 속이는 것인가. 그는 본인에게는 생소할 법한 새로운 게임 오버워치 코치로서 1년 간 활동한 후, 그 능력을 인정받아 상위팀 개념인 서울 다이너스티로 전격 콜업되게 된다. 그렇게 서울 다이너스티와 함께 보낸 2020년 시즌 후 팀은 2020년도 오버워치리그 시즌3 준우승이라는 훌륭한 성적으로 시즌을 마치게 된다. 코치로 지낸 시간이 벌써 2년이 다 되어가는 문성원 코치와 이야기를 나누어 보았다.

Q1 프로게이머에서 코치로, 그것도 RTS 선수 출신에서 FPS팀 코치로 들어간 건, 인생의 큰 변화로 느껴진다. 코치로서의 2년의 시간을 되돌아 본다면?

"정말 시간이 어떻게 지나갔는지 잘 모르겠습니다. 2018년에 군 전역 후 선수생활로 다시 복귀하고 계속 미래에 대한 고민을 해왔어요. 그러다 마침 젠지 소속 오버워치 컨텐더스 팀에 막 부임한 이시우 감독님이 저를 불러 같이 해보자고 하셨어요. 그후 젠지의 단장, 감독, 코치분들과 얘기할 기회가 생겼는데, 젠지라는 회사에 대한 매력을 많이 느끼게 됐습니다. 그래서 과감히 결정하게 된 것 같아요. 저는 오버워치 선수가 아니었기 때문에, 코치로 부임한 후 정말 많은 시간을 투자해 게임에 몰두했습니다. 그리고 선수들과 동고동락하면서 전략도 연구하고 플레이를 리뷰했죠. 스타크래프트는 일대일 경기이지만, 오버워치 같은 다대다 게임은 팀합과 전략이 정말 중요하잖아요. 제가 선수 때 가진 큰 무대의 경험, 그리고 프로의식을 많이 전수해 주고 싶었어요. 다 어리고 동생 같은 친구들이라 정말 가족같이 생활하다 보니 여기까지 오게 됐네요."

___
Q2 코치라는 직업은 프로게이머 출신들에게만 열린 것이라 보는가?
___

"그렇진 않은 것 같습니다. 물론 그런 케이스도 많이 있죠. 제 선후배님이신 최연성, 정명훈같이 과거 스타크래프트에서 유명했던 선수 출신의 감독, 코치들도 많습니다. 두 분 다 다른 게임인 LoL 팀에서 코칭스태프로 계시니까요. 하지만 반면에 새로운 게임 같은 경우는 그 출신이 모두 다양합니다. 게임의 나이가 젊다 보니 대부분의 게이머들이 아직 현역인 경우가 많죠. 오버워치를 예로 들 수 있겠네요.

저희 팀만 해도 저같이 선수 출신도 있지만, 저는 종목과 장르를 바꾼 경우이고, 같은 팀 코치 중에 아예 선수생활이나 코치 경험이 전무함에도 코치가 되신 분들이 있어요. 각자 배경은 다 다른 것 같습니다. 그냥 게임이 좋아서 아마추어 클랜 생활을 하다가 코치가 적성에 맞아 시작한 사람들, 또는 팀 관리나 통솔에 자질이 있는데 주변 추천으로 아마추어 팀을 맡아 달라고 해서 시작한 사람들도 있죠. 다만, 그런 건 있습니다. 시간이 오래된 게임일수록, 배경이 전무한 사람이 코칭 스태프로 새로이 들어가는 일은 쉽지는 않죠. 극명한 예로 LoL처럼 10년 이상된 게임의 코치진과 오버워치처럼 5년이 아직 되지 않은 게임의 코칭 스태프 배경은 확연히 차이가 납니다. 확실히 오래된 게임일수록 기존 인력들이 이미 자리를 잡고 있기 때문에 진입장벽이 높죠."

Q3 게임을 가르친다는 것은 어떤 능력을 필요로 하는가?

"가장 기본은 게임을 잘 보고 이해하는 것, 그리고 가르치는 것이겠죠. 잘하는 것과 그걸 말로 가르치는 것은 엄연히 다른 문제거든요. 하지만 그게 전부는 절대 아닙니다. 코치도 종류가 여러 가지가 있고, 특징도 달라요. 저도 처음에 스타크래프트에서 오버워치로 종목을 바꾸고 도전을 하는 시기였기에 멘탈코치로 시작했습니다. 제가 경험했던 프로게이머의 생활이 도움될 부분이 바로 선수의 멘탈케어였거든요. 그 후에 시간이 지나면서 게임을 점차 이해하게 되면, 인게임(In-game)적 요소를 분석하고 전략을 짤 수 있게 되죠.

또 같은 코치라도 사람마다 특징이 다릅니다. 어떤 사람은 큰 숲을 잘 보고 전략을 설명하는 스타일도 있고, 저처럼 세부적인 측면을 자세히 설명하는 스타일도 있죠. 결국, 선수들이 잘 알아듣게 '설명을 잘해야 한다'는 공통점은 있지만요. 제 얘기를 조금 더 말씀드리면, 처음에 오버워치로 왔을 때, 게임도 잘 모르고, 팀 게임도 아니었지만, 선수들의 소양을 가르치는 것만큼은 자신 있었어요. 처음에 컨텐더스로 왔을 때 느꼈던 선수들의 프로의식은 사실 많이 못 미쳤지요. 지금은 정말 그 부분은 많이 달라졌습니다. 공과 사를 구분할 줄 알고, 프로로서 갖춰야 하는 의식들을 선배로서 많이 심어주려고 하죠. 그게 코치 업무의 일부라고 생각합니다."

Q4 선수로서의 경험과 코치로서의 경험의 차이를 간단히 말해준다면?

"제가 선수들한테 많이 하는 말 중에 하나가 '선수 때가 진짜 편한 거다'라는 말이에요(웃음). 선수들은 화려하게 조명도 많이 받고 이겼을 때의 공로도 많이 가져가죠. 하지만 지면 코치진이 비난을 받을 경우가 많습니다. 그게 불공평하다는 건 아니고 그게 바로 코치와 선수의 차이이자, 코치가 가져야 할 숙명인 것 같아요. 예전에는 선수로서 우승을 위해 싸우고 '왕관'을 차지하고자 하는 선수였다면 지금은 코치로서 '왕을 키우는 무게'를 감당해야 하죠.

또 개인 종목인 스타크래프트와 팀 게임인 오버워치는 상당히 많이 다릅니다. 선수들조차도 자기 자신만을 생각할 수 없어요. 늘 팀워크, 유대감, 커뮤니케이션의 합이 잘 맞을 때 좋은 성적이 납니다. 그걸 이끌어 주는 게 코치라는 생각이 들더군요. 선수나 저희나 출퇴근 시간이 정해져 있는 건 같지만, 저희는 선수 퇴근 후에도 이슈가 되는 점은 다시 한번 살펴보고 서로 의논도 하고, 또 그래도 해결이 안되면 다음날 선수들이 좋은 아이디어를 생각해내고 머리를 말랑말랑하게(유연하게) 유지하도록 도와주는 등 다른 역할들을 해내야 합니다.

Q5 본인이 생각할 때 진짜 잘하는 팀의 비결은 무엇인가?

"저도 예전에는 단순히 속된 말로, '선수빨', '코치빨'이라 생각했습니다. 그런데 지금 2년이 지나서 생각해 보니 그보다 더 중요한 것이 선수와 코치의 유대관계더라구요. 유대관계가 좋은 팀은 상호 시너지가 많이 납니다. 예를 들어 전략 회의 중 한 선수가 전략을 내면 그에 대해 코멘트를 해주고, 더 좋은 아이디어를 내주고, 비판적인 토론을 이어갈 수 있는 분위기가 됩니다. 그럼 의견을 말하고 거절당하더라도 민망해 하지 않고 건설적인 의견을 제시할 수 있게 되죠.

하지만 유대감이 없는 경우, 그런 의견에 대해 침묵하거나 묵살하고 넘어갑니다. 결국 이런 것을 한마디로 '커뮤니케이션'이라고 정리할 수 있는 것 같아요. 인게임 커뮤니케이션, 또는 회의 시 커뮤니케이션 분위기가 잘 잡힌 팀은 확실히 실력 자체보다 더 좋은 성적을 내더라구요. 오버워치는 6인 게임이다 보니 자신이 실수해 죽더라도 솔직히 팀원이 전부 알아낼 방법은 없습니다. 그래서 저는 항상 팀에게 이런 이야기를 합니다. 잘못을 해서 죽으면 그냥 그 자리에서 보이스 채팅으로 반드시 얘기를 해라. 자백을 하라고 이야기 하죠. 그 후에 무엇이 잘못됐는지 파악하고 서로 위로하며 다음 한타 싸움을 이길 수 있는 방법을 찾길 바랍니다. 그게 강한 멘탈을 키우는 것 같아요. 저희도 올해 시즌 내내 0-3 패배가 많았어요. 내리 두 세트를 내주면 세번째 세트도 허무하게 내주고 경기를 끝내는 것이죠. 하지만 이런 것들이 나아지면서 3-2 역전승의 빈도도 많이 늘어났습니다."

Q6 많은 프로게이머 선수들이 자신의 은퇴 후 미래를 준비하는데 어려움을 겪는 것으로 안다. 어느 정도 미래 준비에 대한 인식이 있다고 보는가?

"어린 나이에 최고의 프로게이머 위치에 있는 친구들은 솔직히 또래 친구들에 비해 더 많은 돈을 벌게 되는 건 사실입니다. 지금 대부분의 프로게이머들에게는 현재가 가장 중요해요. 그 후에 군대를 가야 하는 시기가 되면 그게 은퇴의 신호이고, 그때 가서 미래를 준비하려는 친구들이 많죠. 그렇다 보니 자신에게 맞는 미래 준비, 커리어 준비를 진지하게 하는 친구들의 비율은 사실 너무 적어요. 어떤 친구는 차곡차곡 돈을 부모님께 드려 관리하는 친구도 있는 반면, 과소비로 현실을 즐기는 친구도 있죠. 제가 그래서 옆에서 조언을 많이 해주려고 합니다. 나도 그런 생활해 보니 역시 꾸준한 사람 이기는 사람 없더군요. 아무리 실력이 좋아도 영원할 수 없는 게임의 짧은 수명 앞에 반짝하고 싶지 않다면, 연습이든 자신만의 루틴이든, 미래의 준비든 꾸준히 하라고 많이 조언해요. 레전드 선수들은 괜히 레전드소리를 듣는 게 아니더라구요. 남들과는 다른 특별함은 바로 좋은 패턴을꾸준히 반복하는 힘에서 나온다고 생각합니다."

—
Q7 e스포츠팀 코치가 되고 싶은 사람이 있다면 어떤 조언을 해주고 싶은가?

"코치가 된다는 것은 게임을 잘 이해하고 잘 설명하는 것 이상의 것을 이야기합니다. 진정한 리더십, 게임에 대한 이해가 종합적으로 갖춰져야 좋은 코치가 될 수 있어요. 그래서 넓고 크게 생각하라고 이야기해주고 싶습니다. 게임을 지면 그 게임 리플레이를 계속 보며 문제점을 해결하려고 하는 경우가 많죠. 그런데 어쩔 때는 문제가 그게 아니더라구요. 선수의 감정 상태, 외부적 환경, 팀 내의 유대관계, 선수와 코치와의 관계들이 종합적으로 작용해서 결과로 나타나는 것입니다. 그런 것들을 볼줄 아는 안목을 키워야 해요. 최근 넷플릭스를 통해 '플레이북'이라는 리더들의 이야기를 다룬 다큐멘터리를 본 적이 있습니다. 독 리버스, 조제 무리뉴, 돈 스테일리, 질 엘리스처럼 전세계에서 가장 성공한 스포츠팀 감독들이 등장해코치 업무와 개인의 삶 모두를 어떻게 성공적으로 이끌었는지에 대한 이야기를 담은 프로그램입니다.

그걸 보면서 저도 지도자가 가져야 할 마인드와 리더십에 대해 정말 많이 배워요. e스포츠 팀 코치가 되는 길에는 정도가 없죠. 게임을 사랑하고,

제가 얘기했던 기본 자격이 되는 사람이라고 믿는다면, 스스로 훌륭한 리더십을 키울 수 있는 계기를 학교, 아마추어팀 등에서 계속 만들면서 기회를 노리는 게 좋을 것 같습니다."

Q8 본인의 앞으로 계획은?

'제가 늘 생각하는 다짐 중 하나가 어디를 가더라도 쓰임이 있는 사람이 되자라는 것입니다. 제 목표는 일단 더 잘하는 코치가 되는 것입니다. 단순하다고 느껴질지 모르지만 그게 정말 중요하다고 생각합니다. 젠지 e스포츠에서 그리고 서울 다이너스티에 있으면서 정말 많은 것을 배웠습니다. 그래서 오늘보다 내일이 기대되고 우승도 꼭 하고 싶습니다. 올해 준우승이 정말 아쉬워요. 아직도 제가 배워야 할 게 분명히 더 있다고 믿습니다. 그때까지 최선을 다하려고 해요. 만약 새로운 게임이 나오고 다른 장르로 갈 기회가 생기더라도 언제든지 도움이 될 수 있는 사람이 되고 싶어요. 조력자로서 선수들의 멘탈 코치, 전력 코치이자, 커리어 코치가 될 수 있는 사람이고 싶어요. 실리콘 밸리에서 스티브 잡스, 래리 페이지 같은 쟁쟁한 CEO들의 멘토 역할을 했던 '위대한 스승' 빌 캠벨이라는 분에 대한 책을 읽은 적이 있습니다. 풋볼팀 코치이기도 했던 그가 구성원들에게 조언과 격려를 아끼지 않고, 카리스마적 리더이기보다 '믿음직한 친구'로서 조력자가 되고 싶어요. 언젠가 e스포츠계에서 '위대한 조력자'로 기억되는 날까지 최선을 다하고 싶습니다."

문성원 님에게는 조금 다른 아우라가 느껴진다. 나름 스타 선수 출신임에도 종목을 바꾸는 새로운 도전을 두려워하지 않은 점, 선수 생활 동안에도

'지독한 연습벌레'로 불렸던 그의 꾸준함도 내게는 신선한 매력으로 다가왔다. 그가 비록 아직 코치생활을 시작한 지 2년밖에 되지 않았지만, 늘 낮은 자세로 배우고자 하고, 팀원들에게 진정한 조력자의 역할을 도맡으려고 하는 점은 회사를 다니는 필자가 볼 때도 본받고 싶은 모습이다.

그와의 인터뷰를 통해 알게 된 것 중 하나는 코치가 되는 길에 딱히 정해진 코스가 없다는 점이다. 그렇다고 넓은 기회가 존재하지는 않는다. 그리고 그 앞에 성공의 길이 보장되지도 않았다. 게임의 수명은 한정적이고 코치라는 직업의 모수도 적다. 선수 출신들도 많고, 유사 장르의 게임을 건너가며 경험이 많이 쌓인 코치진들도 많다. 그만큼 좁은 문이라는 의미로 해석할 수 있다.

코치라는 직업의 핵심은, 그것을 준비하는 사람의 의지와 또 투자가 얼마나 뒷받침되느냐의 문제가 아닐까 생각된다. 선수 출신이 가지는 이점, 또는 일반인이 가지는 이점은 다 다를 수 있다. 배경과 상관 없이 어린 아마추어 게이머들을 통솔하기 위해 필요한 게임적인 지식과 통솔의 노하우가 필요한 것이다. 코치를 꿈으로 삼은 사람들이 있다면, 문성원 님의 이야기 속에서 자신이 가야 할 길의 출발점을 찾을 수 있을 것이다.

문성원 이메일 : smilekr29@gmail.com

e스포츠로 미국 대학을 가는 방법이 있다고?

■ ■ ■

　게임을 잘하는 것만으로 대학에 갈 수 있는 방법을 생각해 본 적이 있는가?

　게임을 잘하는 어린 아마추어가 기대하는 성공의 미래는 아마 프로게이머가 되는 길밖에 없었을 것이다. 그런 선수들은 프로구단의 연습생으로 입단 테스트를 봐야 하고, 합격하더라도 하루에 10시간 이상의 고된 훈련과 합숙과정을 거치며 자신의 10대를 바쳐야 그나마 데뷔의 기회를 가져볼 수 있는 위치에 놓이게 된다. 마치 미래의 K-POP 스타를 꿈꾸며 기나긴 연습생 생활을 하는 엔터사 유망주들과 비슷한 모습이다. 이런 양날의 검이 부모의 입장에서는 어떻게 받아들여지겠는가.

　아마추어 게이머의 총합을 생각하면, 우리가 감탄하는 세계 최고 수준의 프로게이머의 수는 그 전체의 1%도 되지 않는다. 대다수의 어린 아마추어

*출처 : 젠지 글로벌 아카데미 홈페이지 캡쳐 (ggacademy.gg)

선수들은 꿈을 접은 채 갈팡질팡하며 학업의 기회와 프로게이머의 미래를 접어야 한다. 부모의 입장에서 그런 좁은 문을 보며 자녀의 10대를 포기한 채 게임에만 몰두하게 할 수 있겠는가.

하지만 이제는 조금은 다른 시대가 열렸다. 점차 많은 대학들이 e스포츠를 학문으로 그리고 스포츠로 인정하기 시작했고, 한국, 미국을 비롯한 여러 나라의 대학에서 e스포츠를 받아들이기 시작한 것이다. 또한 이런 기회를 바탕으로 e스포츠를 토대로 한 교육사업이 크게 성장하는 중이다.

세계적 명문구단 젠지e스포츠에서 개원한 '젠지 글로벌 아카데미(이하 GGA)'는 참여 학생들에게 e스포츠를 통한 다양한 기회를 제공하여 프로게이머, 대학진학, 졸업 후 산업진출까지 여러 방면의 진로 설정을 돕고 있다.

젠지 글로벌 아카데미는 크게 세 가지 프로그램을 제공하고 있다.

첫째, 젠지 엘리트 e스포츠 아카데미(GEEA)다.

GEEA는 세계 최초로 e스포츠와 학문을 완벽하게 통합한 국제학술기관으로, 사상 최초로 e스포츠와 학업을 동시에 배우며 프로게이머 또는 e스포츠 산업 인재로 나갈 수 있는 길을 열어주는 교육기관이다. 젠지 e스포츠와 파트너십을 맺은 '엘리트 오픈 스쿨'은 공식 인증을 받은 고등학교 졸업장을 제공한다. 학생들은 e스포츠와 게임에서 성공적인 커리어를 준비하면서 자신의 실력을 높이는 방법뿐만 아니라 e스포츠 산업에 대해서도 배울 수 있다.

젠지 e스포츠 자체가 리그오브레전드, 오버워치 등 세계 최고 수준의 구단을 9개나 보유하고 있기에, 프로게이머가 되는 길을 당연히 열려 있다. 다만, 그렇지 못한 학생들에게도 GEEA에서 배운 기술과 지식을 활용하여 해외 유학기회를 얻을 뿐만 아니라 장학금을 받은 선수는 e스포츠&게임전공을 공부하는 학자가 될 수도 있다. 특히 미국의 경우, University of Kentucky, University of Pennsylvania, East Michigan University 등의 유명 대학들과 파트너십을 맺어 e스포츠 장학생 및 특기생 선발 등 단순한 미국 유학 이상의 기회를 함께 찾아준다.

둘째, 애프터 스쿨(After-school) 프로그램.

애프터 스쿨 프로그램은 현재 다니고 있는 학교생활 이후의 시간을 활용해 세미나와 트레이닝 과정 등 다양한 형태의 프로그램을 제공한다. 프로게이머 지망생, 게임 실력을 높이고 싶은 학생, 그리고 e스포츠로 진로를 모색 중인 구직자들이 꿈에 한 발 더 다가갈 수 있도록 돕고 있다. 현재는 리그오브레전드, 오버워치, 배틀그라운드, 발로란트 네 개의 종목을 다루고 있고, e스포츠 산업 분야 같은 경우 젠지 내외의 최고 전문가들로 강사진을 구성해 산업으로의 취업 기회를 제공하고 있다. 이외에도 게임이나 e스포츠와 겹치는 과학, 기술, 공학, 수학에 집중해 가르치는 STEM 과정, e스포츠 관련 자격증을 취득할 수 있는 자격증 과정을 준비 중이다.

셋째, 온라인 교육 프로그램.

코로나 사태 이후 본격적으로 도입되기 시작한 온라인 교육 시장은 이제 선택이 아닌 필수가 되었다. GGA 역시 온라인으로의 교육 도입을 빠르게 준비 중이다. 이미 교육 플랫폼 차세대 선두주자 '패스트 캠퍼스'와의 파트너십을 통해 리그오브레전드 온라인 교육강좌를 오픈하기도 했고, 그 외에도 위에서 언급한 다양한 과목을 온라인 수강이 가능하도록 준비 중이다. 외부적 환경으로 더 이상 사람들이 한 공간에 모이지 못할 경우 온라인 수강이 가능하도록 할 수 있고, 지역화를 통해 세계 어디서도 GGA의 교육 프로그램을 수강, 이수할 수 있도록 돕고 있다. 장기적으로는 온오프라인이 접합된 이런 교육 프로그램이 최고의 강점을 가질 것으로 예상한다.

GGA의 수장인 조셉 백 원장은, '프로 e스포츠 선수 외에도 게임을 통해 다양한 가치를 창출할 수 있다는 것을 가르치고 싶다'고 계속해서 강조한다. 특히 우리나라 e스포츠에 재능이 있는 청소년들이 무척 많지만 선택할 수 있는 기회는 제한적인 점을 지적하며 그 무궁무진한 발전 가능성을 지닌 e스포츠 산업을 이끌 차세대 인재를 키워낼 것이라고 자부했다.

e스포츠의 양적, 질적 성장과 더불어 그에 맞는 교육 시스템이 생기는 것은 아마 시대의 흐름일 것이다. 다만, 최고의 프로게이머를 양성하는 트레이닝센터를 넘어, 프로게이머가 되지 못하는 사람들도 산업으로의 진입을 할 수 있고, 학업을 포기하지 않아도 자신이 갈 수 있는 여러 기회를 계속 탐색할 수 있다는 점에서 GGA의 비전은 남다르다. 앞으로 이런 교육기관들이 더욱 많이 등장해 한국 e스포츠 산업에서 활약할 수 있는 인재를 많이 양성할 수 있기를 기대해 본다.

젠지 글로벌 아카데미 : www.ggacademy.gg

내가 마이크를 잡으면 e스포츠도 스포츠다!

- 이름 : 심지수
- 직업 : e스포츠 캐스터
- 나이 : 30세
- 경력 : 4년(오버워치리그, 하스스톤 그랜드마스터즈, AHL, PUBG 스매시컵 등)
- 커리어 테크트리
  - 2010(20세) 대학 진학
  - 2012(22세) 대학 편입
  - 2012-2014(22~ 24세) 군 복무
  - 2016(26세) 너프디스 시작, 우리동네게임리그 중계 시작
  - 2018(28세) WDG(전 우리동네게임리그) 캐스터 시작
  - 2019(29세) 오버워치리그, 오버워치 컨텐더스, 오버워치 건틀렛, 하스스톤 그랜드마스터즈 중계
  - 2020(30세) 오버워치리그, PUBG 스매시컵 등 다수 중계

"안녕하세요. 너프디스의 심지수입니다."

오버워치팬이라면 익숙한 목소리, 유튜브 채널 '너프디스'를 기억하는가. 패치노트, 게임 소식 등을 깔끔한 목소리와 편집으로 전달해 주던 유튜브 게임 채널 '너프디스' 목소리 주인공이 바로 심지수 캐스터이다. 텐션 높고 목소리와 환상의 딕션을 가진 심지수 캐스터. 오버워치, 하스스톤, PUBG, 레전드 오브 룬테라까지, 각종 메이저 게임에서 맹활약 중인 메인스트림으

로 떠오르고 있는 캐스터이다.

그의 나이는 올해로 서른. 이 치열하고 앞이 보이지 않는 e스포츠 캐스터 세계에서 4년의 시간을 보냈다. e스포츠 중계의 꿈을 가진 사람이라면 그의 스토리가 한번은 궁금하지 않을까 싶어 인터뷰를 요청했다. 잦은 밤시간 중계로 최근 밤낮 생체리듬 조절이 어려웠다고 말하는 그에게 낮에 하는 인터뷰가 왠지 어색한 듯 보이기도 했다. 그가 전해주는 e스포츠계 입문, 성장, 그리고 내일의 이야기들을 들어보자.

Q1 게임, 그리고 e스포츠의 인연은?

"사람들은 보통 너프디스부터 저와 게임의 연결고리를 찾으실 것 같긴 해요. 하지만 그 전 어린시절 설명을 좀 드릴게요. 전 어릴 적부터 스포츠를 정말 좋아했어요. 그중에서도 축구를요. 15살 때쯤인가요. 어느날 축구를 보고 있는데 문득 축구를 보다 소리가 없다면 어떤 느낌일지 너무 궁금해서 무음으로 바꿔봤어요. 당연히 보는 맛이 전혀 없었죠. 단순한 호기심이었는데 그때 스포츠에 있어서 캐스터의 역할이 얼마나 중요한지 깨닫게 됐습니다."

Q2 학창시절은?

"저 솔직히 공부는 정말 못했어요. 제 적성은 아니었던 것 같습니다(웃음). 결국 한국영상대학의 방송아나운서학과(현재 방송영상스피치학과)를 진학하게 됐어요. 사실 제 삼촌이 KBS 예능국에서 부장님으로 계신데, 제가 방송에 관심 있는 걸 아셔서 제가 갈 수 있는 최선의 학교와 학과를 추천해 주셨는데 바로 그게 방송아나운서 학과였던 것이죠. 학교생활 커리큘럼은 저에게 정말 많은 도움을 주었어요. 들었던 수업이 제가 아나운서와 캐스터로서 갖출 소양의 기초가 된 거죠. 교수진도 매우 화려했어요. 현전직 아나운서, 성우분들이 직접 가르치셨기에 제게 큰 도움이 됐습니다. 그 땐 오히려 더 열정적으로 공부해 학점은 매우 높았고, 더 큰 꿈을 위해 상명대로 편입을 하게 됐어요.”

Q3 졸업 후 진로는 어떻게 준비했는가?

“상명대 영화과로 편입을 했는데, 같은 과 홍현성(너프디스 공동 시작, 현 해설자)과 친해지면서 갑자기 게임을 알게 됐어요. 현성이는 e스포츠 해설자가 꿈이었거든요. 당시 제가 4학년이었는데 저와 현성이는 오버워치라는 게임에 정말 완전히 빠져 버려서 헤어나오지 못할 정도였어요. 그때부터 게임과는 뭔가 친숙해진 것 같아요. 하지만 스포츠 캐스터가 꿈인 제게 미래의 길을 보여주는 일들은 아니었죠. 근데 좋은 기회가 생겼어요. 당시 현성이는 e스포츠 해설의 꿈을 위해 타대학 대회 해설 등 여러 일들을 적극적으로 하고 있었는데, 어느날 자기 SNS에 자기와 유튜브 채널을 할 사람 없냐고 올린 거에요. 제가 주저하지 않고 바로 연락을 해서 같이 시작하게 됐죠.”

Q4 너프디스는 무엇인가?

“저희가 시작한 유튜브 채널 이름이에요. 아시겠지만 오버워치 한국인 캐릭터 디바가 궁을 쓸 때 나오는 대사죠. (*Nerf This! 이것도 너프해 보시지!) 저희는 오버워치라는 게임을 가지고 영상컬럼을 만들어 올리기 시작했어요. 이미 게임 정보 유튜브 채널은 좀 있었는데 생각보다 길고 지루하게 만들더라구요. 그래서 저희는 짧고 생동감을 컨셉으로 잡고 차별점을 두면서 인기를 얻기 시작했습니다. 구독자가 9만까지 올라가기 시작했어요. 그때는 늘 새벽에 적용되는 패치정보를 가장 빠르게 전하기 위해 밤 새워서 기다렸다가 패치되자마자 정보를 정리해 올리는 일도 많이 했답니다."

___

Q5 왜 캐스터 꿈을 접고 유튜브 채널을 운영했나?

"솔직히 말씀드리면 꿈을 접었다기보다는 잘된 곳이 없었어요. 스포티비, 인벤 등 스포츠, e스포츠 안 가리고 다 지원해봤죠. 근데 떨어지고 보니 현실이 보이더라구요. 제가 뽑는 사람 입장이어도 절 굳이 뽑을 이유가 없던 저의 경력과 배경이었던 걸 깨달았어요. 너프디스를 한 이유는 졸업을 앞둔 제가 정말 '뭐라고 해야 한다'는 절박한 심정이었던 것 같아요. 그러다가 그 기회가 다른 기회로 이어지기 시작한 거죠."

___

Q6 다른 기회라, 무엇인지 정말 궁금하다.

"당시에 이상기 대표라는 분이 만든 '우리동네게임리그'라는 아마추어 대회를 진행하는 회사가 있었어요. 그분들이 주최한 강의 비슷한 행사에 갔다가 거기서 일하는 '무급 인턴' 같은 동년배 친구를 만났고, 그를 알게 되며 커뮤니티 대회를 저희끼리 쿵짝쿵짝 만들어 중계하기 시작했습니다. 그런 저희를 보고 우리동네게임리그의 이상기 대표님이 저희를 만났고, 갑자기 저희에게 '중계를 시켜주겠다'고 말씀을 하시는 거에요. 믿기 힘든 말이었죠."

Q7 경험도 없는 사람들에게 중계를 시켜주겠다니, 약간 사기꾼 냄새가 난 거 아닌가?

"대표님이 말씀하신 대회들은 대부분 '우리동네게임리그'라는 이름으로 직접 주최하는 아마추어 대회였어요. 버블파이터 대회, 사이버 연고전 등을 통해 시작을 했죠. 돈도 받지 않았습니다. 그냥 제게도 무료실습 같은 경험이었어요. 대표님이 역삼동 작은 오피스텔에 마련된 인터넷 중계방송이 가능한 방에서 생활할 수 있게 해주셔서 저는 그곳에서 27세의 1년을 살면서 계속 경험을 쌓아나갔습니다. 미래를 위한 투자로서는 잃은 것 없는 저에게 이보다 좋은 기회는 없었다고 생각해요."

Q8 그다음으로의 도약 과정도 궁금하다.

"저희가 운영했던 너프디스 채널을 보시고 블리자드 오버워치 e스포츠 팀에서 연락이 왔어요. 저희를 좋게 봐주셨던 것 같습니다. 저와 현성이가 우리동네게임리그에 소속되어 있기에 좀 더 전문적인 회사로 판단하셨는지 뭔가 기회를 주고 싶어 하셨어요. 그래서 처음으로 맡게 된 오버워치 대회가 바로 중국의 홈스토리컵입니다. 당시 국내 유명팀이 참가했는데 그 대회의 한국어 중계를 저희가 맡게 된 거죠. 인기는 APEX 등에 미치지 못했지만 누군가는 보고싶어 할 만한 대회였기에 저희에게는 좋은 기회가 되었어요. 그 외 북미나 유럽의 대회들도 한국어 중계를 맡겨 주셨습니다. 시간대도 야간이고 사실 시청자도 적은 대회였지만 저희는 모든 기회를 감사히 받아들이고 계속해서 경험을 쌓아 나갔죠."

Q9 우리동네게임리그 소속이라 했는데, 그럼 월급을 받고 다니는 건가?

"네, 우리동네게임리그는 2017년에 WDG라는 이름으로 리브랜딩을 했고, 저희 너프디스 채널도 WDG 채널로 이름을 바꾸었습니다. 처음에는 무급으로 일해 계속 경험을 쌓았고, 점차 대회로 인한 매출이 생기면서 자연스레 저도 직원으로서 회사와 정식 연봉 계약을 하게 됐죠."

Q10 지금은 큰 대회에도 참여하며 기라성 같은 선배들과 같이 중계하고 있다.

"참 감사한 일입니다. 처음에 오버워치가 없었다면 이렇게 됐을지 모르겠어요. 오버워치로 경험을 쌓다가 저를 봐오신 한 PD님께서 지스타에서 PUBG 대회를 하는데 분석실 역할을 맡아달라고 요청이 왔고, 그게 알고 보니 2017 지스타 배틀그라운드 아시아 인비테이셔널이란 대회였어요. 정말 벌벌 떨며 했죠. 오프라인에서 제가 방송에 출연한 첫 경험이니까요. 그 이후 다른 게임으로도 계속 확장이 됐던 거 같아요. 하스스톤으로도 영역을 확장했는데 팬분들이 잘 받아들여줘서 이제는 그랜드마스터즈 한국어 중계도 담당하고 있습니다. 하지만 오버워치가 가장 중요하죠. 컨텐더스 코리아를 통해 계속 큰 대회 경험을 꾸준히 쌓아왔습니다. 오버워치리그 한국어 중계 때 처음으로 대선배님들과 호흡을 맞추게 됐어요(*새벽 시간대 경기가 많아서 여러 명의 캐스터들이 6개월 넘는 시즌을 소화함). 그러다 2019년에는 성남체육관에서 열린 컨텐더스 코리아 시즌2 플레이오프,

그리고 그해 가을 OGN 스튜디오에서 진행된 오버워치 건틀렛에도 참여하게 됐죠. 제게는 점점 큰 무대로 갈 수 있는 기회가 됐습니다."

Q11 이야기를 쭉 들어보니 그 스토리가 참 인상 깊다. 도대체 본인은 뭐가 달랐던 것이라 생각하는가?

"정답은 아니지만 지금 생각해 보면 제가 지내온 과정의 커리어 빌드가 나쁘지 않았던 것 같아요. 대학 때 실용적인 수업들, 너프디스, WDG 생활 등 모든 것이 잘 이어진 것 같습니다. 특히 좋은 분들을 많이 만난 것도 있고요. 또한 각 게임의 스타일을 빠르게 파악한 것도 도움이 됐어요. 저는 e스포츠 중계도 반드시 스포츠 중계와 비슷할 것이라 믿어 왔어요. 오버워치는 농구, 리그오브레전드는 축구, 하스스톤은 야구 같은 느낌과 비슷해요. 스포츠를 좋아하시는 분들은 그 중계의 톤앤매너가 어떻게 다른지 이말만 들으셔도 아실 겁니다. 저도 그 부분을 잘 캐치해서 적용하려 했죠. 성승헌 캐스터님이 어느 인터뷰에서 늘 시그니처처럼 하시는 '오우!'라는 추임새가 UFC 중계에서 가져오신 거라고 하시더라구요. 저도 마음을 이해했어요. 처음에 제가 데뷔했을 때만 해도 채팅창에 '억텐(억지텐션)'이란 말이 쏟아졌는데 저는 그 뜻을 몰라 텐션 좋다는 칭찬인 줄 알았어요. 하지만 이런 박진감이 없으면 사실 경기가 재미가 없어 지루하거든요. 제가 그부분 만큼은 좀 달랐던 것 같아요."

Q12 e스포츠 캐스터를 꿈꾸는 어린 친구들에게 해주고 싶은 말이 있는가?

"저는 꼭 '많이 보고, 많이 읽어라'라고 얘기해 주고 싶어요. 제가 올해 초에 한번 슬럼프가 온 적이 있어요. 같은 말이 반복되고, 같은 경기만 하다 보니까 어느 순간 더 이상 창조적인 멘트들이 나오질 않더라구요. 스스로 정체된 느낌을 받아 많이 힘들었던 적이 있습니다. 저는 지금도 책을 많이 읽는 사람은 아닌데 이런 위기를 벗어나려는 생각을 하니 정말 절실한 마음으로 책을 찾아 읽게 되더라구요.

보는 것도 마찬가지입니다. 여러 중계와 방송을 최대한 많이 보고 거기서 중계진이 하는 멘트와 타이밍에 익숙해져야 합니다. 이런 것들은 어릴 적부터 충분히 할 수 있는 일들이라 생각해요. 그리고 기회라는 버스는 누구에게나 옵니다. 그 버스를 타기 위해 티켓을 들고 있어야 하는데 그 준비는 평소에 하셔야 해요. 정말 절실하다면 어떤 식으로든 자기연습을 통해 준비를 해야 합니다. 요즘은 과거처럼 몇 개의 채널에서 일해야만 중계 경력을 쌓을 수 있는 게 아닙니다. 개인 방송으로도 언제든지 충분히 자신을 단련시킬 수 있거든요."

심지수 캐스터는 인상부터가 매우 호감형이다. 늘 싹싹하고 예절이 바르며 목소리도 단단한 멋진 청년의 인상을 준다. 그를 처음 만난 게 약 2018년쯤 됐던 것 같다. WDG에 소속된 캐스터이자 너프디스를 만든 친구 정도로만 알고 있어, 내 머릿속에 있던 '캐스터'의 이미지, 그리고 여기까지 오게 된 배경이 전혀 머릿속에 그려지질 않았다. 그가 2020년에 서른이니 지난 5년을 얼마나 치열하게 살아왔는지를 듣고 나서야, '이렇게 e스포츠 캐스터가 될 수 있구나'라는 생각을 자연스럽게 이해하게 됐다. 그는 여전히 회사에 소속되어 월급을 받는 직장인이다. 보통 우리가 생각할 수 있는 프리랜서 캐스터 분들과는 결을 달리 한다. 본인은 더 성장할 때까지 지금의 환경이 좋다고 한다.

현재 e스포츠 중계 세계에서 메이저급으로 활동하시는 분들은 예전 스타크래프트 때부터 경력을 쌓아온 흔히 말하는 '1세대' 캐스터 분들이 많다. 그분들과 신진들 사이의 갭은 사실 의외로 크다. 성장배경, 제작환경, 유튜브의 유무, 팬들의 변화 등 정말 많은 변수들이 지난 10년 간 존재해 왔기 때문이다. e스포츠 캐스터가 되는 법을 말해달라 하면 그 누가 말해줄 수 있을까. 그래서 이렇게 아직도 성장궤도에 있는 신진 캐스터의 입을 빌어 이런 진로 스토리를 들려 주고 싶었다. 심지수 캐스터는 오늘보다 내일이 더 기대된다. 자신이 꿈꾸는 대로 e스포츠와 스포츠를 넘나들며 활약할 수 있는 팔방미인이 되기를 응원하겠다.

심지수 이메일 : tlawltn216@naver.com

e스포츠 중계진이 뭉쳐 창업을? '주식회사 중계진'

'e스포츠 중계진이라는 직업의 미래는 무엇인가?'
'e스포츠 중계진이 되려면 어떻게 준비해야 할까?'

대한민국 e스포츠 중계진 중에 가장 유명한 인물 중 하나를 뽑으라면 아마 박상현 캐스터를 뽑을 사람이 많을 것이다. 2005년 MBC게임 공채로 데뷔해 무려 15년 간 e스포츠 업계에 종사해온 중계진의 대표적인 인물이다. 그의 손을 거쳐간 게  임만도 수도 없이 많으며, 여전히 그는 6개 이상의 e스포츠 리그를 소화하며 가장 바쁜 스케줄을 보내고 있다.

그랬던 그에게서 최근 좀 특별한 이력을 발견하게 됐다. 다름 아닌 '주식회사 중계진'이라는 회사의 대표이사 타이틀을 달고 있다는 사실이었다. 아직 회사의 홈페이지나 자세한 회사 소개 정보를 찾기 어려워 정확한 배경을 알 수는 없었지만, 최근 미디어와 진행한 인터뷰를 보고, '중계진들이 모여 회사를 창업했구나' 정도의 사실을 알 수 있었다. 또한 김동준, 이승원, 임성춘, 정인호 같은 업계의 베테랑 해설진들과 함께 '직접' 기획한 e스포츠 대회들을 진행하고 있다는 사실도 알게 됐다.

중계진들이 모여 회사를 창업하다.

뭔가 신선한 시도이지 않은가. 그런 의미에서 e팩트 2회차 게스트로 박

상현 대표를 초대해, 중계진이 아닌 중계진 창업기업의 대표이사 자격으로 그의 스토리를 들어보고 싶었다. 바쁜 시간을 쪼개어 이벤트에 참석해준 그는 먼저 발표 형태로 '주식회사 중계진'을 약 15분 간 소개해줬다.

아프리카TV e스포츠 대회들로 오랜 기간 인연이 된 여러 해설진(스타크래프트 ASL 해설진인 이승원&임성춘, 스타2 GSL 해설진인 황영재&박진영, 펍지 PCS 해설진인 김동준&김지수 등)을 중심으로 시작한 것이 '주식회사 중계진'이었다. 박상현 대표의 경우, '주식회사 중계진' 이전에도 'GSL TV(2015-2016)', '온풍미디어(2017-2019)' 등의 작은 회사들과 직간접적으로 연결되어 사업에 대한 시도를 계속해 오고 있었다. 당시에도 게임사가 진행하는 프로대회에 출연하는 것 외에도, 스스로 컨텐츠를 직접 기획해 스타2 '리그없는 리그', 스타 '끝장전', 스타2 'BJ멸망전' 등에 직접 제작/출연하기 시작했다.

'주식회사 중계진'의 스튜디오는 우리가 생각하는 전형적인 e스포츠 전문 스튜디오는 아니다. 그보다는 인터넷 중계에 최적화된 소규모 방송 스튜디오이다. 그들이 주최하는 대회(전형적인 e스포츠 경쟁이라기보다는

e스포츠 형태의 엔터테인먼트 컨텐츠)에 참여하는 선수들은 대부분 은퇴 후 개인방송을 하는 프로게이머들이 대부분이다. 그들은 보통 게임 방송을 통해 콘텐츠를 확보하는데, 매일 긴 시간 동안 게임플레이 방송을 하다보면 컨텐츠에 목이 마르기 마련이다. 그런 선수들에게 참여할 수 있도록 동기를 부여하고, 또 팬들이 원하는 매치업을 만들어 주는 것이 바로 주식회사 중계진이 보는 핵심 포인트였다.

오랜 기간 이어오고 있는 '스타크래프트 끝장전', 그를 변형해 탄생시킨 '배그 중계진 스크림', '배그 나락전', '철권 끝장전' 등이 아주 좋은 예이다. 나오는 사람 중 그 누구도 출연료를 요구하지 않는다. 중계진들은 자신의 회사 발전을 위해 스스로 출연하고, 참가하는 선수들은 자신의 컨텐츠를 위해 자발적으로 참여한다. 상금과 승리의 영광은 큰 의미가 없다. 대회에 참여한 모든 선수들은 이 대회 참여를 위해 연습하는 과정을 방송하고, 본 대회도 본인 채널로 생중계를 하고 사람들에게 응원을 받고 재미를 선사한다. 그날 진행된 대회는 며칠 후 고스란히 재편집돼 각자의 유튜브 채널로 이동해 사람들에게 다시 한번 소비된다. 이것이 '주식회사 중계진'이 보는 틈새시장이었던 것이다.

이렇게 그들이 만들어 온 컨텐츠가 지난 1년 간 100개 이상이라고 한다. 처음부터 모든 것이 순조롭지는 않았다. 여러 종목의 전문 해설가가 모여 만들면 대회 준비나 중계가 훨씬 용이할 것이라 생각할 수 있다. 하지만 막상 현실로 부딪혀보니 가장 어려웠던 것이 바로 (사업파트너이기도 한) 해설진들과의 협의 과정이었다고 한다. 내로라하는 해설가들 한명 한명의 의견이 다르고 자신의 목소리를 넣고자 할 때, 그 중간에서 맞춰가는 시행착오를 통해 오늘날의 모습이 탄생했다.

그런 어려움 끝에 빛이 보임을 증명하듯, 최근 1년 간 그들을 후원한 기업들의 이름을 보면 상당히 놀랍다. NH농협, 질레트 등의 대형 기업들이 그들이 만든 컨텐츠를 후원하기 시작한 것이다. 박상현 대표의 말에 따르면, 자신들은 영업을 따로 뛰는 인력은 없다고 한다. 대부분 그들의 프로그램을 팬으로서 좋아하던 기업의 담당 직원들이, 컨텐츠의 파급력을 알게 되고 먼저 연락을 주어 후원이 성사됐다고 한다.

그들은 전문 방송 제작사는 아니다 보니, 전통적인 방식의 후원사 노출이나 응대, 보고서 작성이 완벽하지는 않았을 수 있다. 하지만, 전통 미디어처럼 규제가 따로 존재하지 않아 원하는 만큼 후원사를 노출해 줄 수 있고 (때로는 너무 대놓고 한다고 느낄 정도의 개그 코드가 묻은 후원사 광고), 또 그게 하나의 웃음을 주는 포인트로 승화되는 장점도 있다. 한 예로 질레트가 후원하는 리그 이름을 '면도리그'로 짓는 센스를 보여주며, 후원사와 리그명 자체를 재미포인트로 만들어 버리는 것이다.

그의 회사 소개에 이어 진행된 2부 토크쇼 세션에서는 e스포츠 전문 캐스터 및 해설진의 현재와 미래에 대해 조금 더 많은 이야기를 나눠볼 수 있었다.

박상현 대표에게 먼저 '주식회자 중계진' 사업은 수익성이 있느냐는 다소 부담스러운 질문을 던졌다. 그는 인터넷 방송과 컨텐츠에 투자해야 한다는 생각을 한 이후부터는 사실 투자의 개념으로 많이 접근했다고 한다. 스스로나 다른 중계진 파트너들에게도 출연료를 책정하지 않고 진행해 더 꾸준히 할 수 있는 동력을 만들고자 했고, 오히려 후원이 생겨서 그 시즌에서 수익이 났다 하더라도 그 수익을 이곳에 다시 투자해 같이 키워야 한다고 계속 이야기했다고 한다. 최근에는 꾸준히 스폰서가 생기면서 제작비 이상은 충분히 충당하고 있다고 하니, 이제 드디어 서서히 빛을 보고 있는 것이 아닌가 하는 생각이 든다.

또한, 미래의 e스포츠 중계진 꿈나무들이 '주식회사 중계진'에 입사하려면 어떤 준비를 해야 하느냐고 질문을 던졌다. 그는 간단명료하게 게임 1인 방송을 시작하라고 조언한다. 요즘같이 1인 방송 중심으로 많은 컨텐츠가 소비되는 시대에는 결국 게임사나 방송국에서도 한 게임의 e스포츠를 진행할 때는 유튜브로 검색해보고 그 게임을 위주로 한 컨텐츠로 가장 많은 관심을 받는 게이머를 우선 섭외 순위로 둔다고 한다. 배틀그라운드가 처음 큰 인기를 끌었을 때 e스포츠를 시작했고, 박상현 캐스터와 오랜 기간 발을 맞춰온 김동준 해설위원이 카카오TV에서 배그 게임방송을 하던 '지수보이' 김지수 해설자를 발굴해 아프리카TV로 데려왔다는 예를 들어주기도 했다. 생각해 보니 온오프라인 어디를 살펴봐도 '게임 전문 중계진이 되는 법'에 대한 인터뷰나 강좌는 존재하지 않는다. 그리고 강좌를 들었다고 뽑아 줄 곳이 있는 것도 아니다. 그런 면에서 그가 말하는 1인 방송이라는 답은 최선책이지만 쉽지만은 않은 길일 것이다.

e스포츠 중계는 보통 한 명의 캐스터와 한두 명의 해설자로 이뤄진다. 해설자는 게임 방송 전문가라고 쳐도 그럼 '캐스터'는 어떤 방법으로 될 수

있을까? 사실 e스포츠
캐스터는 전통 스포츠
캐스터나 방송국 아나
운서라는 직업과 성격
이 거의 유사하지만 게
임 쪽은 공채 시스템이
전무하고 정해진 수요는 이미 기존 캐스터들로 충분히 채워지고 있는 상황
이다. 이런 상황 때문인지 박상현 대표도, '캐스터는 더 긴 농사처럼 생각하
고 1인 방송을 통해 꾸준히 자신을 갈고 닦으라고 조언'했다. 많은 뉴 페이
스들이 그 가능성을 보고 도전하지만, 짧게는 몇 일에서 길게는 몇 년까지
버텨보다가 결국 캐스터를 포기하곤 한다고 한다. 불안한 미래를 기대하며
1인 방송이나 작은 대회들로 몇 년을 버틴다는 것이 쉽지 않다는 걸 알기에
e스포츠 캐스터의 길은 명확한 진로 조언을 해주기 어렵다.

또 e스포츠 캐스터를 꼭 '직업'이라는 굴레에 넣고 미래를 준비하는 게 맞
는지에 대한 고민도 들었다. 캐스터가 꿈인 사람은 게임이건 스포츠건 가
리지 않고 모든 분야에서 내공을 차곡차곡 쌓아야 한다. 그러기 위한 가장
좋은 방법이 1인 방송이라는 것이다. 과거에는 캐스터라 하면 방송사 이름
을 건(예: MBC 아카데미) 학원밖에 없었지만 이제는 시대가 다르다. 스스
로 간단한 준비만으로도 카메라 테스트와 스포츠 중계 연습을 언제든지 할
수 있기에 꾸준한 자기연마가 필요하다는 의미일 것이다.

박상현 대표가 말하는 '주식회사 중계진'의 원대한 꿈은 2100년 종로 탑
골공원에서 무대를 만들고 끝장전 대회를 열어보는 것이라고 한다. 농담조
로 말했지만 사실 진심이 묻어있는 농담이라고 생각한다. 이번 회차를 기
획하며 던져보았던 여러 질문들이 있었다.

- e스포츠 중계진이라는 직업이 얼마나 오래갈 것인가?
- 소수가 시장을 독점하는 걸로 보이는 이 분야를 과연 산업 취업분야로 봐야 하는가?
- 과연 선순환 구조로 후대 양성이 가능할까?

그런 의미에서 박상현 대표의 '주식회사 중계진'은 방송국에 의해 고용되는 프리랜서들의 모임이 아닌, 더 먼 곳을 바라보고 만든 디지털 시대에 최적화된 e스포츠 중계진들의 협동조합 같은 회사라는 점에 의의가 있다. 간단한 인터넷 방송 환경을 기본으로 1) 스스로 대회를 중계할 수 있는 능력이 있다는 점, 2) 1인 방송을 업으로 삼는 e스포츠 관계자들이 컨텐츠를 계속 원한다는 점, 그리고 3) 유저가 그런 컨텐츠를 좋아해준다는 점, 이 세 가지 포인트를 잘 버무려 요리를 내놓은 것이 바로 '주식회사 중계진'이 아닌가 싶다.

가까운 미래에 컨텐츠가 확장되고 진행하는 게임의 종류가 많아지면 반드시 누군가 그 부분을 채워주기 위해 새로운 얼굴로 등장해야 할 시점이 올 것이다. 그때 스스로를 계속 연마했던 뉴페이스가 데뷔를 할 수 있는 기회도 생길 수 있지 않을까. 누군가의 가려운 부분을 열심히 긁어주며 성장하고 있는 '주식회사 중계진'의 성공 스토리를 계속 기대해 본다.

평범하게 공감하고, 특별하게 좋아하는
e스포츠 전문가

- 이름 : 정예원
- 직업 : OGN 사업팀 사업PD
- 나이 : 33세
- 경력 : 8년
- 커리어 테크트리
  - 2013(26세) CJ ENM 공채 합격 (OGN 인턴 후 배정)
  - 2020(33세) OGN 사업팀(하스스톤 마스터즈 코리아, 히오스 슈퍼리그, 오버워치 APEX 등 주요 프로그램 담당)

우리들 머릿속에 대부분 자리 잡고 있는 게임방송국의 이미지는 무엇일까. 멋진 무대와 그곳을 꽉 채워준 관중들의 모습이 미디어 속에 보여지는 모습일 것이다. 직업적으로 보면, 해설진, 카메라맨, 작가, 그리고 그 모든 것을 하나의 엔터테인먼트 쇼로 연출해 주는 PD의 모습이 떠오른다.

사실 많은 이들이 게임방송국에 대한 이미지를 '대회전문' 중계 방송국 정도로 알고 있다. 과거 유명했던 e스포츠리그들은 모두 게임방송국을 통해 제작되었고, 한국의 일류 e스포츠 PD들은 세계로 진출해 더 큰 무대에서 활약하고 있기도 하다. e스포츠 대회들이 어떤 과정을 통해 방송국에서 제작되는지, 그 중간 과정에서 어떤 사람들이 그 역할을 해내는지 궁금해본 적이 있는가? 사실 게임 방송국이라는 직업군의 세부적인 내용은 많이 알려져 있지 않다.

오랜 역사와 명성을 자랑하는 국내 최고의 게임전문방송국 OGN. 과거 스타리그, 롤챔피언스 코리아, 하스스톤 마스터즈 코리아, 오버워치 APEX 등 무수한 유명 대회들을 탄생시켰고, 지금 역시 카레이싱, 게임 전문 엔터프로그램 등 새로운 영역에서 진화한 게임 방송국의 미래를 계속 준비하는 중에 있다. 이번 취업 관련 인터뷰를 기획하는 중 OGN을 머릿속에 염두하면서 내가 블리자드에 근무하며 가장 직접적으로 많이 상대했으면서도 이 글의 독자들이 관심을 가질 만한 사람이 누구인지 생각해 보았다. 그리고 정예원 사업PD가 가장 적합한 사람이지 않을까 생각해 인터뷰를 요청했다. 그의 취업경로, e스포츠를 택한 계기, 사업PD의 역할, e스포츠 산업에 진로를 준비하는 사람들을 위한 조언을 들어보았다.

Q1 예원PD는 CJ ENM 공채로 OGN에 입사한 걸로 알고 있다. 어떤 과정을 통해 입사하게 된 것인가?

"저 같은 경우 7년 전 CJ ENM 공채 인턴으로 먼저 선발됐습니다. 지원당시 몇 가지 직군이 정해져 있었는데요. 그중에 온게임넷(*구 OGN이름) 사업팀이 적혀 있었어요. 저는 이쪽으로 배정이 됐습니다. 물론 제가 게임에 관심이 많아서기도 했지만, 그 인턴 경험이 기반이 되어 결국 인턴 종료 후 정식 배치도 OGN으로 오게 된 것이죠. 신입사원의 경우 CJ ENM 공채 과정을 통한 선발이 대부분을 이룹니다."

Q2 CJ ENM하면 일반 취업준비생들에게도 거의 선망의 대상이던 때이고, 그 중심은 사실 OGN보다는 tvn이나 M.Net 등 좀 더 엔터테인먼트 분야였을 것 같다. OGN을 택한 이유가 무엇인가?

"제가 다른 옵션을 다 제쳐두고 OGN만을 고집했다고 하면 거짓말일 것 같구요. 약간 운명이 이끈 것 같습니다. 저는 어릴 적부터 게임 매거진을 참 좋아했는데요. 게임피아, 게이머즈 같은 잡지를 읽거나 게임공략집을 사서 친구들과 돌려보면서 지식을 자랑하는 게 낙이었어요. 대학은 신방과를 나왔는데, 그때 좋아하던 여러 영상물들 중 하나가 바로 온게임넷의 리그 오프닝 영상들이었어요. 감각적이면서도 게임적 요소가 묻어있는 화려함에 반했었죠. 그때부터 좀 관심을 가졌던 것 같아요. 제가 대학생활 중 광고 소모임에 들어가 활동을 했었는데, 선배 중 한 분이 네가 하고 싶은 것을 하나로 단정하지 말고 서너개 옵션을 가지고 있는게 좋다고 조언해주셨죠. 그래서 전, 광고, 방송사, 언론사 등 이렇게 목표를 정했던 것 같아요. 대학교 고학년이 되며 취업을 본격적으로 준비할 시기가 됐고, OGN 인턴 채용 공고를 봤어요.

제가 그리던 진로 중 하나가 방송국이어서 바로 지원했죠. 앞서 말씀드린 CJ ENM의 여러 직군 중 저는 게임 쪽 분야인 온게임넷의 사업팀에 배치되었어요. 사실 저는 인턴에 한번에 덜컥 합격을 해버려서 운이 좋았다고 해야 할까요. 하지만 제가 있던 시기만 인턴과정이 있었고, 인턴 전 과정과 과제 등을 모두 마치고 이 모든 과정에서 합격한 사람만 정규직으로 전환됐던 때여서 오히려 전형은 더 길었던 것 같습니다. 저는 OGN에서 인턴과정을 마쳤고, 그분들이 저를 좋게 봐주셔서 공채로 들어올 수 있게 된 거죠."

Q3 대학 때 게임 방송국 취업은 어떻게 준비했는가?

"사실 다른 대학생과 비슷하게 하루 하루를 보내고 있었어요. 군생활 때 싸이월드를 하면서 친구들 홈피를 계속 보는데, 유독 저만 너무 무난하고 재미없는 삶을 살고 있다고 생각한 적이 있었죠. 저는 학교-집-학교-집 코스를 반복하는데, 친구들은 어느 날은 다른 도시, 다른 나라들에 가 있고, 대외활동들도 엄청 활발히 하고 있더라구요. 그때 저도 저를 좀 바꿔야 겠다고 크게 다짐한 것 같습니다. 그리고 또 한 가지 발견한 것은, 제가 한 학기 정도를 정말 학교 학점에만 집중해 엄청 학업에 매진했는데, 막상 결과를 보니, 보통의 학업열정을 가졌던 때와 학점이 0.5점밖에 차이가 안 나는 거에요. 그러니 참 공부만 붙잡고 있는 것이 답이 아니라고 느꼈죠. 그때부터 삶의 자세가 많이 바뀌었습니다."

Q4 좀 더 구체적으로 어떻게 삶을 바꾸었는가?

"대학교 4학년 때는 힙합 동아리에 빠져서 동방에서 아예 살다시피 했구요. 광고 공모전도 많이 참여해 위니아 딤채의 대학교 홍보대사 역할을 하기도 했어요. 또 여러 학교 대학생들이 모여 만든 '트렌드 인사이트'라는 웹 매거진에서 에디터로 활동하기도 했죠. 그때는 제가 속으로 이런 생각을 했어요. '서울의 어느 학교에 가도 한 명 이상은 아는 사람을 만들자' 학교 과 내에서는 아웃사이더에 가까워 약간은 내향적으로 보여졌던 제가 이런 생각을 가졌으니 좀 의외라고 생각하는 사람들도 있었을 거에요. 저도 이제와서 드는 생각이지만, 주어진 공간 안에서 자기 자신을 이런 사람이다라고 규정지어 버리지 말고 다른 공간, 다른 환경에서 새로운 자신의 모습을 찾아보는 것은 중요하다고 생각합니다. 더 멀리 보고 크게 보는 것은 중요한 것 같아요."

Q4 본인이 생각하는 e스포츠의 특징, 매력은 무엇인가?

"우리나라에서 스포테인먼트를 추구하는 것 중 최고가 e스포츠라고 확신합니다. 선수들의 별명을 대놓고 짓고 그걸 밈(meme)으로 퍼뜨리고, 선수들이 직접 출연해 대회 오프닝 영상을 만들고, 때로는 서로에게 대놓고 트래시 토크(Trash Talk)를 하는 게 e스포츠인 것 같아요. 저는 예전부터 이종격투기 '프라이드'나 프로레슬링 WWE를 좋아했는데 약간 그런 느낌의 스포테인먼트 요소가 강하다고 봤죠. 그런데 또 그 편견이 무너진 경험도 있었습니다. 제가 인턴 때 오프라인 대회를 정말 많이 방문했는데, 2012년 티빙 스타리그 4강전 이영호와 정명훈의 경기가 있었는데 그때 이영호 선수가가 0:3으로 패했어요. 그날 경기를 마치고 집에 가려는데 이영호 선수의 여성팬 분이 실신하듯이 울고 있는 걸 봤죠. 또 경기가 펼쳐진 용산 경기장에 사람들이 얼마나 많이 왔는지 제 기억에 정말 오래 남더라구요.

이때는 또 진짜 사람들이 e스포츠를 진지한 하나의 스포츠로 보는구나라는 생각을 많이 했어요. 또 e스포츠 팬들은 선수나 팀을 응원하기도 하지만, 그보다 그 게임, 또는 그 리그 자체를 좋아하는 경향이 큽니다. 다시 말해, e스포츠 팬들은 그 게임대회 자체를 응원하는 팬들인 것이 기본, 그리고 특정 팀이나 선수를 응원하기 때문에 더 응집력이 강하죠. 문화를 응원하기 때문이거든요. 또 일반스포츠와 달라 e스포츠는 팬들이 선수들과 조금 더 가깝게 다가갈 수 있어요. 누구나 선수가 될 수 있는 기회가 있고, 또 남녀노소의 편차도 적죠. 뭐라 설명하기 어려운, 스포츠와 엔터테인먼트의 딱 교집합을 지닌 것이 바로 e스포츠의 매력 아닐까요."

Q5 업무 이야기를 해보자. 현재 팀에서 어떤 역할을 많이 하는가?

"기본적으로 저희 사업팀은 영업이 필수 업무입니다. 즉 게임사가 저희 같은 방송사를 활용해 대회, 리그, 프로그램을 통해 게임을 더 잘 알릴 수 있도록 제안을 해야 해요. 그래서 제안서 작업에 많은 시간을 할애합니다. 그 후 스폰서십 영업, 대회 운영, 게임사 커뮤니케이션 등 다양한 사업 PD 역할을 두루두루 진행합니다. 사업PD는 기본적으로 광고회사 AE랑 비슷한 역할을 한다고 보시면 됩니다. 한마디로 처음부터 끝까지 모든 일에 전부 관여하지만, 실제 전문가들의 영역은 건들지 않죠. 주변 선배분이 그러시더라구요. 'AE는 모든 것을 다하지만 사실 아무것도 한 게 없다.' 이 이야기가 딱 맞는 표현 같아요. 프로젝트 매니저로서 기획회의, 광고주 미팅, 외주 비딩 참여, 대회 운영, 방송제작, 대회 마케팅, 뷰어십 트래킹, 커뮤니티 반응 체크 등 모든 부분에 관여하지만, 결국 TV로 보여지는 멋진 화면의 연출은 연출가의 몫이거든요.

저는 7년 정도 경력이 됐고, 뭔가 역할이 변했다기보다는 그 경험의 깊이가 깊어졌다고 표현하는 것이 맞을 것 같아요. 저도 처음에는 보조PD 업무로 모든 것을 시작했죠. 그때는 스타2 리그, WCS 시즌 파이널, 던전앤파이터즈, 사이퍼즈 같은 게임의 e스포츠를 담당했어요. 그러다 본격적으로 업무를 시작하게 되면서 블리자드 게임을 주로 담당하게 됐죠. 하스스톤 마스터즈 코리아, 히어로즈오브더스톰(이하 히오스) 슈퍼리그, 그리고 오버워치 APEX 등이 주요 프로젝트였어요."

Q6 대회를 워낙 많이 진행하다 보니 에피소드도 많을 것 같다.

"모든 것이 다 다양한 경험으로 기억에 남지만, 개인적으로 가장 기억에 남으면서도 울컥했던 건 히오스 슈퍼리그 시즌3 결승 때에요. 당시 저희 OGN 기가 아레나 역대 최다 관중 기록을 세울 정도로 많은 분들이 오셨었죠. 그때 히오스 게임 내 스타크래프트 테마 맵이 처음으로 추가되고, 그날 경기에 참여한 한 팀이 그 맵을 시즌 중에는 처음으로 선택하게 됐죠. 방송으로는 처음으로 보여지는 것이었는데 맵 선택 후 스타크래프트 BGM이 나올 때, 온 관중이 탄성을 지르며 박수를 치기 시작했어요. 스타크래프트 전 선수이자 해설자인 김정민 님이 특히 감탄하며 코멘트를 이어가는데 그렇게 감동적일 수가 없었습니다. 아, 이것이 정말 흔히 말하는 '덕심'이구나 라고 느꼈습니다. 오버워치 APEX에도 특별한 애정이 있어요. 당시 APEX 2부 리그 격인 챌린저스에서 메타 아테나라는 팀이 있었어요. 그중에서도 사야 플레이어라는 선수가 뛰어난 에임으로 인해서 실력에 대한 의심을 받는 상황이 있었어요. 저 역시 의구심이 있어서, 과연 오프라인 무대에서도 그렇게 할 수 있나 보자는 생각을 했습니다.

그런데 막상 경기장에 나와서 보니 그냥 그 선수의 순수한 실력이었습니다. 의심했던 제가 부끄러우면서도 미안함과 함께 그 팀을 좋아하게 됐어요. 메타 아테나는 그때부터 APEX 리그의 언더독으로서 계속 성장했습니다. 시즌2 4강 때 루나틱 하이와 메타 아테나가 붙게 됐어요. 사실 방송국에서 대회를 진행하는 사람의 입장에서 특정 선수나 팀을 좋아하면 안된다고 생각합니다 그런데 메타 아테나에 푹 빠져 버린 거죠. 대회 흥행을 위해서는 인기 절정이었던 루나틱 하이가 올라가야 함을 잘 알고 있었고, 그날 경기는 결국 루나틱 하이의 승리로 끝났습니다. 근데 제가 감정이 이입

되어서 메타가 지자마자 너무 분해 그 분을 이기지 못하고 1층으로 내려왔던 기억이 있네요."

___

Q7 본인이 e스포츠에 계속 있을 수 있는 힘은 무엇인가?

"제 성격 중 하나가 쉽게 감동받고 금사빠(*'금방 사랑에 빠진다'의 요즘 줄임말 은어) 기질이 많아요. 그 성격 때문인지, 어떤 컨텐츠를 접하게 되면 쉽게 빠져버리죠. e스포츠에 빠지고 나니 일이 일로 느껴지지만은 않더라구요. 안 그래도 다양한 경험에 대한 욕심이 많은 저인데, e스포츠처럼 다양한 게임, 다양한 리그가 나오는 곳이 없잖아요. 그러니 모두 다 제 성격과 딱 맞은 것 같아요. 오버워치의 여성 팬문화, 히오스의 매니악한 컬트적 문화, 카트라이더의 역주행과 생명력이 다 이런 다양함을 대변해주는 특징들이죠. 심지어 뿌요뿌요 테트리스 e스포츠를 할 때도 그 뿌요뿌요 게임 커뮤니티를 중심으로 벌어지는 선수들과 팬들의 융합되는 모습에서 또 다른 참신함을 느끼기도 했습니다."

___

Q8 말한 대로 정말 다양한 종류의 e스포츠를 경험했을 것 같다.

"맞습니다. 사실 프로 e스포츠라고 부르기에 정말 합당한 가치를 가지는 게임은 그리 많지 않은 것 같아요. 몇몇 종목처럼 프랜차이즈로 운영되는 리그가 되지 않는 한, 대부분의 e스포츠는 일종의 게임 팬들을 위한 커뮤니티 모임 성향이 강합니다. 페이커처럼 유명한 선수로 인해 게임을 모르던 사람도 그 게임에 유입되는 경우가 있지만, 그 외의 e스포츠들을 생각해 보면 사실 이미 게임을 너무 좋아하는 사람들을 위한 스포츠에요. 그렇지 않고서는 봐도 이해를 할 수가 없거든요.

e스포츠는 다시 말해, 이미 게임을 즐기는 사람들을 위한 경쟁 대회에요. 때로는 그게 심각한 실력 경쟁이기도 하지만, 결국 게임을 즐기는 사람들을 위한 일종의 여가문화라는 점을 기억해야 합니다. 그 수많은 게임이 등장했다가 사라지면서 스포츠처럼 긴 역사를 가지기는 어렵거든요. 그래서 게임을 좋아하는 팬들의 사랑이 기반이 되는 e스포츠의 이 부분을 많이 깨닫게 됐습니다."

Q9 게임방송국이라고 하면 많은 사람들이, 방송연출PD나 작가, 해설가 정도만 떠올린다. 지금 하는 일에 대한 일반인들의 이해도가 얼마나 된다고 보는가?

"저도 종종 후배들에게 업무 소개 강의를 하는 경우가 있었는데, 다들 비슷한 반응이었습니다. 제가 하는 직무가 있는지 몰랐다는 반응이었죠. 말씀하신 대로 연출가나 작가, 대회운영가 정도로 생각을 하시더라구요. CJ ENM에서도 직군을 분류할 때 제작팀과 사업팀은 구분이 됩니다. 사업부라는 표현을 보신다면 제가 하는 업무라고 보시면 됩니다. 제가 속한 팀도 사실 저희 회사에서도 상당히 큰 조직이에요. 사업이 있어야 연출을 할 수 있으니 가서 일을 만들어 오는, 반드시 필요한 부서인 거죠. 이번 기회를 통해 많은 분들이 제 업무에 대한 이해에 도움이 됐다면 좋을 것 같네요."

Q10 취업을 준비하는 후배들에게 하고 싶은 말은?

"매몰되지 말라고 꼭 말해주고 싶습니다. 특정 종목만 팔로우한다고 되는 게 아닙니다. 또한 e스포츠만 따라다닌다고 좋은 것도 아닙니다. 영화, 영상, 광고처럼 다양한 분야에 관심을 가져 보십시오. 그리고 많이 보고 즐기라고 말해주고 싶어요. 그러면서 그 내용을 기록하고 자신의 스토리로 만들기 바랍니다. 그런 말 있잖아요. 스펙을 나열하지 말고 스토리로 연결시켜라. 그 말을 기억하면 좋을 것 같습니다."

OGN과 오랜 기간 함께 파트너사 관계로 일하며 지켜봐온 정예원 PD는 여러 부분에서 강점을 가지고 있는 e스포츠 전문가이다. 제안서 발표도 누구보다 잘하고 커뮤니케이션에서 똑 부러지게 명확한 모습을 보여주는 '일 잘하는 사람'의 면모를 다 갖추고 있다. 4년 전, 처음 봤을 때는 솔직히 약간 막내 같은 모습의 이미지가 있었는데 어느 덧 8년차 중견 e스포츠 사업 PD의 모습을 갖췄다고 하니 그의 꾸준함에 존경심이 든다. 게임 제작사에서 사업PD의 역할은 매우 중요하다. 사업은 곧 영업을 의미하며, 영업이 곧 매출이다. 그만큼 회사를 견인하는 핵심적인 역할을 한다.

연출가가 예술을 창조하는 사람이라고 하면, 그 예술을 창조할 수 있는 재료를 가져다 주는 사람이 바로 사업PD라고 표현할 수 있지 않을까 싶다. 이 직업군은 그동안 대중들에게 잘 알려져 있지 않았지만 사실 상당히 매력적인 e스포츠 직업군 중 하나이다. 이번 인터뷰를 통해 그의 직업이 e스포츠 취업을 꿈꾸는 사람들에게 조금 더 알려지는 기회가 되길 바란다.

정예원 이메일 : yewon.jung@cj.net

플랫폼과 e스포츠를 연결하는 스페셜리스트

● 이름 : 박진화
● 직업 : 아프리카TV e스포츠컨텐츠팀 프로젝트 매니저
● 나이 : 29세
● 경력 : 2년
● 커리어 테크트리
  • 2018(27세) 대학 졸업
  • 2019(28세) 아프리카TV e스포츠컨텐츠팀 입사, PUBG PKL 서브 담당
  • 2020(29세) 오버워치 컨텐더스, 오버워치 한중전

 개인적으로 생각할 때 아프리카TV는 대한민국에서 e스포츠 전용경기장을 가장 유용하게 쓰고 있는 기업이다. 게임사와의 꾸준한 협업, 그리고 자체 투자를 통해 e스포츠 프로그램을 꾸준히 키워 왔다. 플랫폼 비즈니스를 핵심으로 하기 때문에 늘 좋은 컨텐츠를 생산해야 했고, BJ들에게도 콘텐츠를 창출할 수 있는 통로를 만들어줘야 했다. 그래서 e스포츠에 그만큼 투자를 해왔다.

 오랜 기간 아프리카 프릭업 스튜디오를 활용하다 다루는 대회의 수와 규모가 늘어남에 따라 아프리카 콜로세움이라는 이름의 새로운 스튜디오를 추가로 개장해 활용하고 있다. 업계에서 아프리카TV만큼 e스포츠에 투자하는 기업도 없을 것이다. 그만큼 그들에게 좋은 인재들이 몰려오고 있고,

사업도 점차 커지고 있다. 2019년 아프리카TV e스포츠팀에 입사해 맹활약을 펼치고 있는 박진화 PM을 만나 그의 생각을 들어봤다.

Q1 현재 맡고 있는 업무에 대해 소개해 달라.

"현재 아프리카TV에서 진행되는 e스포츠 프로그램의 PM(Project Manager)역할을 하고 있습니다. 제가 하는 업무를 간단히 표현하자면, 리그의 연출을 담당하는 방송제작팀 업무 외의 모든 역할을 담당하는 것인데요. 리그 운영, 선수 케어, 리그 마케팅, 방송 모니터링, 게임사 커뮤니케이션에 이르기까지 다양합니다. 저희 e스포츠팀 PM들은 보통 2~3개 정도의 프로젝트를 동시에 맡고 있는데요. 한두 개의 메인 프로그램에 한두 개의 서브 프로그램 이런 식이죠. 저 같은 경우 블리자드의 오버워치 컨텐더스 메인을 맡고 있으면서, 피파온라인4 EACC와 펍지 리그인 PCS는 서브로 보조하고 있습니다. 리규 규모마다 PM의 수가 다르게 배정되고 있고, 저는 보통 영어가 필요한 곳으로 많이 배치되는 편입니다."

Q2 영어가 주로 필요한 곳에 배치되는 것이라면 외국어 능력을 어떻게 갖추게 됐는가?

"저는 고등학교 시절부터 미국에서 유학을 했고, 대학은 일리노이주립대에서 스포츠경영을 전공했습니다. 원래는 스포츠 산업으로 진로를 계획하고 있어서 미국과 한국에서도 그 분야로 계속 경험을 쌓아왔습니다. 미국에서는 스포트마케팅 에이전시인 '시카고 에이전시'에서 인턴생활을 했고, 한국에서는 대한축구협회, 현대캐피탈 배구단에서 인턴생활도 해봤습니다. 그런데 현실은 제가 기대한 것과는 솔직히 조금 다르더라구요. 그런 와중에 아프리카TV에 지원해 지금은 e스포츠 업계에서 일하게 됐네요."

Q3 e스포츠 업계는 어떻게 오게 된 것인가?

"게임 자체는 오버워치를 통해 많이 플레이하게 됐어요. e스포츠는 오버워치 APEX가 처음이었구요. 하지만 저와 e스포츠 취업까지 이어서 생각하지는 못했습니다. 한국에 돌아와서 취업을 준비할 때쯤 배틀그라운드 게임 스트리밍을 보면서 더 큰 흥미를 느끼게 됐구요. 그때 한참 아프리카TV를 많이 봤었어요. 그런데 어느날 아프리카TV e스포츠팀에서 영어 가능자를 우대하는 리그 PM 공고를 보게 된 것이죠. 그때 지원해서 합격하게 됐습니다."

Q4 근무 중 영어는 보통 어디에 많이 활용되는가?

"외국계 게임사와 함께하는 e스포츠 대회가 많다보니 게임사 커뮤니케이션에 영어를 많이 사용합니다. 블리자드, 라이엇 게임즈, EA, 그리고 한국 회사지만 PUBG에서도 영어자료를 요청할 때가 많습니다. 무대디자인 같은 승인 자료를 직접 본사로 보내는 경우도 많거든요. 또한 해외방송사와 협력으로 일을 하는 경우도 많습니다. 아무래도 e스포츠가 글로벌화가 많이 되어 있고, 또 아프리카TV가 국제대회를 많이 치르다보니 영어가 필요하게 돼요. 얼마 전 진행한 오버워치 한중전 프로젝트만 해도 중국 방송사와 영어로 커뮤니케이션을 하게 됐거든요. 최근은 중국이 e스포츠 산업에 상당한 투자를 하고 있고, 성장속도도 매우 빠르기 때문에, 영어뿐만 아니라 중국어 능력도 큰 장점이라고 생각합니다.”

Q5 본인이 소속된 팀과 다른 팀 조직 소개를 좀 해달라.

“제가 소속된 e스포츠팀은 '인터렉티브 콘텐츠 사업본부'에 속해 있습니다. 저희 팀 외에도 다른 팀들이 같은 본부에 소속되어 있는데요. 게임 BJ들을 관리하고, BJ멸망전 등을 기획하는 게임 커뮤니티팀, 광고/스폰서십을 유치하는 ICA팀, 방송 송출을 담당하는 FAV팀, 연출PD분들이 소속된 콘텐츠제작팀, 그리고 방송기술, 음악 등을 담당하는 미디어 테크팀으로 이뤄져 있습니다. 본부 내 팀들끼리 협업하는 프로젝트가 상당히 많고 결국 다 아프리카TV로 송출되어 나가는 콘텐츠이기 때문에, 콘텐츠 사업본부로 엮여 있다고 보시면 됩니다.”

Q6 현재 직장에서의 만족도는 어느 정도 되는가?

“커리어 만족도는 거의 90%에 가깝습니다. 일단 e스포츠의 미래가 밝고, 성장 가능성이 무궁무진합니다. 새로운 게임은 여전히 많고, 페이커 같은 선수도 계속 탄생하니까요. 특히 아프리카TV e스포츠팀에서 근무하다 보면, 정말 다양한 대회를 열게 되는데, 이게 제 게임 경력의 스펙트럼을 정말 많이 넓혀주는 것 같습니다.

저희가 직접 주관하는 대회가 스타크래프트1&2, 롤, 배틀그라운드, 히오스, 철권, 워크래프트3, 피파 온라인까지 정말 다양하거든요. 또 대회 업무가 많아 워라밸이 무너질 수 있다는 점을 우려해 저희 본부는 자율출퇴

근제도 허락해준 점도 장점이에요. 그리고 마지막으로 저희 팀장님이 정말 너무 좋으십니다(웃음)."

___
Q7 스포츠경영을 전공했다고 했는데, e스포츠 쪽에도 도움이 되는 점이 있었나?
___

"분명 있었습니다. 몇 가지를 꼽아보자면, 일단 리스크 매니지먼트 부분입니다. 스포츠 대회를 할 때 일어날 수 있는 리스크를 미리 예상한 후 예방조치 또는 빠른 사후조치를 배우는 건데요. 이번에 발생한 코로나 사태로 인한 여러 변수를 대처하는데 지식적 도움을 줬다고 생각해요. 그 외에 '스포츠 이벤트 운영' 과목도 많이 도움이 됐습니다. 미국에서의 실전 인턴 경험도 자양분이 됐다고 생각합니다. 결국 스포츠와 e스포츠의 유사성이 많음을 업무를 하면서 깨닫게 됐네요."

___
Q8 본인의 커리어 멘토가 있는가?
___

"아프리카TV 채정원 본부장님이 제 멘토이십니다. 물론 아직 본부장님께 이런 얘기를 드린 적은 없어서 아실지 모르겠네요(웃음). 채 본부장님은 선수로 시작해서, 해설가, 방송국 직원, e스포츠팀 팀장 역할에서 아프리카TV 본부장이자 아프리카 프릭스의 대표까지 역임하는 여러모로 상징적인 존재이십니다. 저에게 정말 좋은 본보기가 되어주십니다. 가끔씩 오셔서 주시는 피드백에서 많은 경험과 지식, 그리고 배려를 느낄 수 있습니다. 그런 분 밑에서 일할 수 있는 것도 제게는 큰 동기부여가 됩니다."

"일단 회사 자랑을 좀 하자면, e스포츠 분야로 꾸준히 공채 전형을 가지고 있는 회사는 아프리카TV 외에는 많이 없을 겁니다. 저 역시 공채전형을 통해 들어왔구요. 그만큼 할 일도 많고 계속 e스포츠로 성장해 나가는 회사입니다. 제가 만약 이쪽 분야로 취업하시고자 하는 분들께 감히 조언을 드리자면 한 세 가지 정도를 말씀드리고 싶은데요.

첫째는 게임/e스포츠에 대한 애정입니다. 하려는 일에 대한 애정이 많아야 그일에 대해 열정적이게 되고 또한 이해도도 높아 업무에 쉽게 적응하고 임할 수 있습니다. 둘째는 경험입니다. 공채를 뽑는다 하더라도 관련 분야의 경험은 무엇보다 중요합니다. 2020년 저희팀에 들어오신 분들 중 두 분은 아프리카TV에서 진행한 PUBG 국내리그인 PKL 진행 시 심판으로 아르바이트하시던 분들이고, 또 다른 두 분은 아프리카TV 게임 마케터로 활동하신 이력이 있으십니다. 이처럼 게임/e스포츠 관련 경험 그리고 자신이 가고 싶은 회사에서의 경험처럼 연관성을 만들어가는 활동들은 매우 중요합니다. 셋째는 언어 능력입니다. e스포츠 분야에서 영어 등 외국어 활용능력의 유무는 정말 많은 차이를 만듭니다. 지금부터라도 공부하는 것이 무조건 더 도움될 것이라 믿습니다."

대한민국을 대표하는 전통의 디지털 플랫폼 아프리카TV가 유튜브나 트위치를 상대로 가장 돋보이게 성장해 나가는 것이 바로 이 e스포츠 분야가 아닐까 싶다. 연간 진행하는 e스포츠 대회만 해도 엄청나다. 외주 프로그램(PUBG PCS, 오버워치 컨텐더스 등)도 많지만 자체적으로 진행하는 프로/아마추어 e스포츠 대회도 셀 수 없이 많다. 거기에 아프리카 프릭스라는 이

름으로 수많은 구단까지 운영하고 있다(LCK 프랜차이즈 참여 포함). 이 모든 투자는 결국 플랫폼을 보유하고 있기에 가능한 일이다. 이 모든 프로그램이 아프리카TV를 통해 제공되기 때문이다. 그 말인즉슨, 아프리카TV의 e스포츠 산업은 앞으로도 계속 커질 것이며, 수많은 인재들에게도 취업의 기회가 올 것이라는 의미로 받아들여질 수 있을 것이다.

박진화 PM은 스포츠경영을 전공했지만, 자신의 학업적/경험적 배경을 e스포츠 산업을 통해 보여주고 있다. 많은 콘텐츠 소비가 디지털 플랫폼으로 전환된 지금, 그가 선택한 e스포츠라는 콘텐츠와 그가 배운 스포츠산업의 요소는 최강의 시너지를 내고 있다고 봐도 과언이 아니다. 앞으로 그가 e스포츠를 통한 플랫폼 비즈니스의 성장을 주도하는 핵심 글로벌 인재가 될 것을 충분히 기대해 본다.

박진화 이메일 : jinpark199226@gmail.com

늘 새로운 방식의 설계를 꿈꾸는 몽상가의
e스포츠 창업스토리

- 이름 : 이상기
- 직업 : e스포츠 전문기업 WDG 대표
- 나이 : 41세
- 경력 : 4년
- 커리어 테크트리
  - 2010~2016(31~37세) PC방 3개, 요식업 1개 운영
  - 2016(37세) 우리동네게임리그 브랜드 런칭
  - 2017(38세) 플레이통 투자유치, WDG로 리브랜딩
  - 2018(39세) WDG e스포츠 스튜디오 겸 PC방 런칭
  - 2019(40세) 오버워치리그, 컨텐더스 코리아, 하스스톤 그랜드마스터즈 한국어 중계 외 다수 프로젝트 수주
  - 2020(41세) LCK 프랜차이즈 지원, 오버워치리그, 하스스톤 그랜드마스터즈 한국어 중계 수주

이상기 대표를 처음 만난 건 2016년 겨울쯤이었다. 그는 나와의 첫 만남 날, 스냅백 모자에 시부야 패셔니스타 스타일의 옷을 입고 나와 나에게 8 비트 감성의 폰트로 '우리동네게임리그'라고 적힌 명함을 건네주었다. 그 때 이 대표가 늘 아마추어 대회를 입에 달고 살았을 때, 나는 솔직히 그의 사업모델을 이해하지 못하고 있었다. '무슨 돈으로 대회를 열고, 무슨 돈

으로 상금을 줄 것이며, 그게 수익성이 없는데 왜 하지?'라는 생각이 지배적이었다.

그로부터 4년이 지난 지금, 그는 2020년의 가장 핫한 이슈인 LCK프랜차이즈에 당당히 참여 지원서를 제출했다. 평소 자주 연락하는 사이이긴 하지만, 이번 기회를 통해 그가 걸어온 창업의 길이 궁금하지 않을 수 없었다. 어느 날 뜬금없이 인터뷰를 하자고 말한 후 찾아가 그의 삶을 하나씩 쪼개보았다.

Q1 뭐하시던 분인가?

"저는 대학에서 시각디자인을 전공했습니다. 그런데 시작은 사업을 했어요. 30살 때부터 한 6년간 PC방과 요식업을 운영했습니다. 처음 몇 년은 아주 잘됐죠. 그런데 PC방 내 금연법, 셧다운제도가 적용되면서 수익성이 점점 떨어졌어요. 게임도 그 사이 많이 변했습니다. 예전에는 어른들이 주를 이루고 게임도 테라 같은 RPG 게임이 대세였어요. 한번 앉으면 기본이 10시간이고 커뮤니티가 구성되어 있기 때문에 PC방 사업에는 아주 적합한 모델이었죠. 그런데 게임의 인기가 리그오브레전드로 넘어가면서 좀 더 캐주얼하고 유저층이 어려졌어요. 학생들의 소비력을 생각하면 저에게는 수익이 떨어질 수밖에 없는 것이었죠. 그래서 2016년 즈음에는 모든 걸 다 접었습니다."

Q2 e스포츠와의 인연은?

"PC방 운영할 때 저는 FIFA를 너무 좋아해서 PC방 대회를 많이 개최했었는데요. 그게 그냥 그렇게 좋더라구요. 영업에 도움도 되었구요. 그런데 사업이 기울면서 그냥 다 접게 된 겁니다. 그런데 제가 원래 새로운 걸 만드는 걸 정말 좋아하는데요. 공부도 시각디자인학과를 전공하기도 했고 해서, 친한 지인들과 e스포츠 브랜드를 하나 만들어보기로 결심했어요. 그게 바로 '우리동네게임리그'였던 것이죠."

Q3 '우리동네게임리그' 이야기를 좀 더 해달라.

"FIFA대회를 하면서 당시 FIFA 전문 캐스터인 한승엽 해설을 알게 됐어요. 제가 섭외했죠. 그러다 그 인연이 모여 '우리동네게임리그' 브랜드를 시작하게 된 겁니다. 그때 유행하던 프로가 KBS '우리동네예체능'이었거든요(웃음). 처음에는 수익성 보지 않고 그냥 도전했어요. 사업성이 보이지 않았기 때문에 그냥 해보자라는 마음으로 아마추어 대회를 계속 주최했죠. 그때는 오피스텔을 마련해 인터넷 중계를 할 수 있는 환경을 만들고 계속해서 대회를 직접 주최한 후 저희 캐스터들이 중계하는 형태였습니다."

Q4 돈을 못 버는데 어떻게 유지가 가능했나?

"그렇게 인연이 시작됐던 것 같아요. 저희가 운영하는 것을 보고 플레이통(*온라인선불카드 틴캐시, 상품권 자동판매기 통키 등을 PC방/게임 연계 사업을 하는 기업) 대표님이 저희를 찾아와 투자를 제안했어요. 저에게 사업자등록을 바로 하고 투자금을 줄 테니 창업을 해보라 하신 거죠. 플레이통에서 당시 게임대회 플랫폼(https://www.wara.gg/)을 개발하고 있었는데 그때 저희가 e스포츠를 잘 아는 사람들 같아 보였는지 그걸 맡아달라고 하면서 사업을 제안하신 거예요. 당시 e스포츠를 제대로 아는 사람이 많지 않았거든요. 저희는 이것을 기회로 본격적으로 사업을 시작했고, 브랜드도 'WDG'로 변경하게 됐습니다."

___
Q5 투자유치(흔히 말하는 IR) 과정 없이 투자금을 받다니 대단하다. 근데 사업성이 없다고 하지 않았나?
___

"Wara.gg 플랫폼을 개발하면서 그 플랫폼을 활용할 기회를 찾다가 오버워치 온오프믹스라는 대회를 주최하게 됐죠. 그때 인기팀들이 굉장히 많이 참여하게 되면서 저희가 알려지게 됐습니다. 그러다 블리자드 오버워치 오픈 디비전이라는 풀뿌리 리그의 비딩에 들어가 선정되게 됐어요. 그동안 아마추어 전국리그는 대부분 지역 거점을 만들어 예선 후 서울에서 결승을 하는 방식이었잖아요. 그리고 홍보도 게임 커뮤니티 위주로만 했었죠.

저희는 여기서 역발상을 하게 됐어요. 첫째, 온라인으로 예선을 치르자, 홍보는 커뮤니티가 아닌 SNS, 그리고 인플루언서를 적극 활용하자. 이렇게 해서 저희는 오버워치 오픈 디비전에서 한 시즌에 약 1,650개 팀의 신청을 받아냈죠. 6인 1팀 게임이니 유저수로 따지면 거의 1만 명에 가까운 숫자입니다(*이전 PC방 대회들은 유명 게임이라도 대부분 200-300개 팀 수준을 넘지 못했다).

문제는 운영이었어요. 대부분의 전국대회를 PC방에서 거점 형태로 오프라인으로 하는 이유는 공정성 이슈 때문인데요. 즉, 대리게임이나 치팅이 있을 수 있어서 그랬던 거였죠. 하지만 생각해 보세요. 사람들이 아마추어 대회에 나오는 이유는 그 윗단계로 가려는 상위 소수 팀을 제외하고는 다 재미삼아 나온 팀들입니다. 그래서 최대한 공정성을 주기 위한 최대의 배려만 한다면 더 많은 팀이 참여해 즐기는 게 맞지 않나요?

그 부분에 주력했어요. 1,600개 넘는 팀의 예선 운영을 위해 경기일마다 30명 넘는 그룹 매니저를 투입시켜 온라인으로 매니지 했습니다. 블리자드 Customer Support팀까지 나오셔서 도와주셨던 기억이 납니다. 정말 감사했죠. 그렇게 게임사와 같이 준비를 하니 안될 것 같은 일도 되더라구요. 그러면서 블리자드와의 인연이 계속 이어졌고, 양사의 신뢰도 쌓게 됐죠. 그 다음부터는 대부분의 방송제작 프로젝트에 저희가 더욱 많이 들어가게 됐고, 저희가 대회 사업을 계속 따게 됐어요. 스노우볼이 점점 굴러가는 느낌이었죠."

___

Q6 신논현에 대회장이 결합된 PC방이 있다. 그 부분은 어떤가?

"일이 계속 늘어나면서 경기장을 보유해야겠다는 생각이 강해졌습니다. 그래서 투자 모기업을 설득해 신논현에 자리를 확보하게 됐어요. 근데 그 비싼 땅에 경기장만 해서는 사업성이 없었기에 PC방도 붙이게 된 겁니다. 이름은 WDG PC방이라 붙였어요(감격한 표정). 그곳에서 경기 예선(다수의 PC방 좌석), 그리고 오프라인 대회 중계방송 제작이 가능하게 됐죠. 젊은 신진 캐스터도 직접 보유하기 시작했구요(너프디스의 심지수, 홍현성). FIFA e스포츠, PUBG e스포츠의 예선 장소로도 많이 활용됐습니다. 오버워치 오픈디비전도 계속하게 됐구요."

Q7 e스포츠 스튜디오를 갖춘 회사들은 이미 많다. 어떤 차별성이 있었다고 생각하나?

"저는 처음부터 e스포츠 방송중계제작에 대한 기준이 많이 달랐습니다. 인터넷 방송은 기본적으로 방송국 수준의 제작 수준도 필요하지만 대부분의 중계는 굉장히 최적화할 수 있습니다. 지금은 개인방송이 주를 이루기 때문에 다들 익숙하지만 저는 처음부터 그렇게 할 수 있다고 생각했어요. 그래서 게임사가 원하는 수준이 e스포츠 운영 및 방송제작을 위한(가격적으로) 최적화된 모델이라면 저희가 가장 자신 있다고 믿었어요. 방송스튜디오, 인터넷 방송 최신 장비, 소속 캐스터 등이 다 합쳐지면 저희만큼 경쟁력 있는 회사는 없거든요. 그래서 그 부분을 어필했고, 그래서 많은 사업 건을 수주할 수 있었다고 생각합니다.

처음에는 자투리 대회들을 많이 했지만, 지금은 오버워치리그, 하스스톤 그랜드마스터즈, 월드오브워크래프트 글로벌 대회 등 굵직한 건들을 다 소화할 만큼 성장했습니다. 특히 이번에 오버워치리그 한국어 중계를 하면서는 정말 기술적인 노하우를 많이 향상시켰습니다. 중계를 보신 분들은 아마 방송 송출이 불안정한 경우를 많이 보셨을 거예요. 과거와 다르게 블리자드 중계팀이 클라우드 베이스로 방송을 송출하면서 그 부분에서 시행착오를 많이 겪었습니다. 그 과정을 겪고 나니 이제는 단순히 국내 중심 인터넷 중계를 넘어 클라우드 베이스의 글로벌 대회 송출 및 방송제작도 자신이 많이 생겼습니다. "

Q8 LCK 프랜차이즈에 도전하게 됐다. 그 이유는?(*인터뷰 시점 2020년 9월 기준)

"저의 큰 꿈인 아마추어 대회의 핵심은 결국 생태계입니다. 풀뿌리부터 나온 선수들이 결국 가장 끝까지 올라가 프로게이머가 될 수 있는 구조를 만들어야 했어요. 하지만 대부분의 e스포츠는 게임사가 그 부분을 결정하기 때문에 제 꿈이 이뤄질 수 없이 그 계획에 의존할 수밖에 없게 되더라구요. 그래서 프랜차이즈에 도전하게 된 겁니다. LCK가 지속적으로 이어지고 그 팀의 소유주가 된다면, 그 1부 팀을 정점으로 두고 정말 제가 원하던 아마추어 리그 확장을 리드할 수 있을 것 같아요. 그래서 모기업을 설득해 당차게 지원해 본 겁니다."

Q9 WDG의 꿈, 어디까지인가?

"궁극적으로는 ESL(*IEM 같은 글로벌 e스포츠 대회를 주최하는 유럽 소재 세계 최대 e스포츠 기업) 같은 회사를 꿈꿉니다. 게임 IP를 장기적으로 확보하기만 한다면 후원사 영업 등을 통해 흑자경영을 할 자신은 있어요. 그리고 WDG를 반드시 '브랜드'로 성장시켜 소비재용품 쪽으로 수익모델로 만들고 싶습니다. 제가 시각디자인학과 출신이라 그런지 패션브랜드로 만들어 보고 싶은 꿈도 있네요."

Q10 e스포츠 기업 대표로서 채용 시 어떤 자질을 많이 보는가?

"저는 영업능력 또는 트렌드를 잡아내는 능력이 중요하다고 생각합니다.

SNS를 하는지 얼만큼 게임이나 e스포츠 산업 트렌드에 민감한지 등을 많이 봐요. 간혹 유튜버 등을 하면 더 유리하지 않은가 생각하시는 분들도 있는데, 저는 꼭 그렇게 생각하진 않아요. 1인 미디어로서 수익을 추구하는 사람보다는 조금 더 조직 생활에 적합한 사람들이 필요합니다. 결국 저희도 기업이고 조직이기에, 경영을 이해하고 수익모델, 재무, 마케팅을 아는 사람을 고용할 필요가 있거든요. 생각해 보면 앞으로 10~20년 후에는 e스포츠 산업이 엄청 세분화될 겁니다. 현재는 방송제작, 구단, 그리고 게임사 이런 직업이 중심에 있다면, 가까운 미래에는 e스포츠 전문 마케터, e스포츠 스폰서십 매니저라는 직업이 생길 수 있어요. 그때 필요한 사람이 되길 바라는 겁니다.

마지막으로, '게임은 종목이다'라고 생각하고 사고하는 습관이 있었으면 해요. 게임을 잘하는 게 중요한 게 아니라 그 종목을 가지고 사업을 한다고 생각하고 필요한 자질을 키우라는 거죠. 축구나 야구 사업을 비교해 보면 도움이 되지 않을까 싶습니다."

이상기 대표의 다소 엉뚱발랄무모한 도전은 지금도 계속되고 있다. 이야기를 들어보면 알겠지만 나 같은 일반 직장 조직에 처음부터 적응한 사람 머릿속에서는 쉽게 나오기 힘든 진로와 방향이다. 그가 현재 이룬 결과만을 놓고 보면 어린 취업 준비생에게는 이질감이 크게 느껴질지도 모른다. 비슷비슷한 취업 경로를 찾는 요즘 세대들에게 과연 어떤 메시지를 던지는 것일까.

많은 어린 친구들이 'e스포츠 취업'에 대해 문의할 때면, 난 대답이 선뜻 나오지 않는다. 정해진 경로도 없고, 직업의 종류도 명확치 않다. 이상기 대표가 이야기한 대로 게임사나 구단, 방송국 정도가 전부일 것이다.

공채도 없고, 수시도 흔치 않은 작은 취업문에 몇 명이 달려들 수 있을까. 그래서 그가 걸어온 길을 살펴보며, 어떤 종류의 작은 시작이 기회의 씨 앗이 되어 큰 불덩이가 되었는지 알고 싶었다. WDG는 아쉽게도 LCK 프 랜차이즈에 선정되지는 않았다. 그런데 이상하게도, 그 결과와 상관없이 WDG 이상기 대표라는 이름은 또 어디선가 새로운 곳에서 듣게 될 것 같 은 기분이다. 세상에 성공하는 길이 정해진 게 없다는 것을 증명이라도 하 듯이 말이다.

이상기 이메일 : sangki@wdg.co.kr

🎙 인터뷰#6 게임사 e스포츠팀

스물넷의 나이에 블리자드
e스포츠팀을 경험하다

- 이름 : 김근동
- 직업 : EA 커머셜팀 퍼블리싱 어시스턴트(전 블리자드 e스포츠팀)
- 나이 : 25세
- 경력 : 1년
- 커리어 테크트리
  - 2016(21세) 대학 진학(경영대학)
  - 2018(23세) PUBG PSSU 대회 출전, 게임 동아리 창설(TESPA 가입)
  - 2019(24세) 블리자드 코리아 e스포츠팀 Associate(6개월 계약)
  - 2020(25세) EA 퍼블리싱팀

게임사에서 e스포츠를 담당하는 일은 아마 모든 e스포츠 취업 희망자들에게는 가장 큰 로망이 아닐까 싶다. 특히 e스포츠 시장을 선도하는 라이엇 게임즈나 블리자드 같은 거대 글로벌 기업에서 근무하는 경험은 귀하고 소중한 경험임은 물론 커리어 플랜으로 생각할 수 있는 최고의 경력이 아닐까. 하지만 그 취업 절차나 비법 같은 것은 알려진 바가 전혀 없다.

어떤 사람들이 어떤 과정을 통해 취업하는지, 그리고 그들이 어떤 일을 하는지에 대해서는 쉽게 그 정보는 찾을 수 없다. 최근 블리자드 e스포츠팀에서 경험을 쌓은 김근동 님의 인터뷰를 담아보았다. 비교적 젊은 나이에 대학생 신분으로 블리자드 e스포츠팀에서 여러 경험을 쌓은 그의 스토리에서 나름의 성공 비결을 찾아보길 바란다.

Q1 지금은 EA이라는 글로벌 탑 게임회사 퍼블리싱팀에서 근무 중이다. 지금은 어떤 업무를 담당하고 있나?

"저는 현재 커머셜팀에서 퍼블리싱 어시스턴트 업무를 맡고 있습니다. 저의 주업무는 게임 시장 조사 및 동향 파악, 게임 라이브 서비스와 관련된 게임 내 커뮤니티 문제 파악, 게임 현지화 지원 등입니다. 저의 일일 업무는 시장조사에 많이 치중해 있는데요. 피시방(IGR) 시장에 대한 데이터를 수집해 매일 아침 리포트를 작성해 업데이트를 공유드리는 것을 시작으로 업무에 시동을 겁니다. 매일 아침 최신 정보들을 살펴보면서, 경쟁 게임사들은 어떤 이벤트와 업데이트를 진행하고 있으며 커뮤니티에 이슈는 없는지 살펴보곤 합니다.

그렇게 아침의 루틴 업무가 마무리되면, 팀원 분들의 업무 서포트를 보통 진행합니다. 커머셜 팀에서 진행하는 업무들은 숫자를 많이 보아야 하는 경우가 많은데요. 다양한 데이터를 많이 보시다 보니, 그런 부분들을 제가 최대한 정리해서 보기 쉽게끔 만들어 전달드리곤 합니다.

그다음으로 업무에 가장 중요한 파트이자, 시간을 많이 소요하는 부분은 파워포인트 등의 덱 (Deck) 작업입니다. 덱이란 어떤 특정 목적(ex. 전략 제안, 상황 분석 등)을 위해 회사 내부용으로 만들어지는 자료인데요. 해당 덱들의 매끄러운 스토리텔링(내용 전개)을 위해 덱의 세부 내용과 디테일을 구성하고 채워 넣는 작업을 진행하고 있습니다. 그 외로는, 아이디어와 피드백을 통해 마케팅 업무를 서포팅하곤 합니다."

Q2 게임은 상당히 즐겼을 세대인 것 같은데요.

"어릴 때부터 게임은 정말 일상생활이었어요. 제가 중학생이었을 때가 서든어택이 PC방에서 한참 인기 있을 때였죠. 그때 PC방 여가생활을 즐기면서 게임을 두루두루 즐겼어요. LoL, 프리스타일, 피파 온라인 등 여느 학생들처럼 가리지 않고 게임을 즐겼습니다. 그때부터 게임에 대한 이해도나 열정을 잘 쌓아갔죠."

Q3 e스포츠에 관심 있는 사람 중에 게임 안 좋아하는 사람은 없다. 본인이 어릴 때부터 다른 점이 있었다면?

"특별한 게 있었던 것은 아니에요. 확실한 건 게임산업에 대한 긍정적 인식은 확실히 있었죠. 제가 중고등학교 다니던 때 PC방 셧다운 제도(*2011년 통과된 제도로, 청소년의 게임 과몰입을 예방하기 위해 밤12시부터 오전 6시 사이, 만 16세 미만의 온라인 게임 접속 금지)가 논의되고 있었어요. 그때는 4대 중독법에 게임이 포함되어 있기도 했죠(*약칭 4대 중독법: 마약, 알콜, 도박, 그리고 게임을 4대 중독물로 취급해야 한다던 법률안. 2013년 첫 발의. 정확한 명칭은 '중독 예방 관리 및 치료를 위한 법률안'). 이 말은 즉 많은 부모님 세대에서 게임에 대한 부정적 인식을 가지고 있었다는 의미였죠.

저는 그때부터 약간 제가 마치 게임산업 대변인마냥 게임산업의 잠재력과 긍정적 영향을 부모님께 주장하고는 했습니다. 지금 돌이켜 보면 아마 부모님은 제가 정신이 나갔다고 생각하셨을 것 같아요(웃음). 사실 전 중고등학교 때 진로희망란에도 '게임'이라고 무턱대고 적던 사람이었거든요.

저는 게임이 대중문화가 될 것이란 확신이 있었어요. 그리고 그런 시대가 오면 반드시 그것이 직업이 되고 돈을 버는 방법이 될 것이라 믿었기에 진로를 게임으로 정한 거죠."

Q4 e스포츠에 대한 관심은 어디서부터 시작됐나?

"고등학교 때 LoL을 정말 많이 했는데요. 학교 야간자율학습 시간에 몰래 나와서 LoL 하러 PC방 가던 적도 많았어요. 저는 게임을 잘하는 편이었어요. 티어를 그랜드마스터까지는 달성했으니까요. 솔직히 부모님께 프로게이머하고 싶다는 이야기를 한 적까지도 있었습니다. 하지만 지금까지한 학업을 포기해야 한다는 생각을 하니 솔직히 뭔가 아쉽더라구요. 그래서 게이머는 포기하고 그때부터 e스포츠에 본격적으로 관심을 가지게 된것 같아요."

Q5 무엇이 그렇게 매력적이던가?

"저는 기본적으로 많은 사람들과 어떤 것을 같이 보면서 공감하는 것에 희열을 많이 느낍니다. 다시 말하면, 저희가 콘서트, 스포츠 경기, 영화의극적 장면을 보면서 동시에 뭔가 폭발하는 그 감정을 공유하는 것을 좋아한다는 의미에요. 저는 e스포츠가 그런 면에서 엄청난 강점이 있다고 생각해요. 제 나이 또래 친구들은 아무래도 더 친숙하게 같이 봐왔던 게 e스포츠이기 때문에 내 얘기를 많이 공감할 수 있을 겁니다. 선수들이 치열하게 경쟁하며 순간 순간 나오는 플레이 하나가 경기 결과에 결정적 영향을 끼치고, 그 장면을 보며 희열과 절망의 감정으로 몰입하게 만드는 매력이 있어요.

예전 나이키 광고 중에 타이거 우즈가 칩샷으로 버디를 잡는 장면을 그대로 따서 1분짜리로 만든 광고가 있어요(*2005년 마스터즈 16번 홀 극적인 버디를 잡는 타이거우즈를 모티브로 한 광고. 당시 매우 불리한 위치에서 친 칩샷이 데굴데굴 굴러가며 나이키 로고를 마지막에 절묘하게 보여주며 홀 안으로 들어가고 주위의 수만 명의 사람들이 환호하며 나이키 슬로건과 함께 광고 끝남). 그 광고가 아주 좋은 예인 것 같아요. LoL 좋아하시는 분들은 다 아는 유명한 장면이 있어요. 2013년인가, 롤챔스 결승 5세트에서 Faker 이상혁 선수가 Ryu 류상욱 선수를 잡으면서, Faker 선수를 전세계적으로 유명해지게 만들어 준 장면이 있어요(*2013년 LoL 챔피언스 서머 결승전 파이널 5세트 류와의 대결에서 리그 오브 레전드 역사상 최고의 명장면으로 꼽히는 장면을 만들어내 최초의 우승 이끌어냄). 이런 경기를 보면서 비슷한 몰입감을 느꼈죠.

특히 e스포츠는 공간을 초월하는 디지털 플랫폼이라는 강점에 전세계 팬들이 같이 공감한다는데 큰 매력이 있습니다. 예측이 불가능한 것은 스포츠와 비슷하지만 조금 더 영(Young)한 세대를 위한 맞춤형이라고 할까요?"

Q6 그래서 대학진학은 게임 진로를 겨냥해서 계획했나?

"처음 게임 개발자가 되겠다는 생각에, 컴퓨터 공학과나 소프트웨어 개발 관련 전공을 생각했어요. 하지만 경영일반도 산업 흐름을 아는데 도움이 될 거라는 생각에, 전공은 경영학과를 그리고 부전공은 소프트웨어 개발을 선택했지요. 막상 부딪혀 보니 소프트웨어 개발 같은 학문은 부전공

으로 다룰 게 아니고 전문가가 되기 위한 완벽히 다른 트랙이더라구요. 그래서 결국은 경영학과에 몰두하게 됐죠."

Q7 학교 내 생활에서 e스포츠와의 접점은?

"다른 학생들과 비슷한 1년을 보내고 2학년이 되니 점점 뭐라도 해야 한다는 압박감이 생기더라구요. 저는 1년 재수를 하기도 했고 또 남보다는 미래에 대한 불안이 조금 심한 편이었어요. 취업공고도 많이 살펴보고 했는데 딱히 뭐가 보이진 않았습니다. 그러다가 갑자기 대학교 PUBG대회(PSSU)가 열린다는 공고를 봤어요. OGN이 제작하고 TV에도 나간다고 해서, 제가 친구들을 모아 나가자고 꼬셨죠. 예선을 위해 OGN 방송국 2층 PUBG 전용 경기장으로 들어가 예선을 치렀습니다. 그 경험은 제게 신선한 충격이었어요. 80명이 팀을 이뤄 앉아 게임을 치르고 제작진과 운영 스텝들이 분주하게 움직이는 그 현장을 보니 제 심장이 엄청 뛰더라구요. 저희는 결국 아쉽게 예선에서 탈락했지만, 저는 그와는 다른 또 다른 수익을 얻은 것 같았어요.

정말 이걸 제가 해보고 싶다는 강한 생각이 들었거든요. 그래서 학교에 돌아오자마자 학교 게임 동아리를 찾아봤는데 없더라구요. 그래서 제가 그냥 창단을 해야겠다는 생각을 했죠. 신청서를 출력해 작성 후 학생회를 찾아가 제출했습니다. 그렇게 만든 동아리는 50명 규모까지 키웠죠. 그리고 그 사이 블리자드에서 운영하는 TESPA라는 대학교 e스포츠 클럽에 가입하게 된 거에요."

Q8 TESPA에 가입하면 어떤 혜택이 있었나?

"일단 TESPA에 가입하면 동아리 운영에 필요한 물품, 특히 대회를 개최할 때 필요한 상품과 홍보 물품을 보내준다는 것을 알게 됐습니다. 저희같은 학생들이 대회를 개최할 때 가장 필요한 게 사실 이 상금이나 상품이거든요. 저는 바로 그 장점을 활용해 대회를 기획했죠. 학교 시설 여건상 PC를 대규모로 운영할 수 있는 곳이 없기에 첫번째 대회는 모바일로도 경쟁이 가능한 하스스톤을 선택했어요. IT 대학 광장을 빌려 광장 내 경기장(핸드폰만 있어도 경기할 수 있는 테이블 등)을 설치하고, 가운데 대형 TV 화면에 주요 경기를 띄워 누구든지 지나가면서 볼 수 있도록 만들었죠. 대회를 만들더라도 사람들이 한번은 관심을 줄 수 있는 대회를 만들고 싶었어요. 그런 면에서 이 대회는 큰 성공이라고 생각합니다. 사실 TESPA 우수사례로 뽑혀 소개되기도 했어요. 그 외 PUBG 대회도 직접 주최해 온라인 중계까지 해보기도 했습니다."

Q9 이제 본론을 얘기해 보자. 그 들어가기 어렵다는 좁은 문, 게임사 e 스포츠팀에는 어떻게 들어가게 됐나?

"TESPA와의 만남이 사실 결정적인 계기였던 것 같아요. 당시 블리자드에서 TESPA를 운영 중이셨고, 모든 대학 TESPA 클럽멤버들이 있는 디스코드(*게이머들 중심의 커뮤니케이션 앱)에서 TESPA 관련 업무를 할 사람을 뽑는다는 공지를 봤죠. 누가 지원하지 않겠습니까. 저도 바로 지원했고, 그때 면접을 통해 합격하게 됐어요. 업무는 블리자드가 아닌 블리자드의 TESPA 업무를 대행해 주는 회사에서 일하는 업무였습니다. 제게는 첫 면접이어서 떨리기도 했는데 제가 했던 작은 일들이 좋게 보였는지 합격하게 된 것 같아요. 그 회사에서의 업무는 TESPA 캠페인 지원 업무였어요. 다시 말해, TESPA 활동에 참여한 학교들의 활동을 평가하고 그 평가기준에 맞게 지원 물품을 지원하거나, 재고를 관리하는 업무였죠. 한 2~3개월 정도 했던 것 같습니다.

그러던 와중에 '블리자드 e스포츠팀'에 계약직 자리가 열렸다는 것을 알게 됐어요. 블리자드 채용 사이트는 늘 방문하는 곳이지만 이렇게 계약직 자리가 열린 것은 처음 봤습니다. 누가 주저하겠습니까. 바로 지원했고, 면접을 통해 제가 선발이 됐어요. 정말 믿을 수 없는 일이었죠. 제 평생 운 다 썼다는 생각이 들었어요. 전화 받았을 당시가 제가 과외 아르바이트를 하고 있을 때였는데 블리자드에서 합격 통보를 받고 소리 지르고 날뛰었던 생각이 나네요."

Q10 어떤 업무를 맡았었나?

"제가 신입의 위치로 들어왔기에 여러 경험을 두루두루 했는데요. 일단 제가 맡고 있던 TESPA 관리 업무를 계속 이어갔죠. 다만, 제가 게임사 위치에 있다는 게 달랐죠. 그밖에 블리자드가 주최하는 e스포츠 대회 준비와 운영을 도왔습니다. 그때 진행되던 대회 중 한국에서 열리는 것은 KSL(스타크래프트) 시즌4, 오버워치 컨텐더스 코리아, 콜 오브 듀티 코리아컵 시즌1, 하스스톤 그랜드 마스터즈 한국어 중계들이 있었어요. 제가 다 한 건 아니고, 각 대회별로 서포트가 필요한 부분을 맡았다고 보시면 됩니다. 경기 준비에 필요한 파트너사 커뮤니케이션이나 내부 부서들과 필요한 자료 공유, 요청, 본사 커뮤니케이션 등이 포함되어 있죠. 하지만 뭐니뭐니해도 제 업무의 백미는 바로 블리즈컨 출장이었던 것 같아요."

Q11 엄청 얘기하고 싶은 것 같은데 어서 블리즈컨 얘기를 좀 해달라.

"2019년 스타크래프트2 글로벌 대회인 WCS의 결승의 오프닝 위크가 한국에서 열리게 됐어요. 아프리카 프릭업 스튜디오에서 개최됐죠. 아무래도 한국 선수들이 세계 최강인 종목이 또 스타2이기 때문에 이 선수들 및 세계 유명 선수들이 한국으로 와 블리즈컨에서 열리는 WCS Final에 갈 최종 선수를 가리게 됐죠. 저도 오프닝 위크 지원 업무를 맡았고, 그다음 주에 바로 열리는 블리즈컨에 최종 진출 선수들을 데리고 출발하게 됐어요. 결승 전에 진출하는 한국 선수들이 많았으므로 저는 한국 선수 매니저 겸 블리즈컨 기간 중 소셜 미디어 관리 업무를 맡게 됐죠. 사실 저 같은 신입에게 는 말도 안되는 기회였고, 절대 실수하면 안될 것 같다는 압박감도 심해서 긴장을 정말 많이 했어요. 막상 가서 보니 정말 상상을 초월하는 수준이더라구요. 특히 백스테이지에서 준비되는 모든 과정을 지켜보면서 그런 멋진 이벤트 뒤에 필요한 준비가 얼마나 많은지 깨닫게 됐습니다.

2019년 블리즈컨에서는 디아블로4 영상이 최초로 공개됐는데 그때 얼마나 충격을 받았는지 모릅니다. 제가 앞서 말씀드린 것 생각나시죠. 여러 사람들이 모여 그 순간에 열광하며 공감하는 장면, 바로 그것을 그 공개 장면에서 느꼈죠. WCS 결승은 결국 한국선수인 Dark 박령우 선수가 우승하게 됐습니다. 저는 박령우 선수의 현장 라이브 인터뷰를 맡기도 했어요."

Q12 게임사 e스포츠팀에서 배운 것은 뭐라고 생각하는가?

"제가 블리자드에서 근무했던 기간은 정확히 6개월입니다. 그때 느낀 교훈 중 하나가 바로 커뮤니케이션의 중요성이에요. 커뮤니케이션은 늘 명확하고 애매하지 않아야 하더라구요. 제가 블리즈컨에 있을 때 동시에 한국에서는 KSL 16강이 개막했었는데요. 당시 선수들이 사용하는 모니터에 크게 문제가 발생했어요. 커뮤니케이션이 명확하지 않아서 발생한 일이었죠. 근데 커뮤니케이션만큼 중요한 게 바로 빠른 대처더라구요. e스포츠는 예상치 못한 일들이 상당히 많이 일어나요. 그때 어떻게 침착하게 잘 대처하느냐가 핵심이라 느꼈습니다."

Q13 블리자드 이후 왜 계속 e스포츠 쪽에서 취업을 준비하지 않았는가?

"저의 블리자드 계약이 끝나고 제게 선택지가 두 가지 있었는데요. 4학년 마지막 학기를 마치기 위해 복학하느냐 아니면 조금 더 현업 경력을 쌓느냐였습니다. 그러다 좀 더 경력을 쌓아보자고 다짐을 했죠. e스포츠 취업을 준비하지 않은 건 아니고, 그때는 마땅한 취업자리가 없었습니다. 하지만 마음 한쪽으로는 퍼블리싱 분야가 궁금하기도 했어요. 블리자드에 있을 때 항상 옆쪽에서 일하고 계신 퍼블리싱팀 업무가 궁금할 때가 있었거든요. 그래서 이번 기회에 그쪽도 관심을 가져봐야겠다고 생각했습니다. 여러 지원 과정을 통해 EA 퍼블리싱팀에 1년 계약직 자리 면접 기회가 생겼어요. 면접도 4차까지 진행을 했고 결국 합격하게 됐습니다. 제가 마케팅 공모전 입상 경력이 있었는데 그 부분도 어느 정도는 이점이지 않았나 생각됩니다."

Q14 비슷한 미래를 꿈꾸는 어린 세대에게 해주고 싶은 말은?

"솔직히 10대, 20대에 e스포츠 취업을 위해 공부할 수 있는 건 많지 않아요. 그보다는 자신의 스토리텔링이 될 수 있는 경험을 여러 곳에서 스스로 쌓는 것이 좋다고 생각합니다. 그리고 저는 영어의 중요함도 많이 느껴요. 외국계 게임사나 그와 관련된 회사에 근무한다면 영어는 잘할수록 좋습니다. 저는 초등학교 2년을 캐나다에서 생활해 영어가 가능했는데요. 아직도 부족함을 느끼고 더 노력하려고 애쓰고 있습니다. 마지막으로 하고 싶은 말은, e스포츠를 보는 시각을 더 산업적인 관점으로 보려 노력했으면 해요. 눈 앞에 보이는 화려한 면만 보고 뭔가를 준비한다면 어려움에 많이 봉착할 것 같습니다."

Q15 앞으로의 계획은?

"제 미래가 게임산업에 있다는 확신은 여전히 가지고 있습니다. 아직은 대학생 신분이라 이때를 활용해 더 다양한 경험을 쌓고 싶어요. 그래서 고민도 많습니다. 전문성이 명확하지 않은 때이니까요. 요즘은 글을 천천히 써보고 싶어요. 제가 매일 작성하는 게임시장 데일리 리포트를 보면서 약간 트렌드가 눈에 잡히고 있습니다. 이런 인사이트를 그냥 흘려보내기 싫어서 조금 기록으로 남겨두려 해요. 특히 최근에는 게임 마케팅에 관심이 많습니다. 세상에 출시되는 수많은 게임들이 치열한 경쟁시장에서 어떻게 소비자들에게 한번이라도 더 노출이 되는지 그 승리의 비법은 무엇인지 등이 많이 궁금합니다. 앞으로는 이런 게임 마케팅 분야에도 좀 더 경력을 쌓아보고 싶네요. 그 이후는 언젠가 e스포츠로 돌아올 날이 있을 것 같네요."

김근동 님은 사실 필자가 블리자드 e스포츠 팀장으로 재직하던 시절 영입했던 인재다. 당시 채용하던 포지션은 그보다는 조금 더 경력이 있고 나이도 있는 사람이 지원해볼 만한 자리였다. 여러 쟁쟁한 사람들의 면접과정에서도 그가 돋보였던 이유가 있었다. 수많은 지원자 중 필터링 과정을 거쳐 면접을 본 사람들 중에서도 사실 역할에 정확히 어울리는 사람을 찾기는 쉽지 않았다. 그만큼 시장에 좋은 인재를 찾기 어려운 것이 e스포츠 분야이다. 김근동 님은 비록 나이는 어릴지 몰라도 게임 트렌드에 민감하고, TESPA를 통해 그의 열정과 가능성에 대한 검증이 됐었다.

또한 짧은 기간이었지만 대행사 업무를 통해 훌륭한 업무능력을 보여주었으며 영어가 가능하다는 점에서 큰 점수를 받을 수 있었다. 게임사 e스포츠팀만큼 화려하고 멋진 직장이 없는 것은 사실이지만, 언제 나올지 모르는 채용공고만 기다리며 나무 밑에서 입만 벌리고 있을 수는 없는 노릇 아닌가. 그처럼 원하는 회사와의 접점을 하나씩 찾아가며 결국 큰 결실을 맺은 것은 취업 준비생들이 한번쯤은 눈여겨봐야 할 케이스가 아닌가 생각해 본다.

김근동 이메일 : igotacqua@gmail.com

내일의 e스포츠 전문가

- 이름 : 방상원
- 직업 : 취업준비생(전 블리자드 e스포츠팀 인턴)
- 나이 : 28세
- 경력 : 블리자드 e스포츠 인턴 6개월
- 커리어 테크트리
  - 2012(20세) 언론정보학과 입학 / 국제통상학 부전공
  - 2015(23세) 국제관계연구회 동아리 활동
  - 2018(26세) 미국 필라델피아 템플대 교환학생
  - 2020(28세) 대학교 4학년 졸업반

블리자드 코리아에서 2020년 전반기부터 실시한 인턴십 프로그램, 블리즈턴은 외국계 게임사에서 좀처럼 보기 힘든 기회이다. 특히 블리자드 정도의 e스포츠 산업 명성을 가진 회사에서 e스포츠팀 인턴십을 진행하는 케이스는 정말 드물다. 최근 블리자드 e스포츠팀에서 역사적인 첫 인턴십의 주인공이 된 방상원 님을 만나 채용과정, 그리고 업무에 대한 이야기를 들어보았다.

Q1 아직 e스포츠 업계에 있는 사람이 아닌, 취업 준비생의 입장이다. 왜 e스포츠 부분에 흥미를 느끼고 있는가?

"다른 많은 분들도 그렇겠지만, 어릴 때 게임 좋아한 것은 뭐 당연했구요. 7살 때 스타크래프트를 처음 접했는데, 다른 사람들보다는 게임과 e스포츠를 빨리 접하게 된 것 같기도 해요. 그때 온게임넷(*현 OGN)이 개국하는 것도 지켜봤고, 스타리그를 어린 나이부터 쭉 봐왔으니까요. 게임리그도 종목 가리지 않고 많이 봤습니다. 게임 때문에 e스포츠를 처음 알게됐지만, e스포츠 동향 전반은 계속 주의 깊게 봐왔던 것 같아요. 그러다 보니 취업시기가 되어서 계속 e스포츠 쪽을 마음에 두고 있는 것 같습니다.

2018년이 저에게는 이런 생각을 심어준 의미 있는 해인데요. 당시 즐겨하던 오버워치가 글로벌 리그인 오버워치리그를 시작하면서 제 관심을 사로 잡았죠. 대학생활 동안에 e스포츠 산업 자체는 조금 사양길이라 생각하며 회의적인 생각을 가지고 있었어요. 그런데 오버워치리그의 글로벌 연고시스템 이야기를 듣고서는 이제 뭔가 다시 산업이 커질 것이라는 생각을 많이 했죠."

Q2 지금 대학 졸업반이다. e스포츠 취업을 위해 어떤 준비를 해오고 있는가?

"e스포츠 분야는 늘 제 마음 속의 최우선 순위이긴 하지만, 솔직히 일자리 공고를 찾기가 너무 힘든 것이 사실입니다. 그래서 다른 방향으로도 더 넓게 생각하고 취업을 준비하고 있기는 해요.

하지만 e스포츠 분야가 워낙 글로벌하게 확장되고 있기에, 국제적 감각을 필수라고 생각은 했습니다. 군 전역 후 국제관계연구회 학술동아리에 가입해 활동을 오래 했어요. 동아리에서는 매주 수요일마다 각자 국제 이슈를 선정해 발표하는 시간을 가졌는데, 이때 논문, 시사, 국제뉴스를 많이 접했었죠. 저는 미국의 총기 역사, 쥐스탱 트뤼도 캐나다 총리를 주제로 발표하기도 했습니다. 이런 활동을 하고 나니, 꼭 해외에 나가봐야겠다는 생각도 하게 되더라구요. 그래서 열심히 준비해 미국으로 교환학생을 가게 됐습니다."

___
Q3 미국생활 동안 e스포츠도 경험한 것인가?

"미국에서는 언어능력도 개발하고 싶었고 미국의 문화도 배우고 싶었던게 컸습니다. e스포츠는 사실 공간의 제약이 없어 어디서든 볼 수 있다는 장점이 있잖아요. 그런데 마침 제가 미국에 가 있는 동안 오버워치리그 시즌 전 경기가 미국 블리자드 아레나에서 열린다는 사실을 알게 됐죠. 제가 다니던 학교는 동부였는데, 시간을 내어 서부 캘리포니아 버뱅크까지 날아가 오버워치리그 경기를 직접 현장관람했습니다. 직접 가서 보니 정말 입이 딱 벌어지더군요. 최고의 경기장 시설, 초대형 3면 LED 스크린, 기술력, 연출력 모든 게 정말 탑클래스라고 느껴졌어요. 그곳에서 일하는 블리자드 직원으로 보이는 분들이 정말 멋져 보였습니다. 당시 서울 대 샌프란시스코 경기를 메인 매치로 관람했는데 연고지라고 할 것 없이 여기저기서 서울 옷을 입은 서양팬들이 있는 것을 보고 놀랐습니다. 이걸 보니 e스포츠도 충분히 프로스포츠처럼 산업화될 수 있을 것이라 믿었어요."

___
Q4 블리자드 e스포츠팀에서 인턴십을 하는 경험을 했다. 어떻게 선발된 것인가?

"교환학생을 다녀와서 졸업 및 취업을 준비 중이었습니다. 블리자드 e스포츠팀에 자리가 있는지는 계속 눈여겨봐오기는 했었죠. 우연한 기회에 인턴십 과정이 있다는 공고를 보게 됐는데, 거기에 e스포츠팀 인턴도 포함되어 있었습니다. 얼마나 쟁쟁한 인물들이 지원할까 생각하니 저는 지원할 생각이 오히려 안 나더라구요. 저처럼 게임 좋아하고 e스포츠에 관심 많은 대학생이 얼마나 많겠습니까. 블리자드 팬이라면 누구라면 지원할 자리였습니다. 그래서 오히려 다음 기회를 노려야겠다고 생각하고 있었어요. 그런데 제 여자친구가 지원링크를 보내주며 밑져야 본전인데 도전하라고 계속 설득을 해줬습니다. 생각해보니 또 잃을 것은 무엇인가 생각이 들더군요. 그래서 지원서를 제출하게 됐습니다."

___

Q5 얘기한 대로 경쟁률이 정말 치열했을 것 같다. 어떤 준비 후 지원을 했는가?

"선발된 후 들은 이야기인데 한 명 뽑는 자리에 130명이 넘게 지원했다고 합니다. 제가 생각해도 놀라운 일이 아닐 수 없죠. 무엇을 보여줘야 하나 고민을 했는데, 사실 제가 제일 잘 알고 잘하는 분야를 부각시키는 것말고는 할 게 없었습니다. 제가 언론정보학과 국제통상학을 공부했기 때문에, 그 부분을 강조한 포트폴리오 문서를 작성했어요. e스포츠는 타 스포츠 미디어와 비슷한 연관성이 있다고 느꼈거든요.

저는 개인적인 성향상 수집된 데이터를 재분석해서 미래를 예측하는 것에 많은 흥미를 가진 학생이었습니다. 그래서 숫자 다루는 것을 좋아했고, 이번에도 오버워치리그와 관련한 평소 수집한 데이터를 가지고 분석한 자료를 준비했습니다. 사실 대학교 시절에 '미디어와 경제' 과제로 e스포츠 시장을 분석한 레포트이기도 했는데, 이 부분을 추가자료로 제출했죠. 그밖에 면접에 대비해, 평소 생각했던 오버워치리그 운영에 대한 비판적 사고도 정리를 해뒀고, 커뮤니티 사이트를 자주 방문하여 팬들과 유저들의 목소리와 피드백이 어떻게 변해가는지도 정리해 뒀었습니다."

___
Q6 면접은 어땠으며 붙은 이유가 무엇이라 생각하는가?

"면접은 2인 1조로 들어가서 보게 됐는데, 스티브(지금 인터뷰하시는) 님 포함 인사팀 한 분이 더 계셨습니다. 제가 준비한 대답을 잘 했는지 기억이 잘 나지 않을 정도로 긴장을 많이 했었어요. 하지만 한가지만 기억하려고 했습니다. 어차피 지원한 모든 사람들이 블리자드 게임을 좋아할 것이고, 그중에 셀링포인트(Selling Point)가 있는 사람만 살아남는다는 거죠. 그 부분을 포트폴리오에 잘 녹여넣었기 때문에 면접까지 왔다고 생각했고, 글로 다하지 못한 생각들을 면접 때 말로 잘 풀었던 것 같아요. 특히 데이터 분석적 강점을 어필한 것도 주효했다고 생각합니다. 제가 들어가서 일을 하다보니, 기본적인 업무 외에 시청률과 같은 데이터를 상당히 중요하게 생각한다는 것을 알게 됐거든요. 데이터 관련 업무는 저랑 업무적 궁합도 아주 좋다고 생각하거든요. 그 부분이 절묘하게 맞았던 것 같습니다."

___
Q7 들어가서 정확히 어떤 일을 했으며, 일하면서 느낀 점이 궁금하다?

"e스포츠팀에서 하는 업무는 보통 리그 기획, 대회 운영, 방송제작 정도만 생각을 했는데, 막상 가서 접한 생각하지 못한 업무들도 있었습니다. 예를 들면 PR팀과 같이 일하며 시청자들에게 매력적인 기사 포인트를 뽑아내는 회의라든지, 디지털 플랫폼 시청률을 지속적으로 수집, 관리하며 시청수치의 높고 낮아짐의 원인을 분석하는 업무라든지, 홈페이지에 경기결과를 실시간으로 업데이트하는 등의 업무였죠. 6개월 인턴 기간 동안 맡았던 업무를 정리하면 한 7가지 정도로 요약할 수 있을 것 같아요." (독자의 편의를 위해 인터뷰 내용을 아래와 같이 정리)

1. 블리자드 코리아에서 진행하는 모든 대회의 뷰어십 관리(일주일 단위 업데이트, 그래프화, 주요 포인트 정리)
2. 오버워치리그 아시안 토너먼트 온라인 대회 운영 보조(로스터 제출 확인, IT 요건 점검, 선수교체 보고, 각 팀 매니저와 실시간 소통, 문제해결)
3. 블리자드 e스포츠 홈페이지 관리(오버워치 컨텐더스 대회 경기 정보 홈페이지 업로드 – 스케줄, 로스터, 경기 결과, 새로운 선수/팀 추가 내용 업데이트)
4. e스포츠 캘린더 업데이트 – 블리자드 코리아 e스포츠 일정을 주기적으로 업데이트
5. e스포츠 대회 관련 블리자드 공식 블로그, 사내 공지 업로드 내용 초안 작성
6. 대학부 e스포츠 ABC(Activision Blizzard Collegiate Esports Club) 프로젝트 관리 – 캠페인 컨텐츠 기획, 공지, 모집, 각 팀들과 커뮤니케이션, 모니터링, 토너먼트 주최, 성과 평가 및 보상 시스템 설정
7. 블리자드 사내 대회(블리즈컵) Task Force Team(TFT) 참여

Q8 가장 성취감이 있었던 프로젝트는 무엇인가?

"앞서 말한 데이터 관리 업무는 예상 못했던 업무였지만 막상 해보니 적

성과 맞아서 좋아했던 일이었습니다. 반면에 제가 인턴 기간 마지막 참여한 블리즈컵 프로젝트는 제가 입사하기 전부터 상상했던 e스포츠 영역이어서 정말 좋았어요. 대회 하나를 첫 기획부터 운영까지 해볼 수 있는 프로젝트였던지라 성취감이 컸습니다. 블리즈컵은 2020년에 기획된 블리자드 코리아 사내 대회명입니다. 블리자드 코리아는 사내 대회를 연례행사로 진행하는데 제가 TFT에 참여하게 된 거죠. 코로나19 사태로 인해 전 직원이 계속 재택근무를 해야 했던 상황이라 처음부터 온라인이 예정된 이벤트였고 그래서 그랬는지 온라인 환경을 전제로 더 좋은 아이디어들이 많이 나왔어요. 오프라인으로 모여서 하는 게 아닌 디지털 방송으로 모든 사내 대회를 진행하게 된 것이니 만큼 정말 여타 e스포츠 대회를 운영하는 것처럼 전문성이 들어가게 됐죠. 유튜브 플랫폼으로 송출하고, 전문 중계진 특별 초청에 직원 해설진이 더해진 중계, 그리고 직원분들이 더 많이 참여할 수 있는 프로모션 방안 등을 기획했습니다. 정말 기억에 남는 프로젝트였어요."

Q9 인턴십은 이제 다 끝이 났고 다시 취업시장으로 나왔다. 앞으로의 계획은?

"블리자드 인턴십을 통해 몇 명의 롤모델을 만났던 것 같아요. 짧은 시간이었지만, 많은 경험을 통해 배우면서 e스포츠 전문가가 되고 싶다고 다짐하게 됐습니다. 리그 기획/운영도 더 키우고, 데이터 분석 역량도 배가시킬 수 있는 준비를 하려구요. 제가 블리자드 인턴 지원과정 때 믿었던 나만의 셀링 포인트는 비슷하게 계속 갖추어 나가면서 좋은 기회를 기다려 보도록 하겠습니다."

인터뷰를 다 적고 나서야 하는 이야기지만, 방상원 님이 지원한 블리자드 e스포츠팀 인턴십의 면접관은 다름 아닌 필자였다. 수많은 이력서들을 고르고 골라서 최종 Top 10까지 고르는 경우도 어려웠지만, 많은 지원자들 중에서 그를 최종으로 선발하게 된 이유는 그리 어려운 일은 아니었다. 많은 지원자들이 자신들이 맡을 업무에 대한 이해도가 떨어진 상태에서 면접을 들어오는 경우가 많다. 알려진 정보가 많이 없어서 그런 것이 당연하겠지만 대다수가 이력서 같은 문서 자체로 변별력을 갖추지 못한 채 그냥 스쳐가는 인연으로 끝을 맺게 된다.

반면 그중에서 준비된 소수의 인재들은 확실히 눈에 띄게 마련이다. 아직도 그가 제출했던 오버워치 분석 리포트는 기억 속에 많이 남아 있다. 그만큼 분석적이고, 데이터에 강한 사람들이 많이 필요한 곳이 e스포츠이기도 하다. 특히 시청지표의 가치가 그 어느 때보다 중요해지고 있어, 유튜브나 트위치, 아프리카TV 채널에서 뽑아낸 수치를 분석하고 이해하여 더 높은 시청률을 이끄는 것에 일조하는 것만큼 더 중요한 것이 없다. 그런 면에서 그의 강점이 명확히 드러났던 것이다. 인턴 기간 그가 보여준 능력은 확실히 그가 뽑힌 것이 우연이 아님을 말해주었다. 그가 앞으로 산업으로 진출하여 '내일의 e스포츠 마케터'가 되기를 응원한다.

방상원 이메일 : swbang93@naver.com

스포츠에는 나이키, e스포츠에는 로지텍G!

- 이름 : 이진회
- 직업 : 로지텍 코리아 Gaming 카테고리 총괄이사
- 나이 : 38세
- 경력 : 5년(게임/e스포츠 관련)
- 커리어 테크트리
  - 2010 졸업
  - 2010~2016 (27~33세) 3M 코리아 브랜드 매니저
  - 2016~2020 (33~38세) 로지텍 코리아 게이밍 마케팅 총괄 – LCK 및 오버워치 컨텐더스팀 후원

 e스포츠를 즐겨보는 팬이라면 선수들 유니폼에 붙어 있는 굵은 알파벳 'G'로고(*로지텍 게이밍 기어의 고성능 라인업 'G 시리즈'의 로고)를 한번쯤 은 본 적이 있을 것이다. 게임 세계에서는 로지텍과 같은 사업 부류를 PC 주변기기(Peripheral)라 부른다. e스포츠에서 로지텍이 주는 브랜드의 무게감은 마치 스포츠용품의 나이키나 아디다스 같은 느낌이다. 쉬운 예로 축구에서 축구화가 중요하듯이, 프로게이머에겐 최고의 장비가 승리에 결정적인 차이를 주기 때문이다.

 실제로 현 프로게이머 선수들 중 정말 많은 비율이 로지텍 제품을 사용하고 있다. 주변기기 시장에서 전세계 1위를 고수하고 있는 로지텍. 특히

로지텍 코리아는 오랜 기간 e스포츠를 통한 마케팅 활동을 이어오고 있다. 그들이 e스포츠에 계속 참여하고 있는 이유는 무엇인지, 그 성과는 거두고 있는지, 그리고 어떤 사람을 뽑는지 등을 집중적으로 물어보기 위해, 로지텍 코리아에서 게이밍 기어 마케팅을 총괄하고 있는 이진회 이사를 만나보았다.

Q1 로지텍은 언제부터 e스포츠에 본격적으로 참여하기 시작했는지?

"제가 처음 로지텍에 입사했을 때만 해도 e스포츠는 마케팅에서 크게 중요시하던 영역은 아니었습니다. 2016년에 오버워치라는 하이퍼 FPS라는 새로운 장르 게임이 나오면서 장비의 기능이 부각됐죠. 그때 블리자드가 e스포츠에 발빠르게 투자하면서 많은 선수들이 로지텍G 장비를 찾기 시작했어요. 그게 캐주얼 유저들에게도 영향을 주었죠. 오버워치 출시와 함께 본격적으로 e스포츠에 대한 중요성을 인식하고, 본격적으로 마케팅에 적용하기 시작한 것 같습니다."

Q2 현재 후원하고 있는 리그나 팀은 얼마나 되나?

"2020년까지 LCK를 3년째 공식 후원하고 있습니다. 이외 젠지, T1, DRX, 담원 등 총 7개 LCK 팀을 후원하고 있고요. 오버워치에서는 컨텐더스 6팀을 후원하고 있습니다."

Q3 e스포츠를 후원하는 이유는?

"로지텍 로고가 선수들 유니폼이나 방송을 통해 노출되는 것이 이해하기 쉬운 가장 직접적인 광고효과입니다. 하지만 이것이 전부는 아니죠. 게이밍 기어의 마케팅 목적은 굉장히 광범위 해요. 타켓도 일반 캐주얼한 유저부터 하드코어한 유저까지 나누어져 있고, 제품도 그에 맞게 다양하게 구성되어 있거든요. 저희가 e스포츠를 후원할 때, 특정 제품 몇 개를 골라 집중적으로 노출하고 판매량 추이를 측정하지는 않아요. e스포츠는 확실히 단기 마케팅 캠페인의 느낌보다는 조금 더 장기적인 관점으로 보고 있습니다. 이런 일련의 후원 및 마케팅 활동을 통해, '진정한 게이머의 선택은 로지텍'이라는 이미지를 명확히 주고자 합니다."

Q4 후원하는 e스포츠 게임을 고르는 기준을 무엇인가?

"아무래도 제일 중요한 건 게임의 인기죠. 그리고 저희 타켓 고객과 맞는지도 중요하구요. 보통 인기 좋은 게임은 캐주얼 유저와 하드코어 유저가 공존하기 때문에 저희의 우선 고려대상이 됩니다. 그리고 e스포츠를 진행하는 게임들은 게이밍 기어가 방송으로 가장 많이 노출되잖아요. 그 부분도 고려하죠. 프로게이머들의 장비 스펙은 팬들에게도 영향을 줍니다. 특히 하드코어 팬들에게요. 마치 골프 좋아하시는 분들이 좋아하는 골프선수의 장비세트를 알아보고 따라서 사는 것과 비슷합니다."

Q5 프로 게이머 중(후원과 무관하게) 로지텍 장비를 좋아하는 선수들이 상당히 많다. 왜 그렇다고 생각하는가?

"저희 이미지가 오랜 기간에 걸쳐 잘 자리잡은 것 같아요. 그리고 제품의 성능도 정말 제가 자부심을 가지고 소개해드릴 만큼 좋습니다. 제품이 좋고 이미지도 좋으니 선수들이 많이 찾는 것 같아요. 마치 스포츠 용품 업계에서 나이키 같은 포지셔닝이 이뤄지고 있는 게 아닐까요. 또한 지속적으로 e스포츠 선수들을 후원하면서 쌓여진 이미지도 많은 것 같아요. 선수들이 저희 제품을 찾고 후원받길 원하는 걸 느낄 때가 많거든요. 그냥 아무 브랜드나 장비를 무상으로 후원받겠다는 마음과는 다릅니다. 특히 경기 때는 가장 자신에게 맞는 장비로 경기를 해야 하는데, 원하지 않는 장비 회사에서 후원을 했다고 생각해 보세요. 그럼 눈치를 보면서 자신만의 장비를 사용해야겠죠. 보통 팀에서 장비 후원을 받아도, 프로 선수들에게는 키보드/마우스에 대한 선택권은 주기 때문에 경기 때는 후원 제품을 꼭 쓰지 않아도 됩니다. 그런데 저희 제품은 대부분 선수들에게 만족감을 줘서 그런지 그런 문제는 없었어요. 그러다 보면 꼭 후원을 하지 않아도 저희 제품을 찾는 선수의 수가 계속 늘어나는 거죠."

—
Q6 전세계적으로 성장한 모바일 게임과 e스포츠 시장을 보면서 PC와 주변기기 시장의 미래가 불안하다고 느낀 적은 없는가?

"그렇지는 않아요. 모바일 시장이 전세계적으로 커지는 것은 잘 알고 있습니다. 모바일 게임도 마찬가지이죠. 게임으로 분석해 보자면, 모바일 게임은 여전히 조금 더 캐주얼한 유저를 대상으로 한 게임들이 대부분입니다. 그러다 보니 더 많은 대중을 상대로 한 라이트(Light)한 게임을 만들어내죠. 이에 비해 PC 게임 시장은 여전히 캐주얼 유저와 하드코어 유저를 위한 게임이 많습니다. 지금 인기를 끌고 있는 많은 PC 게임들을 생각해 보면, 방대한 규모의 세계관, 모바일에서 구현하기 어려운 사실에 근접한 디테일을 제공함으로써 모바일 게임과의 명확한 차별성을 제공해 주고 있어요. 이런 PC게임은 적절한 장비로 인한 게임 만족도가 뛰어나요.

e스포츠도 마찬가지이죠. 전세계적으로 인기를 끄는 e스포츠는 여전히 거의 PC 게임들입니다. 선수들이 게이머 전용 장비를 통해 극강의 실력을 보여주는 것도 마치 좋은 축구화나 농구화가 필요한 것과 비슷하구요. 그런 면에서는 PC나 주변기기 소비층은 계속 유지될 것이라 봅니다. 모바일 게임도 같이 하긴 하겠지만, 크게 불안감을 느끼지는 않습니다."

___
Q7 지금 실행 중인 연중 마케팅 중 e스포츠의 비중은 얼마나 되는가?

"구체적인 수치를 말씀드릴 수는 없습니다만, 상당 부분을 차지합니다. 리그 후원, 팀 후원을 집중적으로 하고 있고, 후원 권리를 활용해 제품 홍보에 활용하거나 아니면 영상 프로그램 등을 직접 제작하기도 해요. 방송에 유니폼을 입고 노출하는 것도 물론 포함입니다."

___
Q8 지금까지 진행한 e스포츠 관련 프로젝트 중에 가장 기억에 남는 건?

"제게 가장 기억에 남는 프로젝트는 오버워치 국가대표 후원 프로젝트였던 것 같아요. 2016년 오버워치 월드컵이 최초로 진행되면서 저희가 강력한 우승 후보인 대한민국 국가대표 후원을 결정했고, 그 이후 3년 연속 국대 후원을 지속했습니다. 매년 11월에 열리는 블리즈컨에서 월드컵 결승이 열리는데 3월부터 국가대표 발표, 발대식, 친선경기, 광고촬영, 그리고 블리즈컨 현장 촬영 등을 하면서 정말 생동감 있고 지속력 있는 장기 프로젝트를 매년 이어왔던 것 같아요. 이때 제가 스스로도 '이런 게 e스포츠구나'

라는 걸 실감할 정도로 밀접하게 일했고, 또 마케팅 성과도 높았던 프로젝트라 자부했던 것 같습니다.

블리즈컨 현장에 가서 국가대표 경기뿐만이 아니라 블리즈컨이란 행사의 처음과 끝을 직접 경험해 보면서 정말 e스포츠의 정수를 본 것 같아요. 국가대표 선수들이 승리하는 모습을 보며 환호하는 팬들의 모습이 마치 FIFA 월드컵을 보는 것 같았거든요. e스포츠도 스포츠 같다는 생각을 정말 많이 했습니다. 한국팀이 금메달을 따면서 저희도 큰 마케팅 효과를 봤다고 생각해요. 블리자드 코리아 e스포츠팀과 정말 궁합도 잘 맞았고 원하는 것도 서로 이뤄낸 좋은 마케팅의 예였다고 생각합니다."

Q9 원래 게임이나 e스포츠 전문가로서 이 업무를 담당했는가?

"사실 처음에는 3M이라는 외국계 기업에서 의약외품 쪽 소비재용품을 담당해 오랫동안 일했습니다. 수년 간 업무를 하다 보니 새로운 시작이 필요했던 찰나에 로지텍에 자리가 나 입사하게 됐어요. 제가 로지텍에 입사할 때 제가 가진 게임적 지식이 도움이 됐어요. 저는 엄청난 하드코어 게이머는 아니었지만 항상 관심을 가지고 있었거든요. 늘 친구들과 모이면 스타크래프트를 즐기는 사람이었고, 그보다 전에는 리니지나 디아블로를 많이 플레이했었죠.

입사 당시에는 로지텍이 e스포츠 후원은 전혀 하지 않고 있었습니다. 제품군도 사무용품, 음향장비, 화상회의, 게이밍 기어 등 여러 분류가 있었고, 저도 처음에는 모든 제품의 전반적인 마케팅을 담당했죠. 그러다가 시간이 지나며 게이밍 기어 분야로 집중하게 됐습니다. 게이밍 분야는 큰 성장 잠재력이 있음을 직감했었거든요. 그러다 보니 게임과 e스포츠에 대해 점점 공부하게 됐고, 좋은 기회들을 많이 발견하게 된 것 같아요."

Q10 로지텍에 취업하려면 어떤 자격요건이 필요한가?

"신입이냐 경력직이냐에 따라 다르겠죠. 아무래도 경력직은 업무에 대한 정확한 이해도와 경력을 볼 것이구요, 신입의 경우는 다방면으로 검토를 합니다. 많은 젊은 친구들이 게임에 대한 열정, 그리고 게임 지식만 가지고 지원하는 경우가 많은데, 그건 플러스 요인은 되겠지만, 저희 회사가 근본적으로 요구하는 자격요건은 아닐 겁니다.

저희 팀에 들어온다고 해도 e스포츠를 후원하는 것이 업무의 전부는 아닙니다. 저희 회사는 근본적으로 '제품을 팔아 이윤을 남기는' 회사잖아요. PC 주변기기 산업을 이해하는 눈이 있는 사람이 필요해요. 저희 팀으로 조금 더 한정해서 얘기해 보면, 저희 팀은 게임 마케팅 업무와 관련한 지식을 요구하겠죠. 제품 런칭의 과정 등을 이해하고, 최신 트렌드에 민감한 사람을 더 선호하는 경우가 많아요. 거기에 게임과 e스포츠 지식은 덤인 것이죠."

Q11 취업을 준비하는 대학생들에게 조언을 해주자면?

"게임이나 e스포츠에 대해 많이 안다고 모든 것이 다 해결되지는 않습니다. 결국 기업에서 필요한 것은 자신들의 주요 비즈니스를 이해하고 그것에 도움을 줄 사람들이에요. 저희 회사에 관심이 많으신 분이라면, IT지식, 최신 마케팅 트렌드, 그리고 시장 조사 등을 미리 생각하고 고민하고, 그것을 '안다고' 자신하기 위해 끈임없이 노력하시길 부탁드립니다. 그리고 저희 회사는 영어 능력도 필수입니다. 어학 능력도 꾸준히 키우라고 말씀드리고 싶네요."

스포츠마케팅 이론에는 '스포츠의 마케팅', 그리고 '스포츠를 통한 마케팅' 이렇게 두 개의 마케팅 구분이 존재한다. 이 중 두 번째 경우인 '스포츠를 통한 마케팅'은 일반 기업들이 스포츠를 매개로 자신의 본 사업 제품을 마케팅하고자 할 때를 의미한다. 일반 기업이 대회를 후원하거나, 또는 용품사가 선수 후원 등을 통해 자신의 기업 또는 제품을 홍보 마케팅하는 것이 쉬운 예가 될 것이다. 로지텍 같은 PC 주변기기 회사가 e스포츠에 참여하는 것은 'e스포츠를 통한 마케팅'의 좋은 예가 될 것이다. 또는 팀을 소유하고 있는 SK텔레콤 T1, KT롤스터, 진에어 등도 스포츠를 통한 마케팅에 해당되는 케이스일 것이다.

일반 기업이 e스포츠를 통해 마케팅 활동을 하는 예는 아직 완전히 전문화되지 않은 분야이다. 그렇다 보니, 'e스포츠 마케팅'만을 위해 특화되어 있는 포지션은 아직 존재하지 않는다고 봐야 한다. 하지만 이것도 시간 문제가 되지 않을까. 이미 많은 기업들이 e스포츠에 눈독을 들이며, 새로운 디지털 혁명 시대의 광고/마케팅 모델로 생각하고 있다. LCK나 오버워치 리그의 후원사 목록을 한번 살펴보라. 언제가 이런 기업들도 e스포츠 마케팅에 전문화된 인력을 필요로 할 날이 올 것이다. 이 글을 읽는 여러분들도 이런 개념의 차이와 업무의 특성을 충분히 인지하고 미래를 준비했으면 하는 바람이다.

기회는 모두에게 있지만 준비된 자만 잡는다

● 이름 : 우한솔
● 직업 : 부산정보산업진흥원 게임사업부 e스포츠전략팀 선임
● 나이 : 27세
● 경력 : 1년
● 커리어 테크트리
  • 2014(21세) 대학진학(국사학과)
  • 2018(25세) 한화─블리자드 불꽃로드(e스포츠 분야) 선정 미국 트립
  • 2019(26세) 대학 졸업, 대학 내 TESPA(블리자드 대학부 e스포츠) 활동,
    LCK 롤파크 Crew 활동, PUBG Global Championship 2019 STAFF
  • 2020(27세) 부산 정보산업진흥원 입사 − 부산 e스포츠 상설경기장
    운영 담당

최근 중앙정부 그리고 지역의 자치단체에서 가지는 e스포츠에 대한 관심이 상당하다. 2020년 내 완공되는 e스포츠 전용 경기장만 해도 부산, 광주, 대전 3군데이고, 성남도 2022년 완공을 목표로 경기장 건립에 박차를 가하고 있다. 지역의 e스포츠 전용 경기장 건립은 그보다 더 큰 그림의 e스포츠 산업 플랜이 존재함을 의미한다. 산업저변확대, 전문인력 양성, e스포츠를 통한 건전게임문화 정착 등이 목표가 될 것이다.

이는 기존의 서울 및 수도권 중심으로 갖춰진 e스포츠 인프라의 한계를 벗어나고자 하는 움직임이기에 e스포츠 산업의 지역 불균형을 해소하

기 위한 작은 노력의 시발점이라고 본다. 최근 이런 노력에 발맞춰 각 지역의 담당 기관들은 e스포츠 전문인력 영입에 노력하고 있다. 지자체에서 e스포츠 산업을 담당하는 것은 어떤 의미일까? 또 그들이 담당하는 업무는 무엇일까?

e스포츠라면 빼놓을 수 없는 도시가 바로 부산이다. 부산시에서 e스포츠 산업을 총괄하고 있는 기관은 부산정보산업진흥원이다. 그곳에서 최근 업무를 시작한 우한솔 선임을 만나 그의 배경, 취업 경로, 그리고 맡고 있는 업무에 대해 들어보았다.

Q1 어릴 적부터 게임에 아주 관심이 많았다고 들었다. e스포츠와 어떤 인연을 가지고 있나?

"고등학생 때부터 스타리그에 관심이 매우 많았습니다. 당연히 직관도 엄청 다녔죠. 소위 '스덕' 분들을 위한 인터넷 카페를 직접 만들어 운영하기도 했어요. 제 위로 오빠가 있고, 친척 중에도 오빠들이 많아서 어릴 적부터 게임에 많이 친숙했던 것 같아요. 또래 여자애들이 좋아하던 게임보다도 녹스(남성 유저 위주의) 같은 RPG 게임을 많이 했어요. 그러다가 온라인 게임이 대세인 시절에, '바람의 나라', '어둠의 전설', '메이플 스토리' 같은 게임을 정말 많이 했죠. 그때만 해도 게임, 그리고 e스포츠 이런 것을 제 직업과 연관 짓지는 못했습니다. 스타크래프트 e스포츠도 예전과 달리 조금씩 쇠퇴하는 모습을 보여왔어요. 그러다 보니 관심은 떨어져 갔고 대학도 게임과 상관없는 국사학과에 진학했어요."

Q2 그런데 어떤 이유로 e스포츠로 진로를 선택하게 되었나?

"첫 대학생활을 그냥 평범했던 것 같아요. 학업하면서 진로에 대한 고민도 하면서요. 그러다가 2016년도에 오버워치가 출시되면서 제가 다시 게임에 빠지게 된 계기가 생겼습니다. 솔직히 저 지금까지 오버워치만 3천 시간 정도 플레이할 정도 매니아였습니다. 게임 자체가 정말 재밌었고 주변 친구들과 같이 하기에 이보다 좋은 게임이 없더라구요. 그런데 오버워치 e스포츠가 시작되면서 새로운 종목으로 다양화되는 것을 보고는 왠지 가능성이 있다고 느꼈어요.

오버워치 APEX는 정말 제가 본 e스포츠 중에 가히 최고의 리그였다고 생각합니다. 여기서 다시 한번 환희와 열정을 느꼈어요. 2012년 티빙 스타리그를 마지막으로 개인리그가 막을 내렸죠. 사실 스타크래프트 리그가 사라져가는 것을 보고 아쉽고 또 많이 실망해서 한동안 e스포츠나 게임과는 멀어져 있었거든요. 그렇게 저는 다시 오버워치를 통해 e스포츠와 인연이 다시 이어지게 된 것 같아요."

Q3 e스포츠에 대한 열정, 직관 이런 것들이 어떻게 진로와 연결되는지 조금 더 설명 바란다.

"오버워치 APEX를 정말 열심히 챙겨보면서, 2017년에 배틀그라운드(PUBG)가 출시됐어요. 그러면서 또 PUBG e스포츠를 열심히 팔로우하기 시작했죠. e스포츠에 대한 관심이 한 종목에 치우쳐서는 안된다는 생각을 가지고 있었거든. 종목에 구애받아서는 안된다는 의미죠. 그래서 대학 입학 이후 상대적으로 관심을 가지지 않았던 LoL도 약간 공부해야 한다는 의무감으로 다시 찾아봤어요. 막상 플레이하고 LCK도 보니 굉장히 재밌더라구요. 뒤돌아 보니 직업적으로 e스포츠를 대하는데 있어서는 여러 종목의 e스포츠 구조를 완벽히 파악하는 것이 가장 첫 번째로 한 일 같아요."

Q4 e스포츠를 열정적으로 팔로우하는 사람들은 많다. 그것만으로 가능한가?

"맞는 말씀이세요. 저에게도 계기가 되는 모멘텀이 있었습니다. 2018년에 한화그룹에서 '불꽃로드'라는 취업연계형 여행 프로그램에서 'e스포츠' 부문을 처음으로 신설했어요. 그래서 '불꽃로드 e스포츠 원정대'를 뽑는다길래 주저없이 지원했죠. 지원 안 하면 정말 후원할 것 같았어요. 직원분들이 경쟁률이 2,000 : 1 이 넘는다는 이야기도 하시고 해서 웬만한 자격으로 될 수 없다는 건 알고 있었습니다. 그래서 저와 제 친구가 파트너가 되어 차별성을 가지기 위해 정말 열심히 준비했어요.

지원동기뿐만 아니라, 저희를 나타낼 수 있는 일반 포트폴리오에 영상 포트폴리오까지 굉장히 공을 들여 지원서를 작성했어요. 제가 아무래도 어린 시절부터 스타크래프트 e스포츠 팬카페를 직접 운영했던 것도 이때 빛이 나는 듯했습니다. 그 어린 나이에 오프라인 워크샵을 추진하느라 대관도 해보고 했었거든요. 서류는 그렇게 통과를 했고, 그 뒤에 이어진 면접에서도 적극적으로 제가 가지고 있는 e스포츠 산업에 대한 이해와 비전, 그에 따른 계획안을 어필했습니다. 그래서 결국 최종 합격하게 됐죠."

Q5 듣기만 해도 상당히 공을 들인 것 같고, 충분히 뽑힐 만했을 것 같다. 불꽃로드 원정대는 어떤 여행이었는지 궁금하다.

"원정대 여행지는 미국 서부였고, 2018년도 트위치콘(TwitchCon), 블리즈컨(BlizzCon), 블리자드 본사 방문, 블리자드 아레나 방문(히오스 e스포츠 HGC Finals 오프닝 위크 경기 관람), 어바인 주립대학 e스포츠학과 방문 등의 스케줄이었습니다. 트위치콘이나 블리즈컨 같은 미국 최고의 게임 또는 e스포츠 이벤트에 간 것도 영광이었지만, 블리자드 본사 및 경기장과 어바인 주립대학의 e스포츠학과를 탐방하면서 이게 미래다 싶더라구요. 게임사, 플랫폼, 컨텐츠, 스포츠, 학업까지 모든 게 융합된 것이 바로 e스포츠라는 것을 배울 수 있었습니다. 짧은 기간 동안 정말 많은 곳을 방문하고 경험할 수 있었던 최고의 기회였어요. 평생 한번 있는 기회 같은 느낌이 들었죠. 원정대 경험 이후 저는 e스포츠와의 인연이 굉장히 가까워짐을 느꼈던 것 같아요."

Q6 그 이후 어떤 준비를 이어갔나?

"원정대 프로그램 이후 대학을 졸업할 시기가 되었습니다. 2019년 2월 졸업이었는데, 그때 마침 학교에 게임 동아리가 생겼길래 졸업생 신분이지만 가입했습니다. 이후 동아리에서 블리자드 대학생 e스포츠 클럽인 TESPA에 가입을 신청해, TESPA의 지원을 받으면서 동아리나 TESPA 활동을 할 수 있었어요. 반 년 동안 e스포츠 일자리를 알아보며 교내 e스포츠 대회랑 행사 등을 도왔습니다. 그러다가 2019년 LCK 서머와 롤드컵 선발전 단기 아르바이트를 뽑는다는 공고를 보고 바로 지원해 합격했습니다. 이 업무를 통해 롤파크에 직접 가서 일을 하며 대회와 경기장 운영의 기본을 바닥부터 경험했어요. 이 업무는 끝나는 시기가 명확히 정해져 있어서 그 이후 일자리도 틈틈히 알아봤습니다.

그러다가 또 다른 공고를 발견한 거죠. 한 이벤트 전문 회사에서 글로벌 e스포츠 대회 운영 담당자를 뽑고 있었어요. 당시 PUBG의 PGC 2019(PUBG Global Championship 2019)이라는 대회가 미국 오클랜드에서 열릴 것이라는 사실과 11월이라는 개최 시기 때문에 저는 이 공고가 PGC 2019를 위한 직원을 뽑는 공고라는 걸 예상할 수 있었죠. 주저 없이 지원했고, 그때 모든 조건이 잘 맞아 그 프로젝트에 참여해 일하게 됐습니다. 국내에서 2개월, 그리고 미국 로스앤젤레스와 오클랜드에서 1개월, 이렇게 3개월 간 e스포츠 대회 매니지먼트나 운영 업무에 대한 경력을 쌓아나갔어요."

Q7 계획력, 그리고 추진력의 내공이 느껴진다. 지금 담당하는 업무는 어떻게 맡게 되었나?

"PGC 업무를 마치고 한국에 돌아온 게 2019년 12월쯤 되는데 얼마 안 되어 코로나 사태가 터지기 시작하면서 저도 취업에 대한 큰 기대는 하지 않고 공부를 더 하려고 생각하고 있었어요. 근데 검색을 하는 중에 부산정보산업진흥원에서 새롭게 건립하는 '부산 e스포츠 상설경기장'의 운영 담당자 채용공고가 뜬 걸 발견했죠. 근무지가 제가 사는 서울과는 너무 먼 부산이었지만 저는 고민 없이 지원했어요. 어떤 업무를 맡느냐가 지역보다 더 중요했기 때문이죠. 이런 제 열정과 경력사항을 좋게 봐주셨는지 지금의 업무를 맡게 됐습니다. 지금은 곧 개장을 앞둔 경기장 준비에 정신없는 날들을 보내고 있습니다."

Q8 얘기를 듣다 보니 정말 척척 준비해서 딱딱 붙는 스토리의 연속이다. 본인은 어떤게 특별했다고 생각하는가?

"제가 특별한 점이 있다고 말하기보다는, 정말 다른 분들처럼 e스포츠에 대한 애정과 열정이 남달랐던 것은 사실입니다. 그리고 e스포츠를 진로로 정한 이후에는 연봉, 지역, 근무강도 등은 전혀 제한사항으로 정하지 않고 끊임없이 일거리를 찾았죠. 제가 지금까지 경험한 단기 아르바이트나 계약직 등은 누군가는 꺼릴 수도 있는 시작이지만, 제게는 너무 즐거운 하루 하루였어요. 그 경험들이 쌓이니 그것도 경력이 되어버린 것 같습니다. 그리고 한가지 장기를 말하라고 한다면, 저는 '정보검색'에는 정말 자신이 있어요. 취업을 준비할 때도 채용사이트부터 영어, 중국어 등으로 검색을 통해 정보를 최대한 많이 가지고 있었죠. 그게 저의 e스포츠 이해도를 많이 높이고, 또 그 정보를 면접 등에 활용하는 데도 큰 도움이 됐습니다."

Q9 독자들이 많이 궁금해 할 채용 정보 검색 요령 좀 알려준다면?

"시작은 비슷하죠. 사람인, 잡코리아 등의 채용사이트는 물론 게임잡, 미디어잡 등 특수 분야의 사이트도 늘 검색해 봅니다. 그리고 가장 단순하게는 구글링을 통해 'e스포츠 채용'이라는 키워드를 통해 정보를 여러 언어로 검색해 볼 수 있어요. e스포츠 구단에 관심이 많으신 분들을 위한 한 가지 팁을 드리자면, 그 구단의 SNS 채널을 팔로우하다 보면 채용 공고를 심심치 않게 볼 수 있습니다. 구단 입장에서도 SNS를 팔로우하는 사람이 최우선 고려 대상인 것이 맞기도 하고, 그 공고를 통해 뽑는 걸 선호하기도 하거든요. 저와 불꽃로드를 같이 준비했던 친구도 지금은 e스포츠 구단의 SNS 담당자로 근무하고 있답니다."

Q10 커리어 멘토가 있었나?

"업무적으로는 멘토를 찾기는 솔직히 어려웠어요. e스포츠라는 분야의 역사도 짧고 또 외부로 노출되는 사람들의 종류도 캐스터, 선수, 기타 샐럽 위주의 사람들이었기에 그들이 나의 커리어 멘토라고 보기는 어려웠던 것 같네요. 다만, 업무와 관계 없이 한 명을 얘기한다면 정소림 캐스터를 뽑고 싶습니다. 정말 예전 스타리그 때부터 지금 오버워치리그까지 변함없이 캐 스터로서 존재감을 보여주고 있는 정 캐스터가 존경스러워요. 남성 위주의 e스포츠 업계에서 여성 e스포츠인으로서 정말 상징같은 존재세요. 또, 성 별을 떠나서도 정소림 캐스터 정도로 계속 발전하는 모습을 보여주는 사람 이 있을까 싶어요. 신작 게임에 대한 끊임없는 연구, 그리고 최근 변해가는 디지털 플랫폼 위주의 방송문화에 적응하기 위해 계속 노력하는 그 모습을 배우고 싶습니다. 최근에 OGN에서 진행하고 계신 '쏘톡' 같은 프로그램을 볼 때도 항상 대단하시다고 느꼈던 것 같아요."

Q11 e스포츠 취업을 준비하는 취업준비생에게 뭐라고 조언할 것 같은가?

"일단 스티브(필자) 님이 이번에 내시는 이 책을 반드시 읽으라고 얘기하 고 싶네요(웃음) (나도 웃음). e스포츠도 결국 누군가는 쉴 때 보는 컨텐츠 입니다. 마치 스포츠 같은 여가생활처럼요. 평일 저녁, 주말 같은 때 대회 가 있죠. 그 말은 남들이 쉴 때 일하는 경우가 많다는 것입니다. 이 업계에 서 일하고자 한다면 그 정도 희생은 미리 감수해야 해요. 겉으로 보이는 화 려한 부분이 전부가 아니라는 것을 알았으면 합니다. 또한 자신이 진로로 정할 분야가 무엇인지 명확하게 알고 준비하는 게 필요해요. 대부분 사람들이 e스포츠를 좋아하거나 찾아가거나 보기만 하면 되는 줄 착각하는데, 세상에 팬들은 많습니다. 열정과 애정은 어차피 기본 베이스입니다. 그 이상의 계획이 필요하죠.

방송작가, 방송 PD가 되고 싶다면 그를 위한 취업준비를 따로 해야 합니다. 그 말은 아직 대학에 들어가지 않은 사람이라면 관련 학과를 전략적으로 정하는 것도 좋은 것 같아요. 예를 들면 작가라면 국문학과, PD라면 신문방송학과, 구단의 데이터 분석 전문가라면 통계학과 같은 식이죠. 단순한 예이지만 이런 정도의 생각은 해보는 것이 좋다고 합니다."

―――
Q12 지역 자치 단체 소속으로 e스포츠 업무를 한다는 것은 어떤 의미인가?

"일단 정말 의미가 있는 일이라고 한마디로 정리해서 요약하고 싶어요. 저도 서울 출신이라 지역에서 e스포츠 산업을 부흥시키는 일이 어떤 의미인지 그 전에는 몰랐습니다. 서울은 인프라가 좋아 상암에 가면 OGN 스타디움, 강남에 가면 넥슨 아레나, 종로에 가면 롤파크가 있고, 다 한 시간 내외면 닿을 수 있는 거리입니다. 하지만 만약 지방에서 e스포츠 경기들을 관람하고 싶으면 최소 하루 이상을 잡고 비용도 20만 원 정도는 들여야 제대로 관람할 수가 있어요. e스포츠 관람 문화가 지방에도 새롭게 조성된다면 지역 주민을 위한 또 다른 복지가 아닐까요.

부산하면 e스포츠하고 인연이 정말 깊습니다. 부산 자랑을 좀 하자면 서울 다음으로 e스포츠 인프라는 최고라고 자부합니다. 글로벌 시티이자 항구도시의 매력이 있고, 이미 스타크래프트 광안리 10만 신화, 오버워치 런칭 이벤트, 지스타, GC부산 e스포츠팀 등의 컨텐츠로 e스포츠 역사를 써나가고 있죠, 이런 부산에 경기장을 건립하고, 그곳에서 프로/아마추어 e스포츠 대회를 개최하고, 시민들이 관람할 수 있게 한다는 건 참 제게도 의미있는 것 같아요. IT와 CT 산업 진흥을 중심으로 생각하는 부산시에서 e스포츠처럼 성장 가능성이 있는 4차 산업혁명 콘텐츠에 투자하는 것은 너무나 당연하다고 생각합니다. 그 산업을 키우는 일원으로서 무엇보다 역사의 한 획을 그을 부산 e스포츠 상설경기장 조성에 이바지하고 있다는 점에서 자랑스럽게 생각하고 있습니다."

우한솔 선임은 부산시와 함께 준비한 [e팩트] 컨퍼런스를 통해 처음 만나게 됐다. 업무를 진행하면서 오랜 시간이 지나지 않았음에도 그에게 뭔가 범상치 않음이 느껴졌다. 업무 진행 능력, 소통, 이해도 등에서 왠만한 경력직 이상의 내공이 느껴졌기 때문이었다. 이번 책을 준비하면서 속으로 그의 인터뷰를 실어보고자 하는 마음이 들었는데, 직접 얘기를 들어보니 '역시 다를 수밖에 없네'라는 소리가 절로 나오는 스토리들뿐이었다. 미래에 대한 명확한 의지, 그리고 작은 시작을 마다하지 않았던 그의 노력이 핵심이었던 것 같다. 관련 업무에 대한 꾸준한 경력 쌓기를 통해 없앤 '취업에 대한 막연함'들이 그를 점점 강하게 만들었다고 생각한다. 아직 젊다고 볼 수 있는 나이임에도 앞으로 얼마나 더 큰 일을 해낼지에 대한 궁금함이 절로 드는 한국 e스포츠 산업의 미래 에이스처럼 느껴진다.

부산시에서 진행하는 게임/e스포츠 관련 사업에 대한 정보는 부산정보산업진흥원 홈페이지에 가보면 확인해 볼 수 있다. 경기장 사업부터 지역 기반 팀 육성, 콘텐츠 아카데미까지 다양한 사업을 추진 중이다. 이번 인터뷰는 지자체 e스포츠 사업에 대한 소개도 포함되지만, 우한솔 선임의 커리어 빌드업 과정에 조금 더 초점을 맞추고자 했다. 인터뷰 과정을 통해 다시 한번 확인하게 된 몇 가지 핵심 포인트들이 있다.

- 단순한 열정 이상의 준비가 필요하다.
- 화려한 면만 보고 큰 시작만을 고집하기보다 열정을 매개로 작은 시작을 두려워해서는 안된다.
- 아는 것(정보)이 힘이다.
- e스포츠도 취업 분야가 정말 다양함으로 선택과 집중해서 준비가 필요하다.

글을 읽는 독자들도 이 점을 반드시 기억하여 올바른 진로 방향 설정을 할 수 있길 희망한다.

우한솔 이메일 : wsjun23@gmail.com

e스포츠 프로듀싱을 알려면 대회부터
직접 개최해 보라

● 이름 : 권순홍
● 직업 : e스포츠 프로듀서 및 유튜브 컨설팅 전문가(WDG 소속)
● 나이 : 30세
● 경력 : 3년
● 커리어 테크트리
  • 2010(20세) 대학 입학
  • 2012~2013(22~23세) 군대
  • 2014(24세) 캐나다 어학연수 이후 대학 입학
  • 2017(27세) 대학생 유튜버(아실)
  • 2018(28세) 오버워치 오픈 디비전, 오버워치 볼륨업 프로듀싱
  • 2019(29세) 오버워치리그, 하스스톤 그랜드마스터즈 한국어 중계 프로듀싱
  • 2020(30세) 오버워치리그 한국어 중계, 오버워치 일기토, 트위치
    VERSUS (LOL) 프로듀싱

 e스포츠 프로듀서로 3년째 일하고 있는 권순홍 피디의 유튜브 채널명은
아실(Ashil)이다. 그는 캐나다에서 회계학 전공으로 2년의 시간을 보내고
지금은 전공과는 다소 무관한 세상인 e스포츠 업계에서 일하고 있다. 그는
평소 넉넉한 몸집과 무표정한 말투의 툭툭 던지는 개그로 사람들에게 주
목받는 스타일이었다. 나 역시 그의 첫인상을 그렇게 기억하고 있다. 혹시

그의 개그 스타일이 궁금한 사람은 유튜브 WDG 채널에서 '볼륨 업'를 한 번 보시길 권한다.

사실 e스포츠 전문 프로듀서라는 직업은 워낙 특수한 분야이기에, 그 직업이 무엇을 의미하는지 그리고 어떻게 될 수 있는지에 대한 아이디어가 전혀 없다. 단순히 말해, 일반 e스포츠팬들이 유튜브나 트위치 등으로 e스포츠 대회를 시청할 때, 그 방송을 연출하는 사람 정도로 표현하는 게 가장 적당하다. 그렇다고 또 TV 방송국 PD와는 느낌이 많이 다르다.

그보다는 약간 캐주얼하고 가벼운 방송 세팅이지만, 반면에 게임 대회라는 특수성과 공정성이 들어가야 하는 특징이 있다. 이런 역할을 맡는 사람은 대체 뭘 하는 사람일까 궁금해 그와 인터뷰를 시도해 본 것이다.

Q1 캐나다 유학을 다녀온 것으로 알고 있다. 배경이 궁금하다.

"말씀하신 대로 캐나다에서 회계를 2년 정도 공부하다가 한국에 와서 이 일을 한 지 어느새 3년이 됐네요. 처음 인연이 닿은 건 너프디스(심지수, 홍현성)였어요. 저도 '아실'이라는 이름으로 게임 유튜빙을 취미삼아 하고 있었거든요. 그러다 한번 한국에 오게 되서 오프라인으로 처음 너프디스와 만나서 금방 친구가 됐죠. 그리고 한국에 온 김에 당시 너프디스가 네이버 라디오에서 진행하던 '볼륨을 높여라(이후 '볼륨 업'으로 변화)'에 몇 번 출연해 게임 이야기를 편하게 나누고는 했습니다. 그게 이 모든 것의 시작이 됐죠."

Q2 원래 e스포츠가 꿈이었던 것인가?

"전혀 그렇지는 않았어요. 저는 원래 한국에서 대학을 나오고 캐나다로 어학연수를 갔다가 그곳에서 다시 지역사회대학(Community college)에 들어가게 된 케이스였거든요. 2년 과정을 모두 마치고 다시 대학(University)에 편입할 예정이었고, 일할 곳도 정해진 상태였어요. 아버지가 대기업 임원으로 솔직히 부모님의 덕으로 어릴 적부터 많은 것을 누리고 자란 편이었습니다. 지금 생각해 보면 제게 '결핍'이라는 단어가 어릴 때는 많이 부족했던 것 같아요. 돈 개념도 잘 없었구요. 저는 근데 오히려 약간 '괴짜'같이 자라서, 원하는 걸 말해서 얻는 게 아니라 알아서 스스로 해결하는데 익숙한 스타일이었어요. 원래 꿈은 판타지 소설 작가였습니다. 사실 e스포츠와 전혀 무관했죠."

Q3 그런데 왜 여기서 이런 일을 하고 있는가?

"제가 말했듯이 뭔가 늘 동기부여와 추진력이 부족했던 저였는데요. 너프디스 친구들과 WDG 대표님을 만나면서 제 마음이 많이 움직인 것이 있었어요. 바로 기획과 연출이었죠. 당시에 이상기 대표님은 제게 아마추어 e스포츠의 문화를 직접 만들고 싶다고 하셨는데, 저는 그게 왜 그렇게 멋져 보였는지 몰라요. 이전의 e스포츠 방송이 뭔가 하나의 화려한 쇼로서 많은 팬들이 보고 즐길 수 있는 '소비용 문화'였다면, 이 대표님이 가진 비전은 일반 캐주얼 유저들도 즐길 수 있는 '생활형 문화'였던 것 같아요. 생활체육 같은 거 있잖아요. 아직까지 아무도 그런 문화를 정착시키지는 못한 것 같아 제가 그 일을 하고 싶다는 생각이 강했죠. 스토리가 만들어지는 곳, 내 삶을 바꿀 영향력이 있는 일을 할 수 있는 곳에서 일하고 싶은 마음에 도전하게 됐습니다."

Q4 이런 직업이 원하면 그냥 할 수 있는 것인가?

"당연히 아니죠. 저는 심지어 e스포츠를 정확히 이해하지도 못했어요. 그저 프로그램 기획, 제작, 운영 등에 더 관심이 많았고 WDG는 그걸 해줄 사람이 필요했어요. 물론 큰 보수는 기대도 안 했으니까 가능했죠. 전 늘 군대에서부터 이런 생각을 했습니다. 누릴 생각을 안하면 불만도 없어진다. 고된 업무강도, 저임금, 새벽 방송과 주말 근무의 연속이 제게는 큰 문제가 안 됐어요. 주말 내내 오버워치리그 연출 업무를 혼자 할 때도 힘들다는 생각보다는 내가 정말 내것으로 생각하고 문제없이 완수해 보고 싶다는 생각이 더 강했어요. 지금 와서 하는 이야기지만, 저는 누군가 저처럼 동기부여가 약한 사람에게 한 3년 정도는 괴롭히고 더 저를 강하게 키워주길 원했거든요.

근데 이 회사는 저를 처음부터 훈련시설이 아닌 아예 전쟁터로 보내버리더라구요. 다시 말하면 부사수일 줄 알고 강하게 마음 먹었는데 그냥 바로 사수를 하래요. 한국으로 돌아와 업무를 시작하기로 마음을 먹었을 때, WDG 이 대표님이 하루라도 미국에서 빨리 오라고 해서 입국도 빠르게 서둘러 왔거든요. 그때가 2018년에 블리자드와 오픈 디비전 시즌2를 위한 첫 킥오프 미팅 때였습니다. 저 그 날이 입국한 바로 다음날이라 아무 준비 없이 반바지에 슬리퍼 신고 블리자드 미팅 갔어요. 저 기억나시죠?"

Q5 기억난다. 옷차림 보고 미팅 후에 바캉스 가시는 줄 알았다. 근데 왜 굳이 순홍 님이 꼭 필요했던 것인가?

"제가 대단한 사람이어서 스카웃된 느낌은 아니구요. 그냥 너프디스로 시작된 인연, 그리고 젊고 팔팔한 새내기 연출가가 필요했던 대표님, 그리고 뭔가에 쏟아부을 준비가 됐던 제가 딱 맞아 떨어진 거겠죠. 오픈 디비전 같은 대회는 홍보, 모집, 대회 운영이 방송보다 더 중요한 대회죠. 그런 실무를 할 수 있는 젊은 사람은 어차피 흔치 않아요. 그 기회가 저를 잘 찾아왔죠. 그리고 제가 영어를 할 수 있던 점이 많이 필요하셨나 봐요. 블리자드 같은 외국계 회사는 영어 하는 사람이 파트너로 있는 것 자체가 매우 큰 도움이 됩니다. 제가 시간이 흘러 경력이 쌓이면서 지금은 오버워치리그 한국어 중계도 연출하고 있는데, 미국 본사 방송팀과의 실시간 커뮤니케이션은 제가 직접 다 하고 있거든요. 긴 새벽 방송 동안 이것을 위해 블리자드 코리아 직원이 계속 스탠바이하는 것도 비현실적이고, 그렇다고 통역사를 고용하는 것도 어렵잖아요. 저의 지난 경험과 영어 능력이 시간이 지날수록 강점이었던 게 아닌가 생각이 듭니다."

Q6 저임금에 강한 업무시간을 어떻게 쉽게 버티나. 열정페이라고 생각은 해보지 않았나?

"워라밸의 정의는 스스로 다시 해봐야 합니다. 특히 e스포츠 같은 분야는 원하는 사람만 해야지 주 40시간 따지는 업무환경을 원한다면 다른 회사에서 일하는 게 낫습니다. e스포츠같이 시공간의 제약이 일반 오프라인 이벤트보다 적은 종류의 산업은 해외경기 중계나 주말 근무가 많을 수밖에 없어요. 또 한번 경기를 하면 축구, 농구처럼 2시간에 끝나지 않고, 4시간 되는 경우도 많습니다. 스스로 건강관리도 잘해야 해요. 지금 조금 버는 것에 대한 불만을 가지지 말고 내가 목표를 향해 하나라도 더 배운다는 생각을 많이 해야 합니다. 그렇지 못한 사람 중 이미 여러 사람들이 떨어져 나갔어요. 선택은 본인이 하는 거라고 생각합니다."

Q7 그럼에도 불구하고 순홍 님의 역할 같은 걸 해보고 싶은 사람들은 어떤 경력이 필요한가?

"간단합니다. 대회를 어떤 규모이든지 간에 직접 주최해 보시길 강하게 추천합니다. 기획하고, 모집하고, 운영하고, (인터넷)방송하는 이 모든 과정을 해보면 무엇이 하나의 e스포츠인지 그리고 그 연출이라는 역할이 뭔지 정확히 알 수 있을 거에요. 그 후에 판단해 보십시오. 이게 나의 적성인지 아닌지요."

Q8 열심히 대회 만들어 봤다고 치자. 그럼 어디에 이력서를 내야 하나?

"예전처럼 게임 방송국밖에 없던 시절에 비하면 지금은 그래도 그 아래로 뻗어나간 가짓수가 늘어난 것은 사실입니다. e스포츠로 사업을 하는 방송국 밑에 운영 제작업체를 한번 리서치해 보시면 좋을 것 같아요. 또한 디지털 플랫폼에 훨씬 익숙한 e스포츠 스튜디오나 e스포츠 구단 또는 운영팀을 가진 회사들도 다 잠재적으로 지원해 볼 만한 곳이겠죠. 저희 WDG가 단연 최고구요. 거기에 샌드박스(MCN, LCK 샌드박스 게이밍 보유), 롤큐(MCN), 인벤(커뮤니티), e스포츠랩(OGN 대회 운영 파트너사), 라우드G(스틸8과 합병) 같은 회사들도 있습니다.

Q9 앞으로 꿈이 무엇인가?

"저도 제 꿈을 찾는 중입니다. 가장 최근에 맡은 '오버워치 일등만 기억하는 토너먼트'가 제 입장에서는 지금까지 기획과 연출한 프로그램 중에서는 가장 컸는데요. 여러 스트리머들을 섭외하고 조율하면서 많이 힘들었지만, 그만큼 많이 배웠던 것 같아요. 저는 이렇게 컨텐츠를 만드는 일을 더 하고 싶어요. 이런 하고 싶은 일들을 하다보면 제 스스로를 찾을 수 있을 것 같아요. e스포츠를 처음에 관찰해 봤을 때는, 무조건 쓰기만 하는 비즈니스인데 여기서 어떻게 수익모델이 나오는지 궁금했어요. 근데 1년, 2년 시간이 지나며 보니 확실히 산업이 커지는 만큼 사업 기회가 생기고 비즈니스 모델이 보이더라구요. 저도 그런 돈 되는 e스포츠 신사업에 한번 기여해서 기회를 발견해 보고 싶어요."

'아실' 권순홍 님이 말하는 e스포츠 프로듀싱의 간단명료한 정의는 다음과 같았다.

e스포츠 프로듀싱이란, 그 대회가 처음 기획되었을 때의 목적에 맞게 결과를 만들어 내는 것이다. 프로 대회, 프로 양성 대회, 참여유저 만족 대회, 엔터테인먼트 대회 등 목적 지향적으로 대회를 구분하면 그 방향이 보인다는 것이다. 방향만 잘 맞으면, 그 이후 필요한 건 경험과 신속한 조치 능력이라고 한다. 듣고보니 고개를 끄덕일 만한 호쾌한 정의이다. 목적에 맞게 기획하고 실행하는 것이 가장 어렵다. 자고로 프로듀서라 하면 그런 능력이 있거나, 그런 일을 하는 것이 적성에 맞는 사람이 해야 하지 않을까 싶다. 그가 툭툭 던지는 촌철살인의 말들은 내게도 많은 걸 깨닫게 했다. 늘 멋진 직장에서 좋은 연봉과 함께 화려한 출발을 원했던 내 지난 날을 뒤돌아 보게 만들었다. 내게 25세로 돌아가 보라고 한다면 나는 어떤 계획들을 짜고 있을까. 2020년 이후의 커리어 개발 문화는 또 과거와는 개념적으로

많이 다른 것 같다. 아직 많은 이들이 정복하지 못한 e스포츠 프로듀싱 분야 같은 곳은 황무지 같아 보일 수 있다. 하지만 사실 충분한 시간과 투자의 마음을 가지고 도전한다면 땅 밑에 묻힌 황금이 나올 수 있는 노다지가 될 수 있을 것이다.

권순홍 이메일 : pinkhong91@gmail.com

인터뷰#11 e스포츠 창업

미생(未生)들을 위한 e스포츠 종합상사 사장님

- 이름 : 송광준
- 직업 : 빅픽처 인터렉티브 CEO
- 나이 : 31세
- 커리어 테크트리
  - 2015(26세) 게임코치(Game Coach) 창업, K글로벌 스타트업 최우수상
  - 2016(27세) 중국 CBN 주최 'The Next Unicorn' 세계 41대 스타트업 선정
  - 2017(28세) '빅픽처 인터렉티브'로 사명 교체, 팀 엘리먼트 미스틱 창단(오버워치)
  - 2018(29세) '2018 세계기업가정신 주간 행사' 청년기업인 표창장 수상
  - 2019(30세) e스포츠 플랫폼 레벨업지지(LVUP.GG) 서비스 시작, 100억 규모 시리즈B 투자 유치, 팀 엘리먼트 미스틱 LoL 팀 / PUBG팀 창단

2017년 어느 날 혜성같이 등장해 모든 오버워치 e스포츠 구단들을 긴장시킨 한 팀이 있었다. 그들의 이름은 '엘리먼트 미스틱'. e스포츠로 학원 교육사업을 하는 게임코치(Game Coach)라는 회사에서 만든 팀이라고 들었다. 단순히 학원 학생들 중 잘하는 친구들의 모임이라고만 생각했던 이 팀은 거의 대부분의 대회들을 휩쓸기 시작했다. 그리고 그들이 보유한 선수들과 코치진은 오버워치리그로 진출하기 시작했다. 시간이 지나며 그 미스테리한 구단과 소속 회사에 대해 알아갈수록 신기함과 궁금증이 교차하는

신기한 기업이었다. 학원 사업으로 시작해 구단 사업에 뛰어들더니 어느날은 갑자기 대회 전용 플랫폼을 만들었다는 것이다. 그리고 얼마 지나지 않아 경기장이 포함된 e스포츠 제작 스튜디오까지 오픈했다. LCK 프랜차이즈 진출 계획, 그리고 계속 들려오는 투자 소식과 인수 소식들을 들으며 이 회사의 정체를 파악하기 위해 대표를 만나보고 싶다는 생각을 했다. e스포츠로 도대체 어떤 '빅픽처'를 그리고 있는 것일까. 정말 참신하고 무서운 기업이라는 생각이 들었다. 어렵게 '빅픽처 인터렉티브'의 송광준 대표를 만나 직접 그의 사업 이야기를 들어보았다.

___
Q1 빅피처 인터렉티브, 도대체 정체가 무엇인가?

"(웃음)뭐라고 표현해야 할까요. 게이머를 행복하게 하기 위한 모든 것을 하는 'e스포츠 종합상사' 정도가 아닐까 합니다. 게임을 좋아하는 사람들을 위해 뭔가 사업을 하고 싶었어요. 게임을 좋아하고 잘하고 싶어하는 친구들에게 도움을 주자, 프로게이머가 되고 싶은 친구들에게 길을 터주자, 대회도 만들고, 참여하고, 방송도 하고 싶은 친구들에게 방향을 제시해 주고 싶었죠. 그러다 보니 여기까지 오게 됐네요. 저희 회사의 사훈이라 부를 수 있는 '마음가짐 10가지' 항목이 있습니다. 그중 1번이 '게이머를 행복하게 하기 위한 모든 것을 상상하라!'입니다."

___
Q2 첫 시작은 학원 사업이었다. 창업 당시 생각했던 그림과 현실은 어땠나?

"학원 사업부터 시작한 동기를 말씀 드릴게요. 제가 사실 어릴 적부터 게임을 너무 좋아했는데 문제는 게임을 '잘' 하지는 못했습니다. 그래서 잘하고 싶어 잘할 수 있는 곳을 찾아 봤는데 가르쳐 주는 곳이 없는 거예요. 그래서 학원을 창업하게 된 겁니다. 또 한가지 동기가 있었죠. 보통 게임을 좋아하면 프로게이머를 좋아하게 마련이죠. 축구를 좋아하면 메시나 호날두를 좋아하듯이요. 그런데 대한민국 프로게이머 분들이 은퇴하고 갈 곳이 없어 개인 방송에서 먹방까지 하는 모습을 보면서 정말 아쉬웠어요. 한때 나의 영웅이던 분들이 e스포츠로 미래를 꾸릴 수 없는 생태계가 맞는 건가라는 생각이 들었죠. 그래서 은퇴한 선수들도 다시 뭔가 자신의 능력을 기여할 수 있는 곳을 만들자고 생각했어요. 그래서 그분들을 강사로 모시기 시작했죠.

처음에는 LoL 티어를 올리는 조그만 동영상 강의 사이트로 시작했습니다. 신기하게도 오픈하자마자 다음 날 바로 누가 등록을 하더라구요. 그런데 매출 규모가 너무 작았어요. 한 번 강의가 1,200원이었거든요. 그러니 회사를 운영하기에는 부족한 수익이었죠. 하지만 아이디어가 통한다는 자신감이 생겨서 여러 군데 창업 프로그램에 지원을 시작했습니다. K글로벌이라는 프로그램에서 최우수상을 따면서 7천만 원, 그리고 뉴욕 투자사 DEV로부터 2만불, 이렇게 총 1억여 원을 지원받아 시드머니로 학원을 차리게 됐어요. 그게 바로 '게임 코치'의 시작입니다."

Q3 현재 사업모델은 무엇인가?

"현재는 많이 다양화되어 있긴 하지만, 가장 단순명료하게 표현한다면, '플랫폼을 중심으로 대회와 교육이 주가 되는 사업'을 펼치고 있습니다. 제가 여기서 말하는 플랫폼은 레벨업지지이구요. 이 사이트를 통해 현재 수

많은 대회들이 열리고 있어요. 게임사에서 의뢰를 한 대회도 있고, 저희가 직접 유치하는 대회도 있죠. 얼마 전 연고전 e스포츠 대회를 유치하기도 했습니다. 또는 PUBG에서 스크림 잡기 어려운 사람들을 위해 오픈 스크림 대회를 열어 주는 기능도 있어요.

이렇게 대회로 모인 사람들에게 교육까지 제공하고자 하는 목표가 있습니다. 원래는 오프라인 학원이지만 온라인으로도 충분히 게임 코칭 교육이 가능한 수준까지 올라와 있어 곧 선보일 계획이에요."

Q4 엘리먼트 미스틱이란 이름으로 세 종목의 팀을 운영하고 있다. 성과를 보고 있다고 보는가?

"성과의 기준이 뭐냐에 따라 대답이 조금 달라질 것 같긴 합니다. 저희의 비전대로 '게이머를 행복하게 해주고 있는가'라고 물어보신다면, 자신 있게 그렇다고 이야기할 수 있을 것 같구요. 하지만 게이머들이 우리 팀을 보고 충분히 즐거워하는가라고 묻는다면, 사실 많은 1부리그 팀에 비해서는 많이 부족하다고 생각해요. 아무래도 e스포츠도 인지도와 뛸 수 있는 리그의 수준에서 오는 차이가 있으니까요. 그 부분은 저희가 약한 것이 사실입니다. 단, 저희 게임 아카데미와 연결지어 본다면 충분히 성과가 있죠. 게임을 열심히 연습한 친구들이 프로가 될 수 있는 기회가 되고, 또 좋은 성과를 낸 후 해외로 진출까지 하게 됐으니까요. 저희 엘리먼트 미스틱 오버워치팀이 아주 좋은 예라고 말씀드릴 수 있습니다. 한국 컨텐더스에서 우승도 많이 하고 많은 선수, 코치 분들이 오버워치리그로 진출하셨거든요."

Q5 'e스포츠'라는 아이템으로 창업을 하는 것 자체가 어렵게 느껴진다. 창업을 하게 된 계기는?

"제가 군대에 있을 때 '나는 왜 사는가'라는 고민을 진지하게 많이 했습니다. 그래서 내린 결론이, 열 가지의 버킷 리스트를 적어두고 그걸 다 이루면 죽어도 여한이 없다고 생각했죠. 제일 처음에 한 것이 바로 자전거 무전여행이었습니다. 전국을 일주하며 TV프로그램 이름마냥 '한끼줍쇼'를 매일 실천했죠. 참 뻔뻔했는데 식당에서 한번도 퇴짜 맞아본 적이 없었어요. 그때 생존의 법칙을 좀 배운 것 같기도 합니다.

그 후 두 번째로 적은 것이 세계여행이었죠. 약 7개월 간 세상을 돌아다녔습니다. 관찰자의 입장으로 세상을 여행하면서 느낀 것이, 제가 살아온 삶이 참 의미가 없다라는 사실이었어요. 뒤돌아 보니 저는 이 세상에 기여를 해온 것이 하나도 없는 사람이었던 거예요. 그래서 다짐했죠. 앞으로는 세상에 기여를 하면서 살고 싶다. 그리고 세 번째로 적은 것이 '사업으로 매출 1억 원 내보기'였습니다.

게임 코치 이전에도 대학교 다니면서 창업 연습은 많이 했었어요. EIC라는 전경련 대학생연합 경제 · 경영 동아리가 있었는데 제가 총회장을 한 적이 있었습니다. 그때 100여 명 되는 회원들 데리고 MT 한번 가기가 어렵더군요. 그래서 그 불편함에서 착안한 'MT추천'이라는 서비스로 창업을 하고 월 매출 7백만 원을 만든 적도 있어요. 그러다 2014년 KOTRA에서 실리콘밸리 창업 교육을 보내줘서 교육을 받았던 적이 있는데, 그때 배운 것 중 하나가 '네가 좋아하던 것을 하라'였습니다. 저는 WOW, 디아블로, 롤같이 정말 많은 게임을 좋아했어요. 그래서 '게임'을 창업 아이템으로 고르는 것은 당연했던 것 같아요."

Q6 창업과 기업 운영과정을 통해 느낀 e스포츠의 미래, 그리고 주변 산업의 미래는?

"소프트 뱅크의 손정의 회장은 늘 300년 계획을 세우라고 한다고 합니다. 어렵게 생각할 것 없이 300년 전으로 돌아가 현재와의 모습을 비교해 보면 된다고 했어요. e스포츠도 같죠. 과거 모든 것을 바닥부터 열악하게 시작했던 e스포츠의 모습을 생각해 보면 지금의 모습은 정말 많이 발전했다고 생각합니다. 또 그 속도를 생각해 보면 미래에도 지금 이상으로 발전할 것이라 봅니다. 결국 기술의 발전이 따라올 것이기 때문에 e스포츠도 같이 발전하게 될 거에요. 오프라인에서 즐기던 것을 가상의 세계로 즐기는 것이 이미 많이 일반화됐죠. VR/AR 등이 발전하면서 새로운 e스포츠 영역으로 확장될 수밖에 없다고 생각합니다.

e스포츠 주변 산업을 얘기해 본다면, 현재 시점에서 게임사를 제외하고 그 주변인들은 이득을 많이 못 보고 있다고 생각합니다. 하지만 계속 변해가고 있다고 생각해요. 프랜차이즈의 움직임이나 시장인식의 진화 등이 새 시대를 불러와 더 많은 성공 기회를 창출해줄 것이라 믿습니다. 또 새로운 게임의 등장은 언제나 새로운 기회를 만들거니까요."

Q7 젊은 세대들의 e스포츠 창업, 어디서부터 시작해야 한다고 보는가?

"가장 중요한 건 '본인이 좋아해야 합니다.' 사실 그걸로도 부족해요. 거의 미쳐 있어야 합니다. 창업자의 마인드로는 당연한 이야기겠죠. 특히 e스포츠로 창업의 길을 걷고 싶다면 거의 개척자의 마음가짐이 필요합니다. 지금까지 대한민국에서 e스포츠 사업으로 연 매출 1천억 원 이상 이루면서 중견기업 이상으로 성공한 사례가 없다고 판단합니다. 성공의 모델이 없는 가운데, 우리 모두 개척자의 마음으로 어려움을 뚫고 사업 모델을 꾸준히 밀어붙일 수 있는 끈기가 필요할 것 같아요. 단순히 좋아하는 것 이상의 것이 필요합니다."

Q8 앞으로 이루고자 하는 성장 방향은?

"저희 플랫폼에서 사람들이 다양한 대회를 만들고, 대회에 참여하고, 또 게임을 배우면서 커뮤니티로서 게임을 즐기게 만들고 싶습니다. 그 믿음을 잃지 않고 한걸음 한걸음 걸어가고 있다고 생각합니다. 그러다 보니 게이머 발굴부터 교육, 프로 데뷔, 콘텐츠 제작 및 유통 등을 아우르고 있고, 작년 하반기에는 쇼 비즈 프로모션 전문업체인 엠스톰도 인수했습니다. e스포츠를 통해 10~30 팬덤을 모으고 영화, 음악까지 영역을 확장해 결국 게이머를 위한 엔터테인먼트 기업이 되는 것이 궁극적인 목표입니다. 앞으로 잘 지켜봐 주십시오."

본인은 싫어하는 표현일 수 있겠지만, 송광준은 '젊은 창업자'이다. 도대체 저 나이에 저런 생각과 추진력은 어디서 나오는 것인지 개인적으로 멋지다고 생각할 때가 많았다. e스포츠가 뜬다고 그렇게 사람들이 떠들어 댈때, 대부분의 사람들은 좋은 게임회사에 취직해서 이 세계의 일원이 되자라고 생각했을 것이다. 하지만 창업자들은 기본 생각부터 다른 것 같다. 그가 생각한 '게임과 교육의 콜라보'는 분명 사람들이 돈을 기꺼이 지불할 만한 서비스였다. 그만큼 게임은 이제 우리 생활에 깊숙이 스며 들어와 있었던 것이다.

그렇게 선구자적인 모델을 만들자마자 그 후에 여러 비슷한 유사업종들이 생겨나기도 했다. 그만큼 그의 보는 눈은 정확했다는 것이다. 그는 그가 그리던 e스포츠 전문기업의 빅 픽처가 이번 LCK 프랜차이즈 심사에서 탈락하며 조금은 원래 계획대로 되지 않았다고 고백했다. 하지만 그의 대답은 실망이라기보다는, 빠른 사태 파악과 다음 계획을 위한 전진처럼 느껴졌다. 인터뷰 내내 그가 내게 말해주는 단어 하나 하나는 단순한 스타트업 CEO의 그럴 듯한 다짐의 수준을 넘어, 글로벌로 성장할 수 있는 넥스트 유니콘 기업의 비전으로 들렸다. 감히 표현하건대 그의 사업은 계속 꾸준히 성장해 대한민국을 대표하는 e스포츠 기업이 될 것이다. 앞으로 옆에서 계속 응원하며 빅 픽처의 큰 그림을 지켜보겠다.

송광준 이메일 : skj901025@naver.com

e스포츠와 라이브 스트리밍, '트윕'과 '트게더'의
창시자 EJN 박찬제 대표

게임 개발자에서 스트리머 커뮤니티 개발자로
트위치 코리아의 지역 사업 어려움을 도와주며 큰 사업 기회를 발견해
시청 채널과 제작 환경의 변화로 누구나 방송을 할 수 있는 시대임을 포착 라이브
스트리밍의 시대와 아마추어 e스포츠와의 교차점 발견해 배틀독 개발

'누구나 쉽게 팬들과 소통할 수 있도록 돕자'
'누구나 쉽게 e스포츠 대회를 만들 수 있도록 돕자'

박찬제 대표가 가장 먼저 얘기한 서비스 개발 의도이다. 트윕(Twip)은 트위치 스트리머를 위한 오버레이 도구이자 후원 플랫폼이다. 트위치를 즐기는 층이라면 누구나 쉽게 알아들을 수 있을 것이다. 예를 들어 내가 팔로우하는 스트리머에게 후원을 하고 상호 커뮤니케이션을 하고 싶을 때, 텍스트는 물론, 짧은 영상, 목소리 등을 통해 라이브 스트리밍 화면에 자신의 메시지를 보내는 도구가 바로 트윕이다. 이 트윕의 도입 이전과 이후를 비교해 보면, 커뮤니케이션과 트윕을 통한 컨텐츠의 양이 얼마나 늘어났는지 확인할 수 있었다고 한다.

트게더(Tgd)는 트위치 시청자를 위한 스트리머 커뮤니티이다. 월간 방문자는 약 270만 명 정도 된다고 하니 그 사용빈도가 얼마나 높은지 알 수 있다. 스트리밍을 하는 누구나 자신을 좋아해 주는 팬들과의 소통 창구가 필요하다. 일일이 네이버 카페 등을 만들 필요 없이 트위치와 연동된 '트게더'를 통해 쉽게 자신의 전용 커뮤니티 페이지를 만들고 팬들과 소통할 수 있게 해주었다. 그를 통해 수많은 사람들이 트게더를 통해 연결되기 시작했다.

배틀독(battle.dog)은 누구든지 쉽게 대회를 만들 수 있는 대회 전용 플랫폼이다. 회원 가입만 하면 누구나 대회를 만들고 진행할 수 있다. 배틀독을 통해 만들어진 대회들은 클릭 몇 번으로 참여가 가능하고, 경기를 치른 후 그 결과를 입력하면 누구든지 그 정보를 손쉽게 볼 수 있다. 이런 편리함을 제공하여 프로부터 아마추어 대회까지 커버할 수 있는 플랫폼을 만들어낸 것이다.

이 세 가지 핵심 서비스를 만들어 낸 회사가 바로 EJN이다. 박찬제 대표는 이 회사의 대표이자 개발자이다. 부산 출신으로 어릴 적부터 게임을 개발하며 흥미를 느끼던 그는 우연한 기회에 트위치와 인연이 되어 트윕이라는 기능을 개발하게 됐다. 그의 스트리밍과 e스포츠 관련 창업 스토리는 e스포츠 산업의 성장이 낳은 매우 좋은 예이다. 그런 의미에서 박찬제 대표와 함께한 e팩트 3회차는 e스포츠 산업이 향후 얼마나 좀 더 세분화되어

진화할 수 있는지를 예측해 볼 수 있는 좋은 기회였다.

앞서 소개한 대로 박찬제 대표는 트윕과 트게더를 통해 스트리머가 수익화를 할 수 있는 통로를 개발해 주며 사업을 성장시켰다. 라이브 스트리밍이 이미 대세가 되버린 상황에서 트위치 같은 거대 플랫폼의 후원 도구를 개발했다는 점은 정말 그에게 큰 터닝포인트였다.

그의 발표를 들으며 느낀 사업 성공의 포인트가 있었다. 바로, '연결과 수익화 도구 제공'이었다.

라이브 스트리밍은 이제 시대의 대세이다. 모든 이들이 라이브 스트리밍에 익숙해져 있다. 스트리머와 시청자를 '연결'하는 채널은 당연히 유튜브, 트위치 같은 디지털 플랫폼이다. 트위치의 한국 진출 초기에 한가지 불편했던 사항이 바로 스트리머를 편리하게 후원할 수 있는 도구의 부재였다. 박 대표는 트위치 스트리머들이 수익화에 중요하게 여기는 '후원'을 편리하게 할 수 있는 도구인 트윕을 개발해 제공했다.

e스포츠도 마찬가지다. 그는 발표를 통해 '롤드컵'과 '자낳대'의 비교를 예로 들며 시대의 변화를 설명했다. 롤드컵처럼 전세계적으로 인기 있는 프로그램은 그만큼의 비용이 들어간다. 반면 인벤이 기획한 LoL 스트리머 대회인 '자낳대'는 전례없는 큰 흥행을 거두었다. 생방송의 시청자 수가 수만 명을 쉽게 넘으며 많은 이들을 놀라게 했다. 수십억을 들인 대회도 국내에서 1만 명 동시 시청자를 넘기기 어려운 경우가 많은데, '자낳대'가 보여준 가성비를 생각해 본다면 말도 안되는 성공을 거두는 콘텐츠였다. 결국 성공의 비결은 높은 제작 비용이 아닌, 채널의 높은 접근성과 재밌는 스토리라는 것이 그의 설명이다. 박 대표는 바로 여기에서 연결과 수익화 도구를 다시 한번 제공하고자 한다.

e스포츠 대회는 결국 수익화가 가능해야 한다. 프로대회이든 아마추어

대회이든 수익화가 확
보되어야 지속적으로
대회를 열 수 있다.
EJN이 개발한 배틀독
은 누구든지 쉽게 대
회를 만들 수 있게 해

준다(연결). 또 스폰서십이나 광고가 주를 이루는 e스포츠대회 수익모델을
고려, 광고주들에게는 e스포츠 광고 효과를 측정해 전달해 주고 누가 이 콘
텐츠를 좋아하고 호응하는지를 리포트화해 제공하려고 준비 중이다. 이런
자료는 대회 주최자로 하여금 대회를 통한 수익화를 돕는 것은 당연하다.
그리고 익스텐션 도구(예: 방송 중 화면 옆을 클릭하면 확장되어 보이는 인
터렉션 가능 이벤트 도구)를 통해 라이브 스트리밍 간, 시청자들이 광고주
의 제품에 더욱 노출될 수 있게 만들어준다.

그와 얘기를 나누는 동안, 그가 말하고자 하는 창업, 성장, 그리고 미래
에 대한 이야기가 얼마나 무궁무진한지 느낄 수 있었다. 누구나 시대의 변
화를 느끼고 있겠지만 그를 활용해 사업의 기회를 포착하는 사람들은 많지
않다. 특히 젊은 개발자이자 창업자인 박찬제 대표는 시대의 변화를 가장
전면에서 지켜보면서, 과연 그런 것이 될까 싶었던 생각을 현실화시킨 것
이다. 누군가 창업을 이런 식으로 표현한 적이 있다. '창업이라는 것은 흐
르는 물에 배를 띄우는 것과 같다.' 사업은 '남들이 할 것'이라고 생각하는
아이템을 만드는 것이 아니라, 시대가 흘러가는 방향으로 자기의 사업 아
이템을 맞추면 된다는 것이다. '라이브 스트리밍'이라는 거대한 급류에 배
를 띄운 그의 사업이 앞으로 순항하는 것은 당연한 것이 아닐까 싶다. EJN
의 더 큰 성공을 의심치 않는다.

e 스포츠 마케팅 쪼개기

제 3 장

어떻게, 스티브는 e스포츠를 정복해 나가고 있는가?

| ▶ |

#Steverino3976, 내 배틀넷 아이디이다. 디지털 세상의 아이디는 현실 세계의 나와는 또 다른 자아이자 아이덴티티이다. 나는 이제 디지털 세상과 오프라인 세상을 넘나들며 e스포츠 세상을 몸소 경험 중이다. 수많은 실패 끝에 e스포츠 세계로 건너온 나의 도전과 정복의 이야기를 담아 보았다. 오버워치로 시작해 블리자드 아시아-태평양 e스포츠 총괄까지 이어졌던 나의 여정에는 종목사의 위대함, 게임의 수명, e스포츠의 성공과 실패, 그리고 미래를 엿볼 수 있는 역사의 기록들이 가득 담겨져 있다.

2013년, e스포츠가
처음 눈에 들어왔을 때

e스포츠와 나와의 인연을 얘기하려면 잠시 한참 과거로 여행을 떠나야 한다. 게임과 e스포츠라면 옆 나라 기사 정도로만 접해왔던 내가 어떻게 이 디지털 세계로 입문하게 된 걸까.

때는 2013년, 스포츠마케팅 에이전시 IMG에서 열심히 골프팀 대리로 일하고 있을 당시였던 것 같다. 내가 대학교 시절에 게임과 e스포츠에 빠져 살았던 게 맞다. 전국민이 사랑한다 해도 무방했던 스타크래프트와 대표 e스포츠인 스타리그. 내 20대 초반 중 많은 부분을 차지한 이 두 녀석 때문인지, 내게 게임은 그렇게 멀게만 느껴지지는 않았다. 다만 군대를 다녀오고 취업을 걱정하기 시작하면서 게임과 e스포츠는 취미 이상도 이하도 아닌 존재였을 뿐이다. 특히 26살의 나이에 미국으로 건너간 이후 약 5년 넘게 게임과는 담을 쌓았기에 e스포츠는 그냥 가끔 챙겨보는 뉴스 정도였다. 나는 또 내가 그토록 원했던 스포츠마케팅 산업에서 열심히 근무 중이었이었기에 큰 불만도 없었다.

그러던 어느 날 라이엇 게임즈의 LoL이란 게임이 눈에 들어오게 됐다. 게임의 인기가 날로 높아짐을 알게 됐고 방송을 통해 우연히 본 대회의 모습이 흡사 2000년대 초 스타리그를 보는 듯한 느낌이었다. 그리고 어느 날

나는 라이엇 게임즈 홈페이지에서 'e스포츠 매니저' 모집 공고를 보게 된다. 회사생활을 해본 사람은 잘 알겠지만, 한두 해 업무 사이클이 돌아가면 안정감이 들기 시작하고, 그동안은 안 보였던 불만족스러운 면이 눈에 보이기 시작한다. 당시 나이 서른세 살, 연봉도 3~4천 사이의 스포츠마케팅 늦은 초보였던 나는 마음이 조급했던 것 같다. 그러다 보니 뭔가 불만족스럽고 더 빠르게 앞으로 치고 나가고 싶은 마음만 앞섰던 면도 있었다. 그래서 그런지 같은 업무로 2년 정도 지난 후 뭔가 정체된 느낌을 받았을 그때, e스포츠로의 이직은 매우 매력적으로 다가왔다. 게임회사는 곧 돈 많은 회사 또는 자유로운 분위기라는 막연한 느낌 정도를 가지고 말이다.

이력서를 부리나케 준비해 해당 포지션에 지원하고, 운 좋게 면접까지 가게 됐다. 드디어 라이엇 게임즈와의 첫 만남이 이뤄진 것이다. 당시 라이엇 게임즈는 신사역 근처의 한 건물 고층에 위치해 있었다. 설레는 마음으로 엘리베이터를 타고 올라갔다. 게임 회사라 그런지 로비부터 뭔가 달랐던 기억이 있다. 마치 스튜디오같이 어두운 배색에 붉게 빛나고 있던 라이엇 게임즈 로고가 나를 맞아 주었다. 로비 안에는 카페테리아, 레고 놀이터, 푸스볼 등이 놓여 있어 딱 봐도 뭔가 달랐다.

면접 당시로 다시 돌아가 솔직한 마음을 이야기해 보면, 사실 난 크게 자신이 없었다. 회사에 대해 아는 것이라고는 거의 없었고, LoL도 한 몇 판 해보고 면접 본 것이 다였으니까. 정말 말 그대로 '그냥 한번 가보자'였다 (독자들은 절대 그러지 않길 당부한다. 기회는 자주 오는 것이 아니다). 당시 면접관은 인사팀 분이었던 것 같은데, 이마저도 정확히 기억이 나질 않는다. 아주 당연한 이야기지만, 결과적으로 그날 짧은 면접 이후 나에게 어떤 연락도 오지 않았다. 지금 생각해 보면 많이 창피하다. 면접관 분에게도 죄송하고 나로 인해 한 명이라도 면접 기회를 얻지 못했다면 그 분의 기회를 빼앗은 것까지도 미안함을 느낀다.

그렇게 내 첫 인연은 끝이 났지만 지금 생각해 보면 그때 가졌던 몇 가지 느낌은 아직도 기억에 남는다.

첫째, 게임회사는 이런 느낌이구나. 외관에서부터 풍겨나오는 참신함, 쿨함, 외국계 게임회사에서 나오는 아우라가 이런 것인가라는 마음이 많이 들었다. 스포츠마케팅도 화려함에서는 뒤지지 않는다고 생각했는데, 게임 세상은 뭔가 다른 차원이라고 느껴졌다.

둘째, 한번 일해보고는 싶은데, 내가 과연 뽑힐 수 있을까. 이미 실패한 사람의 마음가짐인 것 같지만, 솔직하게 말해 내가 고용주의 입장이라도 나를 뽑을 이유를 딱히 찾지 못했다. 가장 큰 이유는 오랜 기간 게임을 하지 않은 사람일 뿐더러 게임업계를 잘 모른다는 사실 때문일 것이다.

셋째, 준비되지 못한 내가 너무 부끄러웠다. 뽑히고 싶은 열정은 오랜 기간 게임을 하지 않았더라도 여러 방면에서 티가 난다. 게임을 할 수 있는 만큼 플레이해서 종목에 대한 기본 이해 정도는 한다든지, 또는 관련 컨텐츠를 전부 모아 공부한다든지 기본적인 성의는 있어야 했다.

누구에게나 기회는 온다. 그 기회가 왔을 때 잡을 수 있는지가 문제다. 나는 그 당시 그 기회를 보기 좋게 차버렸다. '나는 게임도 안 하는데', '나는 스포츠산업 전문인데 어떻게 e스포츠를 할 수 있겠어', '내가 하는 일이 뭔지도 잘 모르니 일단 가서 만나보자' 이런 마음가짐으로 어떻게 취업이 가능했겠는가. 당시는 스포츠산업에 취업한 지 약 2년밖에 되지 않았다. 그래서인지 내가 분야를 바꿔야 하는가에 대한 진지함이 없었다. 그냥 조금 더 낳은 여건과 연봉을 생각했는지 모른다.

그 날의 기억을 계기로 나는 오히려 전통 스포츠마케팅에서 더욱 큰 전문가가 되어야겠다고 다짐했던 기억이 난다. 2013년만 해도 e스포츠 산업의 직업군들이 그렇게 세분화되고 전문화된 시장이라고 보기 어려운 때였다. 게임사 직원, 방송사, 캐스터, 코칭스태프, 그리고 프로게이머. 이 정도만 단순하게 알고 있으니 어떤 다른 직업이 머리에 떠오르지 않았다. 그러다 보니 내게 상관 있을 법한 직업은 '게임사 직원'밖에 없다고 생각했던 것 같다.

지금에 와서 느끼는 것이긴 하지만, 사실 e스포츠 산업의 진일보는 2015년을 전후로 한번 더 이뤄졌다고 생각한다. 특히 글로벌 대작이 점차 쏟아져 나오던 그때가 정말 어떤 한 단계의 큰 진보를 해나갔다고 믿는다. 하스스톤(2014), 히어로즈오브더스톰(2015), 오버워치(2016), 배틀그라운드(2017) 등 글로벌 대작 게임들이 연달아 출시되고, 또 e스포츠를 시작하면서 산업이 한층 더 성장했다.

방송은 점차 디지털 플랫폼으로 넘어가기 시작했고 유튜브는 점차 그 영역을 확대해 가고 있었다. 기존에 우리가 알던 단순한 직업군(게이머, 방송국, 게임사)은 점차 세분화되며 새로운 전문성을 요구하고 있었다. 후원사들도 쳐다보지 않던 게임이라는 새로운 영역에 관심을 가지기 시작했고, 이제 e스포츠는 '그들만의 리그'가 아닌 너드(Nerd)가 각광받는 시대의 주류 문화가 되어가고 있었다. 하지만 그때 나는 그런 변화의 물결을 감지하지는 못했던 것 같다.

어쨌든 어설펐던 나와 e스포츠의 첫 만남은 이렇게 끝이 났다. 라이엇 게임즈와의 첫 면접을 끝으로 나는 다시 스포츠 업무에 집중하며 내 경력을 쌓아갔다. 2013년은 그동안 내가 걸어온 길을 취업자 입장으로 엮어 출판한 '스포츠마케팅 쪼개기'가 나온 해이기도 하다. 그만큼 스포츠산업 분야에서 많은 부분을 성취해 왔고, 또 더 성장할 자신이 있었다. e스포츠는 까맣게 잊을 정도로 말이다.

누구에게나 인연의 타이밍은 다 있는 것 같다. 2013년은 나에게 e스포츠와 만날 인연의 해는 아니었다. 돌이켜 보면, 내가 조금 더 스포츠 분야로 경험을 두루 경험한 뒤 e스포츠업계로 온 것이 다 뜻이 있었다는 생각이 들기도 한다. 또 인생의 다른 옵션을 한 번쯤은 고민하게 해준 소중한 기회였음은 분명하다. 게임업계의 경험이 전무한, 20대 초반에 게임만 좋아했던 그다지 특별하지 않은 직장인이 e스포츠로 이직할 수 있었던 이유는 무엇이었을까. 내 글 한편 한편을 통해 전해지는 과정이 독자들에게 조금이나마 도움을 줬으면 하는 마음으로 글을 이어나간다.

절망, 그리고 e스포츠와의 재회

2015년 10월, 내 스포츠마케팅 커리어 인생의 가장 큰 프로젝트였던 2015 프레지던츠컵(국제 골프대회)을 마쳤다. 표현할 수 없는 성취감과 자부심 뒤로, 대회의 규모만큼이나 커다란 공허함의 쓰나미가 밀려왔다.

'아, 이제 이보다 더 큰 골프대회 프로젝트는 맡을 일이 없을 것 같다.'

골프대회로도 최고 규모를 자랑하는 대회이기도 하고, 일반 스포츠로 따져봐도 올림픽, 월드컵, 아시안게임 정도 외에는 더 큰 이벤트는 없다고 본다. 그만큼 오랜 기간 준비했고, 그만큼 좋은 성과를 보였다. 2016년 1월경, 프로젝트는 모두 마무리되어 갔고, 나는 다음 커리어 스텝을 심각히 고민하는 때가 됐다.

미국에서의 시간을 포함, 스포츠 산업에서 약 8년이라는 시간을 보냈다. 37살의 나이에 어느덧 경력도 꽤 쌓이면서 자연스레 내 몸과 마음은 변화를 갈망하고 있었다. 당시 여러 갈래의 선택지들이 있었는데, 그 '선택지'라는 의미는 말 그대로 내가 선택하고 '싶은' 길을 의미하는 것이었지, 시장은 그렇게 생각하지 않았다. 마치 나 혼자 뭐라도 된 양, 내가 하나 좋은 것을 선택해 갈 수 있다는 착각에 빠져 있었던 것 같다.

그렇게 시간은 계속 흘렀고, 내 프레지던츠컵 프로젝트 고용계약은 종료가 됐다. 결론적으로 난 2016년 2월부터 6월까지 약 4개월 간 이직을 위한 백수 생활을 가졌다. 누구보다 앞으로 더 쉼없이 달려야 한다고 믿었는데, 생각처럼 잘 풀리지 않았다. 직장인에게 진정한 휴식은 '유급 휴가'밖에 없다. 직업이 없는 기간의 휴식은 그야말로 자의가 아닌 타의인 경우가 많다. 나 역시 가장의 무게를 어깨에 메고 있었고, 당시 내 아들는 두 살배기였다. 나에겐 '공백'이 더이상 '재충전'으로 느껴지지 않는 때였다.

여러 대기업의 스포츠마케팅 담당자, 국제 협회 등 '내 기준에서 허락되는' 회사들에 계속 면접을 봤지만 어찌된 일인지 계속 미끄러졌다. 시간은 흐르고 마음은 초조해졌다. 눈높이를 낮추어야 하나라는 생각을 포함해 정말 여러 고민이 들었다. 내 자존심, 체면, 가족에게 보여질 모습, 연봉, 커리어 트랙, 이 모든 것이 내게 엄청난 압박으로 몰려왔고 난 절망해야 했다. 잘 후회하지 않는 성격이긴 하지만, 그만큼 또 신중하게 의사결정을 해야 한다고 믿었다. 과연 내게 맞는 다음 직업은 무엇이었던 것일까.

한편, 프레지던츠컵을 마치면서 스포츠 외의 여러 경로를 탐색하던 중 e스포츠로의 진입을 다시 한번 고민하고 있었다. 3년 전, 창피할 정도로 준비가 안된 면접을 봤던 기억을 뒤로 한 채, 지속적으로 산업 뉴스를 모니터링하며 e스포츠의 성장을 지켜봐 왔다. 그렇다고 해서 그때보다 더 '준비된 사람'이라는 생각은 크게 하지 않았지만, 도전하는 자세만큼은 그 어느 때보다 진지했다.

직업 탐색 중 다시 한번 운명처럼 발견한 라이엇 게임즈의 'e스포츠 매니저' 포지션을 보고 조금은 설레고 떨린 마음으로 다시 한번 지원 버튼을 클릭했다. 확실히 그 당시는 LoL e스포츠가 가장 뜨겁게 치고 나가고 있을 때여서인지 꼭 이 회사에 들어가 일해 보고 싶다라는 마음이 강했다. 단순히 '뜨고 있는 분야'여서 뿐만은 아니고, 내가 가진 스포츠산업의 경험이 최근 스포츠의 성향이 짙어지고 있는 라이엇 e스포츠 사업에도 도움이 될 거란 믿음이 있었기 때문이다. 감사하게도 서류전형을 다시 한번 통과하고 면접 일정이 잡힐 즈음, 나는 드디어 37살의 나이로 처음 LoL을 플레이하기 위해 PC방에 가게 됐다.

많은 어린 유저 분들께 큰 꾸지람을 얻으며 레벨10(당시 권고받은 면접을 위한 최소 레벨)에 오르고 있을 때쯤 어느덧 면접일이 훌쩍 다가왔다. 실무진과 면접을 마치고, 라이엇 e스포츠 발전 전략에 대한 프리젠테이션까지 따로 준비해 2차 면접까지 치러냈다. 그 후 이어진 임원면접. 모든 부서 임원분들과 돌아가며 면접을 치른 후 집에 돌아온 나는 왠지 잘 될 것 같은 느낌에 사로잡혔다.

면접 다음 날 걸려 온 전화는 내 마음을 요동치게 했다. 하지만 수화기 너머로 들리는 라이엇 HR 담당자의 한참 깔린 목소리는 나에게 '불합격'의 메시지와 함께 위로의 말을 전해주고 있었다. 정말 아쉬웠다. 정말 될 줄 알았다. 왠지 라이엇 e스포츠 매니저가 찰떡같이 내 명찰에 맞는 그런 느낌있지 않은가. 하지만 난 또 낙방하고 말았다. 당시는 기대도 많이 했고 준비도 많이 했던 만큼 좌절도 심했다. 당시 큰 힘이 되어 주었던 와이프도 나중에 말하건대, 매번 될 것처럼 자신이 있어 하는 나의 능력을 점점 의심하기 시작했다고 한다.

당시 내가 받은 피드백은 크게 두 가지가 있었는데, 첫째는 하드코어 게이머가 아니다(회사가 바라보는 라이엇 게임즈 직원의 중요한 가치 중 하나), 둘째는 논리적 사고능력이 부족하다였다.

첫 번째 이유는 내가 변명할 여지가 없는 부족함이어서 받아들였고, 두 번째 이유는 지금도 솔직히 그 이유를 정확히 모르겠다. 아마 뭔가 좀 두루뭉술하게 대답하려 했던 나의 부족한 e스포츠 내공이 결국 들통난 게 아닌가 하는 생각이 든다. 하지만 여기서 포기할 내가 아니었다. 당시에 마침 블리자드에도 e스포츠 포지션이 오픈되어 있었다. 내가 가장 먼저 발견해 지원한 건 'e스포츠 디렉터' 포지션이었다. 사실 내가 디렉터가 될 스펙이 충분치 않다는 건 여러모로 느끼고 있었지만, 왠지 블리자드는 내가 한 번은 꼭 면접을 보고 싶은 회사였다. 내 마음 속의 첫 사랑 스타크래프트가 있는 고향이 바로 블리자드가 아니던가. 대한민국 남자라면 블리자드에서 일하는 것을 정말 큰 기회로 생각하는 건 누구나 마찬가지일 것 같다.

 이력서를 넣고 얼마 지나지 않아 블리자드 인사팀에서 면접을 보고 싶다는 연락이 왔다. 당시 인사 담당자와 1차면접을 하며 이런저런 얘기를 나눈 후 그분의 많은 조언을 받고 면접 일정을 잡게 됐다. 이때 좀 특이하게 느꼈던 점 중 하나가, 인사 담당자가 나를 면접한다는 느낌보다는, 약간 내가 어떻게 해야 면접을 잘볼 수 있을지 코칭을 해주는 느낌이었다. 마치 이렇게 해야 잘 대답할 수 있을 거란 팁을 주는 느낌 말이다(내가 적합하다 판단해서 그랬을 거라 믿는다).

 드디어 면접일이 됐다. 디렉터 포지션이어서 그런지, 바로 블리자드 코리아 대표님과 1:1 면접이 잡히게 됐다. 블리자드에서의 면접은 라이엇에서의 분위기와는 조금 달랐다. 준비된 방에 들어가 보니 블리자드 게임 관련 굿즈, 스태츄, 사진, e스포츠 영웅들의 모습이 벽에 가득차 있었고, 진짜 블리자드는 블리자드라는 느낌을 받으며, 이곳에서 정말 일하고 싶다는 생각이 강하게 들었다(2020년 기준 블리자드 코리아 사무실은 이때와는 비교도 안되게 좋은 환경의 건물로 이전해 방문하는 사람마다 부러워한다). 예정된 시간보다 1~2분의 시간이 지난 후 대표님이 들어오셨다. 내가 생각한 모습과는 뭔가 다른, 약간 옆집 아저씨 모습의 푸근한 인상을 가진 대표님은 내 이력서가 든 바인더를 꺼내며 나에게 친절히 말을 걸어 주셨다. 약 1시간 정도가 지났을까. 많은 얘기를 나누고 영어 면접까지 끝낸 나는 적절한 적극성을 보이고 어려운 질문에 잘 대답했다는 느낌을 받았다.

'오, 느낌 괜찮은데.'

집에 오는 발걸음이 가벼웠다. 와이프에게 전화해 면접을 잘본 것 같다고 얘기하며 종종걸음으로 집으로 돌아가고 있었다. 이제 나에게도 e스포츠 산업에서 일할 기회가 온 것인가. 그것도 블리자드라는 세계 최고의 게임 퍼블리셔이자 e스포츠 업계 최고의 주최사에서 일할 수 있는 기회가 온 것인가. 그날만큼은 쉽게 잠들 수 없었다.

나에게 물어보다,
'왜 자꾸 떨어질까?'

블리자드 'e스포츠 디렉터' 면접 후 한 시간이나 지났을까. 나를 안내했던 인사 담당자에게서 바로 전화가 왔다.

'이번엔 아쉽게 됐네요. 다음에 더 좋은 기회가 있을 거에요.'

이 말이 에코 이펙트처럼 내 귀에서 멀리 울려 사라져 가고 있었다. 또 떨어졌다. 무엇이 부족했을까. 면접에 대한 피드백을 물어보니, 구체적으로 답변해 주지는 않았지만, 그냥 아직 e스포츠나 디렉터 레벨에는 맞지 않는 것 같다는 총평이었다(*면접 후에 자신이 떨어진 이유나 면접관의 피드백을 물어보는 것은 다음을 위해서 정말 큰 도움이 된다). 면접 전에는 자신감이 반반이었다면, 사실 면접 후에는 붙었을 것 같은 자신감이 생겼던 게 사실이다. 그런데 떨어지고 나니 왜 이리 속이 쓰린지 모르겠다. 내 쓰린 속보다 집에 가서 또 떨어졌다고 얘기해야 할 와이프에게 참 면이 서질 않았다.

이게 다가 아니다. 에픽 게임즈의 'e스포츠 매니저' 포지션에 지원해서 보기 좋게 떨어졌다. 지금은 '포트나이트'로 한국 제외 글로벌 최고 흥행 가도를 이어가며 전세계적 유명세를 탄 게임사가 바로 에픽 게임즈이다. 물론 그 이전부터 언리얼 시리즈나 기어즈 오브 워 시리즈, 또한 게임 엔진인 '언리얼' 엔진으로 잘 알려진 회사이기도 하다. 에픽 게임즈는 당시 '파라곤'이라는 게임의 베타 버전을 출시하고 e스포츠화를 계획하고 있었다. 나는 지원해 서류 통과 후 면접을 보게 돼 에픽 게임즈를 방문했던 기억이 있다(이 게임의 정식 런칭은 결국 취소되었다).

그 당시는 사실 이미 무직 생활이 4개월차로 들어섰던 터라, e스포츠고 스포츠고 전혀 가리지 않고 지원하던 시절이었다. 그만큼 특정 기업에 집중하지 못했고, 특히 게임처럼 시간을 많이 투자해야 하는 분야는 따로 시간을 내서 게임을 플레이해 보지도 못했다. 당시 에픽 게임즈 대표님과 퍼블리싱 임원 분과 면접을 봤는데 나에게 했던 말 중 몇 가지 기억에 남는 게 있다.

'게임회사에 지원하시면서 '게임'을 '오락'이라고 표현하시는 분은 처음이네요(썩소).'

'저희랑 면접 보면서 저희 게임 플레이를 한 번도 안 해보고 오신 분은 처음이네요(썩소).'

내가 고용주 입장에서 생각해도 정말 황당한 상황이다. 게임도 안 해보고 면접을 보러 가다니. 면접은 당연히 최악이었고, 면접을 하는 과정에서 떨어졌음을 직감적으로 알게 됐다. 그럼에도 불구하고 이토록 당당한 나를 신기하게 본 대표님은 혹시 다음 면접에 e스포츠 전략을 한번 더 짜와서 볼 생각이 있냐고 물으셨다. 그래서 나는 당연히 그러겠다고 대답했다. 하지만, 현실은 녹록지 않았고 나는 결국 전략 준비를 하지도 못한 채 다음 면접을 갈 수 없다고 통보해 버렸다. 퇴직금도 바닥이었고 내 자존심도 바닥이었다. 임원면접까지 갔다가 떨어진 회사만 해도, 기아자동차 글로벌 스포츠마케팅팀, 이노션 스포츠마케팅팀, 고양 원더스 야구팀 등 많은 회사의 채용과정에서 고배를 마셨다. 내 자존심은 이제 닳아서 없어질 무렵이었고 일자리나 주면 가야지 해야 할 타이밍이었으니 말이다.

지금 생각해 보면 정말 다시는 경험하고 싶지 않은, 반면 내 인생에 큰 교훈을 준 시기라고 말할 수 있다. 왜 계속 떨어지는 걸까. 그 질문을 계속 던져 보았다. 수년이 지난 지금에 돌이켜 보건대 내가 떨어지는 이유는 너무도 당연했다.

첫째, 스스로에 대한 과대평가. 난 내가 늘 맞고 시장보다 앞서는 인재라고 생각하는 교만함이 있었다.

둘째, 고용주의 입장으로 생각해 보지 않았다. 각 포지션이 가지는 의미와 할 일에 대한 분석 없이, 나를 보고 판단해 주길 바랐던 어리석음이 일을 그르쳤다.

셋째, 계약직의 제한 때문인지, 고용주와 나 사이의 줄다리기에서 매우 불리한 상황에서 딜을 해야만 했다. 모든 채용 과정은 면접도 중요하지만 어찌보면 나와 회사 간 협상의 연장선인데, 이미 무직이라는 나의 신분은 고용주와 여러 협상을 하는데 있어서 나에게 큰 불리함으로 다가왔다. 즉, 일자리가 없어 어려운 나의 처지가 마치 눈 가리고 축구하는 사람의 위치와 다를 바 없었기 때문이다.

지금은 내가 면접관의 역할을 조금 더 많이 하는 나이가 되어보니, 지금에야 '고용'하는 사람의 입장을 더 잘 이해하게 된 것 같다. 면접관은 면접자의 이력서나 면접을 하면 순식간에 그 사람의 종류를 구분할 수 있다. 즉, 그 사람이 이 포지션에 대한 명확한 이해가 있는지 또는 여러 회사를 쇼핑하듯이 면접을 보러 다니는지를 알 수 있다. 쉬운 말로 구분해 보면, '경력이 집중된 스페셜리스트(Specialist) vs 다방면에 뛰어난 제네럴리스트(Generalist)'라고 표현해 볼 수 있다. 사실 이 둘 중에 더 나은 게 뭐라고 말하기 어렵다. 제네럴리스트라 함은 집중된 경력은 없지만 회사생활 자체로 쌓인 경력, 리더십, 인성, 화합력, 팀워크처럼 중요한 요소들을 두루 갖춘 사람을 의미한다.

　돌이켜 보건대, e스포츠의 경우는 조금 다르다고 느낀다. 시장에 존재하는 e스포츠 전문가의 공급량은 매우 적다. 그렇다고 수요가 많지도 않다. 그래서 사람을 막상 뽑으려고 하면 완벽히 맞는 인재를 찾기가 쉽지 않다. 이런 수요와 공급이 둘 다 불충분한 상황에서 나는 그나마 기회를 보고 계속 덤볐던 것 같다. 왜냐면 자리는 쉽게 나지 않아도 어차피 제대로 된 e스포츠 전문가가 재야에 많지 않음을 느끼고 있었던 것이 아닐까.

　e스포츠 전문가. 그 정의가 뭔지 정의를 할 수도 없을 때였다. 대외적인 기사나 인터뷰들을 아무리 찾아봐도 뭔가 기회가 보이는 것 같긴 하지만 막상 그 산업에 대한 전문가로 보이는 사람들이 많지는 않았다. 스포츠의 경우 시장 전문화에 따라 여러 취업 분야에 따라 하는 일과 전문성이 어느 정도 정의될 수 있는 시기였다. 하지만 e스포츠는 그러지 못했다. 그런데 왜 나는 자꾸 여기서 이 벽을 넘지 못하는 것인가. 정말 괴로움의 연속인 날들이었다.

　그 후 어느 정도 시간이 지나, 나는 4개월의 고난 행군 끝에 무직 생활을 끝내고 다시 취업을 할 수 있었다. 내가 일해왔던 회사인 IMG의 다른 포지션으로 복귀하게 됐다. IMG 본사에 날 좋게 봐주시던 임원분에게 거의 부탁하다시피 나를 거둬달라고 했다. 나를 좋아해 주셨고, 믿어주셨기에 회사 내부를 설득해 나를 그분 팀으로 이끌어 주셨다. 그 과정도 그렇게 순탄하지는 않았으며 내게는 또 다른 고통을 감내해야 하는 시간이었다.

　산전수전 끝에 다시 스포츠산업으로 돌아왔다. 그리고 그렇게 나와 e스포츠의 인연은 다시 한번 이어지지 못하고 끝이 났다. 내가 계획한 대로 흘러가지 않는 게 인생이라 했지만, 아닌 건 아닌가 보다. 하지만 감출 수 없는 미련, 그리고 또 앞에 놓여진 여러 고민들. 갈피를 잡지 못하던 나는 주어진 일에 집중하려고 계속 노력했다. 앞으로 어떤 운명의 장난이 내 앞에 놓여졌는지 전혀 모른 채 말이다.

넌 다 계획이 있구나

오랜 좌절과 실패 끝에 다시 스포츠 산업의 고향인 IMG로 돌아온 나는 당시 두 가지 일을 맡았다. 하나는 올림픽 TOP(The Olympic Partner, 올림픽 최상 레벨 후원 프로그램) 중 하나인 GE의 2018 평창올림픽 마케팅 대행 역할, 그리고 또 하나는 IMG 소속 골프선수들의 선수 매니지먼트 역할이었다. 어려운 상황에서 돌아온 일이었지만 그래도 의미가 있는 포지션이었다.

이벤트 매니지먼트와는 조금 전문성이 다른 '선수 매니지먼트'에 조금 더 영역을 넓힐 수 있다는 점, 그리고 글로벌 메가 스포츠이벤트 중 하나인 '올림픽'을 통한 마케팅 관련 업무를 할 수 있다는 점이었다. 이런 장점을 갖춘 역할이었기에 감사한 마음으로 회사를 다니고 있었다. 아니, 나를 겸손하게 만들어 준 지난 날들의 교훈만큼, 초심을 가지고 열심히 새로운 업무에 임하고 있었다.

또한 올림픽 업무를 처음 하다 보니 IOC 활용 승인 시스템을 배우고, GE 코리아 분들과도 조금씩 안면을 터가며 네트워킹을 하며 적응을 해나가고 있었다. 또한 선수들을 위한 스폰서십 세일즈 업무도 겸하며 최경주 선수의 SK텔레콤 후원 연장계약 등을 담당했다. 이 외에도 국내 대회에 초청선수로 출전할 IMG 소속 선수(리디아 고, 제시카 코다 등)들의 국내 스케줄 관리 및 현장 서포트 역할 등을 겸하며 바쁜 하루 하루를 보내고 있었다. 미국에서 열린 여자판 프레지던츠컵인 '인터네셔널 크라운' 대회 출장을 위해 후원사 분들과 함께 시카고에 방문해 출장을 다녀오기도 했다.

그렇게 열심히 일하고 있을 즈음, 그렇게 한 달쯤 지났을까. 어느날 갑자기 내 핸드폰에 익숙한 번호가 떴다. 받아보니 블리자드 인사팀에서 온 전화였다.

"안녕하세요, 블리자드에 'e스포츠 매니저' 포지션이 나왔는데요. 이번에 다시 한번 도전해 보시면 어떨까 해서요. 혹시 지금 이직 가능하신 상태인가요?"

이게 무슨 운명의 장난인 것인가. 이제 막 다시 자리를 잡았는데 말이다. 전화 통화를 하고 있는 찰나의 순간이었지만 정말 심각한 고민에 빠졌다. 죄송한데 이번에는 사절해야겠다고 말해야 하는 것이라 생각이 들었지만 이상하게 그런 말이 나오지 않았다. 오히려 계속 대화를 이어가며 포지션에 대해 조금씩 더 물어보고 있는 나를 발견하게 됐다.

'내가 다시 면접을 봐서 또 떨어질 가능성은 얼마나 될까.'

'어렵게 다시 자리 잡았는데, 나를 이끌어준 이사님께 큰 실례가 되는 것은 아닐까.'

정말 고민이 됐지만, 내 몸은 이미 바로 방문 날짜를 잡아 버리고 있었다.

'네 그럼 그날 뵙겠습니다. 연락 주셔서 감사합니다.'

전화를 끊고 나니 갑자기 또 너무 머리가 아팠다. 그렇게 오랜 기간 고생을 하고 겨우 일자리를 구했더니 이런 기회가 다시 생기게 된 것이다. 하지만 다시 곰곰히 생각해 보면 사실 면접이란 것은 단순한 기회일 뿐이지, 그 이상도 이하도 아니다. 다시 말해, 합격시켜 준다는 의미가 아니다. 면접을 보러 다니는 것만으로 이 세상의 수많은 월급쟁이들이 죄의식을 느껴야 하는가. 그렇지 않다. 오히려 반대로, 이런 고민을 이유로 이 기회를 차버린다면 나중에 후회를 정말 많이 할 것 같았다.

그렇게 생각하니 결정은 간단했다. 오는 기회를 막지 않는다. 그것도 대상이 블리자드라면, 솔직히 여러 번 유혹해도 넘어갈 것 같다. 사실 우연치고는 좀 신기했던 것이, 내가 일주일에 이틀씩 파견 근무를 가던 GE 코리아의 사무실 바로 코앞이 블리자드 코리아 사무실이었다. GE로 파견 근무 가던 첫날에도 블리자드 앞을 지나가며 쓰린 속을 달랬던 기억이 있다.

HR 담당자분과 연락을 주고 받고, 내가 파견 가는 날 중 하루의 점심 시간을 활용해 블리자드를 방문했다. 그분이 나와 얘기를 이어가며 이런 말을 해주셨다. 지난 번은 조금 높은 포지션이어서 그랬는지 잘 되지 않았지만, 내가 인상에 남았다는 것이다. 그래서 이번 포지션이 나오고 나서 이렇게 다시 연락을 줬다고 한다. 내가 그분의 믿음에 누가 되지 않기를 바라는 마음으로 면접일을 잡고 준비에 들어갔다.

면접날이 다가왔다. 초가을쯤으로 기억이 된다. 정보 파악을 해본 결과, 그해(2016년) 5월 오버워치가 출시되었고, 이미 폭발적인 인기로 전세계를 강타한 후였다. 국내 PC방 점유율 30%를 넘겨가며 오랜 기간 LOL이 가졌던 왕좌의 자리를 위협하는 엄청난 대작이 탄생한 것이다. 왠지 느낌이 오버워치를 담당하는 e스포츠 매니저일 것만 같았다. 면접이 약 일주일 남은 상황에서 그때부터 나는 매일 아침 7시에서 9시까지 PC방을 찾아 오버워치를 플레이했다. 그렇게 일주일이 지나고 운명의 시간이 다가왔다.

1차 면접은 당시 블리자드 e스포츠 팀장님과 진행했다. 정확히 모든 내용이 기억나지는 않지만, '이번에는 꼭 붙고 싶다'라는 마음이 담긴 긴장감 속의 인터뷰였던 것으로 기억이 난다. 인터뷰는 끝이 났고 나는 결과를 기다리는 초조함을 달래며 오후에 GE 코리아로 돌아와 일과를 마쳤다. 그리고는 다음 날 HR 담당자분께 전화가 와서 바로 다음 인터뷰 일정을 잡자고 했다.

말을 들어보니 명확하지는 않았지만 1차는 합격한 것 같다. 뭔가 명쾌하지는 않았지만 이전과 비교해 일이 빠르게 진전되는 느낌이 있었다. 2차 인터뷰는 약 일주일 후 블리자드 미국 본사 e스포츠 디렉터와 진행하게 됐다. 면접관의 정보를 얻어 인터뷰 기사 등을 찾아보고, 블리자드 e스포츠에 대한 좀 더 자세한 정보를 모아서 준비하기 시작했다. 그간 외국계 회사에서 계속 경력을 쌓아온 내공은 나름 있어, 전화 인터뷰는 그렇게 걱정이 되지 않았다. 하지만 예상 질문과 답변을 상세히 영어로 적어 놓고 연습할 정도로 많이 긴장했던 기억이 있다.

드디어 면접날, 당시 아침 매우 이른 시간이었고, LA 시간으로는 이른 오후 시간 정도였다. 면접은 생각보다 굉장히 부드러웠다. 기본적으로 남에게 배려하는 부드러운 성격의 사람이란 걸 충분히 느낄 수 있었다. 또한 그가 당락 여부를 결정한다는 느낌보다는 그냥 어떤 사람인지 확인하는 정도의 질문들이었기에 중반 이후는 나도 긴장을 풀고 굉장히 편하게 진행할 수 있었다. 면접을 마쳤다. 기분이 묘하다. 왠지 이번에는 잘될 것 같은 느낌이 들었다. 하지만 더 이상 이 느낌은 믿지 않았다. 이전에도 나를 많이 배신한 그 '느낌'이기에.

하지만 다른 점은 분명히 있었다. 앞서 말했듯이, 계약직으로 머물러 있던 나의 위치보다, 이미 회사에 다니며 '재직 중' 위치에 있다보면 면접에 들어가는 지원자도 큰 부담을 갖지 않게 돼 오히려 모든 일이 순조로울 때가 있다. 자연스레 여유도 생기고 서로를 편안한 마음으로 살펴보는 기회가 된다.

다음 날 바로 블리자드 HR과 연락이 됐고, 2차 인터뷰도 통과, 이제 3차 인터뷰를 잡아준다고 한다. 짧지 않은 과정일 것은 이미 알았기에 잘 알겠다고 했다. 3차 인터뷰는 본사 e스포츠 팀에서 중책을 맡고 있었던 트레버 휴스턴(Trevor Housten)이라고 한다. 그를 열심히 검색해보니 'TorcH'라는 닉네임을 가진 스타크래프트2 전 프로게이머이자 한국의 곰TV에서도 일한 적이 있는 한국과 인연이 많은 직원이었다(지금은 내가 가장 소중히 생각하는 나의 동료 중 한 명이다). 면접까지 남은 기간은 계속해서 아침7시 PC방 생활을 하며 게임과의 친근감을 높였다.

그런데 어느 날, 블리자드 HR에서 연락이 와 3차 인터뷰는 진행하지 않는 것으로 결정됐다며, 바로 오퍼를 주겠다고 했다.

'네? 그럼 최종 합격한가요?'

'네, 이메일로 저희 오퍼를 보내드리겠습니다.'

드디어 블리자드에 합격했다. 지난 2013년부터 기웃거리다, 2016년에 본격적으로 도전한 e스포츠. 약 4개월을 보기 좋게 까이고 다녔던 내게 이게 무슨 일이란 말인가. 왜 그토록 간절했을 때는 기회가 오지 않고 이렇게 생각지도 않았을 때 나에게 다가온 것인가.

'이놈의 인생아, 넌 다 계획이 있구나!' 이런 말이 절로 나오는 상황이었다. 지금 생각해도 나는 당시 'e스포츠 매니저'로서 명시된 자격요건을 정확히 갖추지는 못했다. 당시 직무기술 부분에 적힌 자격요건 내용을 몇 개 발췌해서 살펴보면 다음과 같다.

— Fluent both in Korean and English(한국어, 영어 능력)

— A minimum of 5 years of relevant experience(관련 분야 5년 이상 경력)

— Experience managing a budget and working with international team(해외팀과 일하며 예산 관리)

－ Capability for event planning and operation(이벤트 기획/실행 능력)

사실 위에 적힌 내용 중 국제 스포츠마케팅 경력이 많이 겹친 부분이 있었다. 반면 나는 아래의 우대사항에 적힌 내용은 거의 해당사항이 없기도 했다.

－ Previous working experience in Esports industry(e스포츠 산업 경력)

－ Experience with social networking in Korea Esports area(국내 e스포츠 산업 관련자 네트워킹 보유)

－ Experience of managing and operating on/offline tournament, event, or, broadcast(온오프라인 토너먼트 및 방송 제작 관련 업무)

－ Strong passion and knowledge for Blizzard game titles(블리자드 게임에 대한 열정 및 지식)

그런데도 내가 최종 관문을 뚫었다는 것은 여전히 실력 반, 운 반이지 아니었을까 싶다. 당시엔 이런 생각도 했다. e스포츠 분야에는 이런 경력 가진 사람이 많이 없나? 그래서 내가 됐나? 돌이켜 보면, 그게 틀린 말은 아니다. 사실 2016년만 해도 e스포츠 분야는 '전문가'라는 말 자체가 통용되기 쉽지 않은 분야가 많았다. 그래서 사람도 거의 뽑을 일이 없고, 뽑자고 하니 몰려드는 사람의 수에 비해 정확히 자격요건이 일치하는 사람은 많지 않았다는 것이 내 분석이다.

떨리는 마음으로 가족과 이 놀람과 기쁨을 같이 만끽했다. 물론 나를 믿고 뽑아준 현 직장 상사에게 내 얘기를 꺼내기가 정말 쉽지 않을 것 같았다. 어려운 결정이었지만, 이미 내 마음은 결단을 내려놓은 상태였다. 나는 사실 몇 년 전부터 e스포츠에 대한 기회를 노리고 있었고, 드디어 몇 번의 티켓을 쥐고도 버스를 놓친 끝에 결국 그 'e스포츠행' 버스에 올라타게 됐다.

이 기회를 절대 놓칠 수 없었다. 그것도 블리자드에서의 기회를 말이다.

그렇게 e스포츠에서 시작될 내 인생의 새로운 챕터가 열리게 됐다. 한 달 후 입사일을 정하고 난 그날 밤, 나는 설레는 마음으로 네이버 스포츠 섹션의 'e스포츠'기사를 하나씩 찾아보며 공부를 하기 시작했다.

첫 1년, 오버워치와의 만남

　드디어 블리자드 출근일이 정해졌다. 이제 나는 평소의 양복 정장이 아닌 캐주얼 옷으로 갈아입고, 바로 길 건너편 건물로 출근하기만 하면 된다 (파견 근무 중인 GE 코리아의 바로 옆 건물이 블리자드 사무실). 한편, 미안함으로 가득찬 마음으로 IMG에 사직서를 제출하고 약 한 달의 시간 후 모든 일을 종료하기로 했다. 나를 믿고 뽑아준 이사님이 먼 미국 땅에서 내 이직 연락을 받고 많이 실망하셨다. 하지만 그렇다고 운명이 이끈 이 길을 돌이킬 수는 없었다.

　합격 통보를 받고 나는 HR 담당자분께 내가 어떤 종목의 매니저인지 문의했고, 돌아온 답은 '스타크래프트2(이하 스타2)'였다. 예상과 다른 의외의 종목이라 놀라긴 했지만, 블리자드 e스포츠의 일원이 된다는 것만으로도 감사했기에 그때부터 한 달 간 스타2에 대한 공부와 영상 시청을 통해 업무준비를 시작했다. 스타2는 국내의 열정적인 마니아층을 확보하고 있었고, 특히 해외팬들에게 큰 사랑을 받는 종목이었다. 스타크래프트가 '한국의 민속놀이'라면 스타2는 조금 더 해외팬을 넓게 보유한 '마니아성 게임'의 형태를 하고 있었다. 스타2 경기 중계가 있는 날만 봐도 해외 시청자가 국내 시청자를 크게 웃돌 정도였으니 말이다.

떨리는 업무 첫날, HR 담당자의 안내에 따라 자리를 배치받고 처음으로 팀원들을 만났다. 무슨 커뮤니케이션의 착오가 있었는지, 알고 보니 나의 담당 종목은 스타2가 아닌 오버워치였다. 조금 당황했지만 싫지 않았다. 덕분에 스타2도 공부하고 잘됐지라는 생각으로 바로 업무 적응에 들어갔다. 그렇게 나와 오버워치와의 만남은 시작됐다.

블리자드는 당시 스타크래프트, 스타2, 히어로즈오브더 스톰, 하스스톤, 월드오브워크래프트, 워크래프트3, 총 6개의 e스포츠 종목을 이미 보유하고 있었고, 이번에 새로 글로벌 대작인 '오버워치'가 나오면서 e스포츠 준비에 박차를 가하던 시기였다. 그래서 내가 가장 먼저 맡았던 프로젝트는 게임 전문 방송사 OGN과 진행하는 '오버워치 APEX'였다. 계약서부터 시작해 모든 대회준비 과정을 지켜보며 몸과 마음으로 e스포츠와의 첫 만남을 진중히 받아들였다.

오버워치는 출시 전, 기획 과정부터 e스포츠를 염두하고 만든 6:6 대전 게임이다. 장르는 팀 기반 멀티플레이 하이퍼 FPS(First Person Shooting). 한마디로 '한 단계 진화한 슈팅게임' 장르였다. FPS 게임은 과거 '서든어

택'을 제외하고는 국내에서 이상하게만치 전국적으로 큰 인기를 끌지 못했는데, 그래서 이번 오버워치의 한국 내 성공은 의미가 컸다. 보통 게임 출시 후 글로벌 성공의 바로미터가 되는 것이 바로 한국 마켓인데, 한국에서 무서운 속도로 인기가 급성장하고 있는 오버워치가 이제 e스포츠를 시작하는 시점이 된 것이다. 블리자드 입장에서는 당연히 그 인기와 업무를 받쳐줄 사람이 더 필요했을 것이고 운좋게도 적절한 타이밍에 입사한 내가 담당이 된 것이다.

사실 나의 영입은 시작에 불과했다. 당시 블리자드는 e스포츠에 대한 큰 확장 계획을 가지고 있었다. 좀 더 전문적이고 다양한 경험을 가진 사람들을 뽑아 하나의 팀을 꾸리기를 원했다. 그래서 나도 입사하게 된 것이고, 내 뒤로도 수많은 팀원들이 입사해 이후 2년 간 최대 3배 정도까지 팀 규모가 커지기 시작했다.

나같은 스포츠산업 출신, 게임산업 출신, 방송제작 경력 출신 등 다양한 사람들이 모여 블리자드 e스포츠를 좀 더 전문적으로 관리하기 시작했다. 지금 생각해도 아주 좋은 시기를 만나 블리자드에 입사했다는 생각이 든다 (다시 한번 말하지만, 누구에게나 기회는 온다. 그 기회가 왔을 때 준비되어 있는 게 중요하다).

오버워치 대회를 알리는 첫 시작은 '오버워치 APEX' 대회였다. APEX는 OGN에서 직접 기획하고 블리자드가 제작비를 지원해 만들어진 작품이다. 게임사가 직접 대회를 만든다고 말하지만 사실 그 속을 들여다 보면 e스포츠 전문 제작사들이 기획을 해오고 블리자드가 공인하는 형태를 하고 있었다. 단, 게임사가 제작비를 지원하되 컨텐츠에 대한 소유권은 게임사가 소유하게 됐다.

APEX 대회는 OGN의 세계 정상급 제작 실력에 한국어/영어 동시 제작이 되었기 때문에 국내외에서 폭발적인 인기를 누리게 됐다. 매 경기 트위치, 네이버, 유튜브 등에서 동시 시청자 총합이 10만 명 이상을 찍으며 성공가도를 달리고 있었다. APEX는 오버워치의 인기와 더불어 탄생한 해외 명문팀들을 직접 한국으로 데려와 리그에 참여시키면서 그 흥미를 더했다.

EnVyUs, Rogue, NRG eSports, Fnatic, Cloud9 등 유수의 명문팀들이 참여해 국내 최고의 팀들과 자웅을 겨뤘다. 그동안 FPS 변방국으로 알려진 한국팀들의 오버워치 실력은 해외 명문팀을 상대해서도 빛이 났다. 루나틱 하이, 팀 콩두, 팀 LW 등의 팀들은 경기마다 팬들을 늘려가며 인기를 차곡차곡 쌓아갔고, OGN이 보여준 환상적인 연출 능력은 리그의 인기를 배가시켰다.

당시는 많이 본다고 돈이 펑펑 쏟아지는 시기는 아니었다. 여전히 블리자드 입장에서는 대회 제작을 위해 많은 돈을 방송제작사에 쥐어줬고 거기에 수익을 바라지도 않았다. e스포츠의 인기는 곧 게임의 인기와 같은 의미이고, 또 그만큼 게임을 플레이하는 시간도 늘어나기 때문에 게임 마케팅과 같은 맥락에서의 '투자'였던 것이다.

보통 게임이 성공했다고 하면, 한국 내에서는 이렇게 해석하는 것이 맞다.

첫째, 게임 세일즈(배틀넷 등의 플랫폼에서 돈을 내고 다운받는 것),

둘째, 게임 내에서 일어나는 인게임 아이템 판매,

셋째, PC방 과금(유저가 PC방에서 PC방 비용을 내는 대신 게임을 공짜로 플레이하고 게임사가 PC방 업주에게 그 사용 시간에 비례해 과금하는 것).

게임이 인기가 좋으면 이 세 가지가 따라오고, 이것은 다시 돈으로 환산되어 게임회사에게 큰 수익을 안겨준다. 게임 출시 첫해는 아무래도 게임

세일즈가 수익 중 가장 높은 고점을 차지하지만, 한 번 산 사람은 특별한 경우를 제외하고는 더 이상 사지 않기 때문에 그 이후로는 인게임 아이템 판매와 PC방 과금이 가장 중요한 수익 포인트이다.

그렇다면 여기서 e스포츠는 어떤 역할을 할까?

e스포츠의 인기는 일반 유저들의 게임 플레이 시간이 늘고, 신규 유저를 유입시킨다. 물론 이 상관관계를 정확히 분석한 수치와 자료는 많지 않다. 왜냐하면 e스포츠 역시 다른 여러 게임 마케팅과 동시에 일어나고 있고 하나의 큰 그림에서 게임 마케팅을 동시에 수행하고 있기 때문이다. 따라서 무엇이 얼마만큼의 결정적 영향을 주었느냐는 질문에 대한 대답은 쉽지가 않다. 하지만 분명히 e스포츠가 게임의 인기에 영향을 준다는 것은 충분히 여러 케이스로 증명되고 있다. 또 이것이 많은 게임사들이 출시와 더불어 e스포츠 도입을 고려하는 이유이기도 하다.

APEX의 e스포츠로서의 성공은 나로 하여금 담당자로서 큰 자부심을 가지게 해주었다. 이때부터 굉장한 특이점이 발견됐는데 바로 여성 팬덤의 등장이었다. 대부분의 게임들이 남성 유저 위주임을 감안할 때, 오버워치가 가진 여성 유저율과 참여율은 정말 기대 이상이었다. 특히 한국에서는 오버워치 프로게임단이 가지는 인기가 마치 아이돌팬들을 향한 여성팬의 그것과 유사한 양상을 보였기 때문이다.

APEX 시즌1이 끝나고 시즌2에 들어서면서 그 인기는 점차 절정에 이르렀다. 시즌2 결승이 벌어진 고려대학교 화정체육관은 유명 아이돌 그룹 콘서트장을 방불케 했다. 내가 이 자리에 있다는 것이 믿어지지 않을 정도였다. 팀들에게 선물을 주기 위해 길게 늘어선 줄, 그걸 관리하는 팬클럽 운영진, 자발적으로 선수카드와 응원도구를 만들어 무료로 입구에서 배포하는 팬들, 프로 코스플레이어, 후원사 부스, 정말 모든 것이 아우러진 e스포

츠를 통한 진정한 e스포테인먼트의 정수를 느낄 수 있었다.

전국민이 사랑했던 스타리그 전성기 이후 다시 남성들만의 문화로 여겨졌던 e스포츠. 오버워치 APEX는 여성 팬덤(특히 경기 현장에 여성팬들이 압도적으로 많은 모습)이라는 새로운 문화를 창출해내며 새로운 e스포츠 역사를 써나갔다. OGN은 이런 현상에 빠르게 발맞추어, 오프더레코드, 노래자랑, 무엇이든 물어보세요 콘셉트의 추가 엔터테인먼트 컨텐츠를 만들어내며 여성팬들을 즐겁게 했다.

그 날 결승전은 경기 역시 박빙의 승부를 펼치며 스포츠의 매력인 '각본 없는 드라마'를 연출했다. 국내 최고 인기팀 루나틱 하이가 또다른 인기팀 러너웨이를 이기고 우승컵을 차지하며 경기장에 모인 팬들을 열광시켰다. 담당자인 나조차 팬의 마음으로 경기를 지켜보았으며, 담당자로서의 이성을 찾기 어려울 정도였으니 말이다.

이날 결승전 이후 사람들이 빠져나간 그 자리에서 나는 큰 울림을 느꼈다.

'이제 정말 e스포츠의 새 시대가 다가오는구나.'

아무리 시대가 변해간다지만 e스포츠가 비주류로 여겨지던 그 시절, 나는 뭔가 큰 격동의 시기가 올 것임을 직감했다. 하지만 그보다 더 무서웠던 것은, 이런 모습들은 아직 절정이 아닌 겨우 시작이었다는 사실이었다.

종목사의 위대함

블리자드는 겉에서도 화려해 보이겠지만, 막상 들어와서 보면 안에서 봐도 정말 좋은 게 너무 많은 회사였다. 무제한 간식(라면, 콜라, 시리얼, 커피 등), 업무시간 자유로운 게임플레이, 출퇴근의 자유로움, 수평적 조직문화 등, 블리자드 게임을 사랑하는 사람들이 모인 하나의 부락 같은 이곳은 거의 지상 최고 수준의 직장에 근접한 환경이었다.

당시 오버워치 APEX의 인기는 한국팬들뿐만 아니라 본사의 여러 관계자들에게도 관심의 대상이었다. 본사 직원들의 잦은 한국 출장은 물론, 여

러 관계사 대표들도 APEX 현장과 경기장을 방문했다. FPS 게임 중에서도 특히 오버워치는 보는 사람 관점에서는 상당히 이해가 쉽지 않은 종류의 게임이다. 6:6 대전이라 총 12명의 화면이 존재하고 제3의 카메라로 전지적 시점으로 잡아도 12명이 모두 어디 있는지 알기가 쉽지 않다.

또 개개인의 기술이 단순히 총을 쏘는 모습이 아닌, 표창, 망치, 전기총, 치료봉 등의 모습이기 때문에 게임을 하지 않는 사람 입장에서는 직관적인 이해가 어려운 게임이다. 따라서 게임을 모르는 외부 손님 같은 경우는 게임을 이해하기 어려워 멍하니 바라보고 있으면서도 그 주변의 환경, 즉 경기에 들어갈 때 시작되는 각 팀 팬들의 응원 함성, 또는 한 팀이 Kill(*상대방의 Health Point를 모두 소진시켜 죽은 것으로 보임. 일정시간 후 대기방에서 다시 부활해 전장으로 복귀함)을 냈을 때 소리치며 열광하는 여성 팬의 모습에 놀랄 뿐이었다. '이게 도대체 뭐죠?' 하는 표정으로 문화충격을 받는 게스트들의 모습에서 나는 묘한 희열을 느꼈다.

블리즈컨의 위엄

블리자드는 매년 11월 첫째 주 금요일, 토요일 이틀 간 미국 애너하임 컨벤션 센터에서 '블리즈컨'(*BlizzCon, 블리자드 엔터테인먼트의 연례 게임 행사. 신작게임, 신 콘텐츠, 참여형 문화 이벤트, e스포츠 결승전을 포함한 다양한 행사가 열린다)을 개최한다. 블리자

드 연례행사 중 가장 큰 행사이자 그간의 노력들을 팬들과 나누는 축제의

자리인 만큼 정말 많은 이벤트가 준비된다.

신작게임 발표, 각 프랜차이즈의 개발자, 아트 디렉터, 스토리 디렉터, 게임 디자이너, 성우 등이 모여 팬들과 소통하게 된다. 그중 백미는 '오프닝 세리머니'로, 게임별 업데이트를 이어가는데 그때 공개되는 게임 시네마틱이 팬들에게 가장 큰 인기이다. 거의 픽사나 디즈니 애니매이션에 근접한 퀄리티를 자랑하는 블리자드 시네마틱은 각 프랜차이즈의 세계관이 이미 정립된 상태에서 그 새로운 스토리가 공개되는 것이므로, 블리자드 게임팬이라면 정말 가장 고대하는 부분일 것이다.

당해 처음으로 열린 '오버워치 월드컵'(오버워치 국가 대항전)의 한국팀 매니저 자격으로 참석했던 나는 블리즈컨 개막 일주일 전 오프닝 위크에 참석하기 위해 먼저 애너하임에 도착해 있었다. APEX 스타 선수를 중심으로 구성된 대한민국 국가대표 선수단은 도착 전부터 이미 강력한 우승후보로 전세계 언론의 관심을 받고 있었다.

숙소에 도착해 스튜디오로 이동, 선수단 프로필 사진을 찍은 후 선수단

연습실에 도착했다. 전세계 약 20개 팀이 앉아 연습할 수 있는 100석 이상 PC방 규모의 연습실이 준비되어 있었다. 연습실 옆에는 직접 경기가 치러지는 스튜디오가 한참 준비되고 있었다. 한국팀의 위치를 확인하고 PC세팅을 마친 후 연습에 들어갔다. 옆 나라들과 스크림(Scrim, 미식축구에서의 연습경기를 의미하는 Scrimmage를 줄여 부르는 말로 e스포츠에서는 흔히 쓰이는 말이다)을 잡아 연습을 하고 하루를 보낸 후 약간 쉬는 시간겸 개인 연습시간이 돌아왔을 때, 국대 중 한 명인 'Miro' 공진혁 선수 주변에는 전세계 수많은 선수들이 그의 플레이를 보기 위해 모여드는 진풍경도 연출됐다.

예상대로 예선라운드에서 한국팀은 압도적인 실력을 보여주며 블리즈컨에서 펼쳐지는 결승 라운드에 진출하게 됐다. 블리자드 직원으로서 처음 경험한 2016년 블리즈컨의 충격은 아직도 잊지 못한다. 컨벤션 센터를 오픈하기 전 내부 경기장 및 전체 스튜디오를 쭉 둘러본 나는 그 규모와 퀄리티에 입을 다물 수 없었다.

내가 그간 경험했던 어떤 스포츠 이벤트보다 거대한 프로젝트였다. 5개 이상의 경기장과 컨퍼런스홀이 붙어 있고, 모든 경기장에 각각 게임 타이틀의 특색이 묻어나는 무대가 꾸며져 있었으며, 백스테이지에 갖춰진 수많은 인력들과 대기실, 그리고 제작 부스들과 중계 트럭. 이게 다가 아니다. 경기장 뒷편에 마련된 체험존(블리즈컨에서 공개된 새로운 게임이나 업데이트 버전을 바로 플레이할 수 있도록 만든 체험 PC들), 식음 코너, 갤러리, 초대형 스태츄들이 들어선 모습이 정말 가관이었다. 또한 지하에는 그해 블리즈컨에서만 살 수 있는 굿즈 스토어가 준비되어 있었고, 옆 건물에는 게임 굿즈 직거래 장터, 게임별 팬들이 즐길 수 있는 엔터테인먼트 공간이 연출되어 있었다.

정말 몇 마디의 말로 설명하지 못할 규모였다. 오프닝세리머니가 열리는 Hall A에서 오버워치 월드컵이 진행되는 애너하임 아레나까지 걸어가는데 최소 30분이 걸렸으니 하루에 2만 5천 보 이상은 족히 걷는 코스였다. 그래서 그렇게 매일 매일 녹초가 됐나 보다. 블리즈컨이 시작되는 금요일 전날은 전야제 형식으로 컨벤션센터 앞 광장에서 파티가 열린다. 역시 미국은 대륙이 넓어서 그런지 다들 1년 전에 블컨을 계획 후 온라인 티켓이 오픈되자마자 티켓은 물론, 항공과 숙박을 예약한다. 그리고 행사 전날 미리 도착해 전야제부터 즐기는 것이다.

다음 날 아침, 이른 시간 경기를 준비해야 하는 팀원들을 데리고 경기장에 도착해 들어가려고 기다리고 있는데, 이게 웬 줄인가. 만 명에 육박하는 사람들이 앞에서 줄을 서서 기다리고 있는 게 아닌가. 분명 전날부터 캠핑을 했을 것이다. 그들의 눈은 전혀 피곤해 보이지 않았고, 이글거리는 눈으로 빨리 문을 열어주길 기대하며 서로 응원하고 소리지르고 있었다. 게임 팬들은 스포츠팬과 또다른 무서운 충성심을 보여준다고 느꼈다.

　드디어 9시가 되고 게이트가 열리자, 그들은 행사의 가장 첫 순서인 오프닝 세리머니 스테이지로 미친듯이 달려가 자리를 잡고 앉았다. 정말 무서울 정도의 수많은 군중들이 스타크래프트의 저글링을 연상하게 하듯 몰려들었다. 곧 약 1만 석의 자리는 꽉찼고 경비들은 더 이상의 진입을 막아섰다. 디지털 채널을 통해 전세계 동시 생중계가 되는 카운트다운이 끝나고, 블리자드의 추장 격인 마이크 모하임 CEO가 월드오브워크래프트의 영웅 중 하나인 일리단의 문양을 나타낸 셔츠를 입고 등장했다. 사람들의 환호가 거의 신을 숭배하는 그 모습에 흡사하다고 느꼈다. 나는 직원으로서 무대 바로 옆 통제구역 부근에 서서 볼 수 있었는데, 마이크 모하임의 인사와 함께 바로 이어진 각 게임의 시네마틱 공개와 게임 업데이트가 나올 때마다 사람들은 괴성을 지르며 거의 황홀경에 취해 있었다.

　오프닝 세리머니가 열린 Hall A에 들어오지 못한 사람들도 옆 경기장에 자리를 잡고 이 모든 장면을 무대 스크린의 생중계를 통해 볼 수 있었다. WOW월드 챔피언십, 하스스톤 월드챔피언십, 히어로즈오브더스톰 글로벌 챔피언십, 스타크래프트2 월드챔피언십 시리즈, 오버워치 월드컵까지 쫙 자리잡은 경기장에서 수많은 사람들이 이 장면을 모두 함께 했다. 세리머니가 끝난 후 바로 각각의 경기장에서는 예정된 경기들이 시작됐다. 정말 모든 것이 완벽한 하나의 쇼가 여기서 시작되고 있었다.

이것이 바로 궁극의 IP를 보유한 게임사의 힘이던가. 그리고 e스포츠 종목사의 힘이기도 하다. 자신들이 만든 게임을 스포츠화하고 그 결승전을 모여서 할 수 있다니. 참으로 멋지고 그 일원으로서 자랑스러운 일이다. 블리즈컨을 다녀온 첫해의 느낌은 정말 신선한 충격 그 자체였고, 그 이후 이런 일들에 익숙해지기까지는 몇 년이 더 걸렸다. 그만큼 갈 때마다 새롭고 나에게 자부심을 부여하는 행사였다. 블리즈컨을 준비하는 팀은 회사 내에 따로 구성되어 있으며, 이들은 1년 동안 이 행사만 준비하도록 만들어진 팀이다. 정말 경의를 표하고 싶을 정도로 멋진 이벤트이다.

내가 담당한 오버워치 한국 국가대표팀은 큰 무리없이 첫해 우승을 차지하며 금메달을 획득했다. 한국인으로서 자랑스러운 일이었지만, 현장에서 보는 전세계 팬들의 한국팀 응원 역시 대단했다. 미국인 위주였음에도 불구하고 한국팀 유니폼을 구입해 입고 South Korea를 외치며 응원하던 그들의 모습에서 지역적 경계 없이 게임으로 대동간결한 디지털 세상의 한 면을 볼 수 있었다.

제3자 주최 대회와 대회 라이선스

개인이든 기업이든, 블리자드가 아닌 어떤 제3자가 오버워치를 치르기 위해서는 블리자드로부터 라이선스를 발급받아야 한다. 이건 모든 게임사에게 동일하게 적용되는 기준이다. 남의 게임을 가지고 마음대로 대회를 치를 수는 없는 것이다. 오버워치의 인기가 폭발하고 더 많은 사람들이 플레이하기 시작하면서, 이곳에 관심이 몰리기 시작했다. 다시 말해, 스폰서가 붙고, 누군가는 대회를 열고 싶어하고, 그로 인해 사업을 만들고 싶어하기 시작했다. 당시만 해도 이를 승인해 주는 프로세스가 단일화되어 있지 않다 보니 모든 케이스를 그때 그때의 방식으로 승인받고 협상해야 하는 번거로움이 있었지만, 이런 일들 자체가 게임의 인기를 증명하는 것이기에 이때 다시 한번 블리자드의 위대함을 느낄 수 있었다.

예전에도 얘기했지만, 스포츠와 e스포츠의 가장 큰 차이점은 바로 이 종목(게임의 IP)을 누군가 소유하고 있느냐 아니냐의 차이다. e스포츠는 게

오버워치 라이선스를 받아 진행된 고양 IEM(2016)

임사가 모든 IP를 소유하고 있으므로 정말 그 회사의 전유물이지 축구, 야구처럼 모두의 공공재가 될 수 없다. 그렇다고 이러 중앙집권적 통제 방식이 맞다는 의미는 아니다. 생각해 보라. 더 많은 사람이 플레이해 벌어들이는 게임의 수익이 클 것인가 아니면, 발급하는 대회 라이선스를 통제해 모든 수익화 기회를 중앙집권화할 때 발생하는 수익이 클 것인가. 나도 여전히 속시원한 답을 내릴 수 없다. 오직 결과적으로 그때 그때의 결과가 답을 말할 뿐이다.

이렇게 치열했던 2016년 한 해가 지나갔다. 9월부터 시작한 짧은 한 해였지만, 오버워치 APEX 대회의 성공적인 시작, 블리즈컨 첫 경험, 그리고 한국 대표팀의 오버워치 월드컵 초대 우승 등 많은 역사가 쓰여진 해였다. 그 역사에 함께했다는 영광을 몸과 마음으로 받아들이며 나는 2017년 나만의 e스포츠 정복기 '제2 라운드'를 준비하고 있었다.

글로벌 e스포츠마케터 #Steverino3976

#Steverino3976 내 배틀넷 아이디이다. 디지털 세상의 아이디는 나의 또 다른 자아이자 아이덴티티이다. 나는 이제 디지털 세상과 오프라인 세상을 넘나들며 e스포츠 마케팅을 몸소 경험 중이다.

'e스포츠 마케팅'의 정의는 스포츠 마케팅의 정의와 그리 다르지 않다. 어렵게 생각할 것도 없다. 어떤 게임의 e스포츠를 중심으로 벌어지는 모든 비즈니스의 총체 그리고 그것을 가지고 돈을 번다는 그 모든 것이 e스포츠 마케팅 활동이다. 내가 경험하는 e스포츠 마케팅을 굳이 구분하자면, 오버워치 e스포츠를 기획하는 '종목사' 입장에서 국내, 국제대회 기획, 대회 주최, 규정집 제정 및 참가팀 관리, 운영사 선정, 방송제작사 선정, 방송 플랫폼 선정, 예산 집행, 스폰서십 유치, 뷰어십(시청 수치) 관리 등이 포함될 것이다. 물론 게임을 소유한 회사 입장에서 경험할 수 있는 범위가 가장 넓은 것은 큰 장점이기도 하다.

오버워치의 인기에 더불어 국내 e스포츠의 가장 최정상 리그인 APEX는 리그 프로화에 큰 힘을 실어 주었다. 그리고 APEX가 정착함과 동시에 한국 내 아마추어 리그의 그림을 그리기 시작했다. 대학부를 중심으로 한 오버워치 대학경쟁전, 아마추어 풀뿌리 육성을 위한 오버워치 PC방 경쟁전

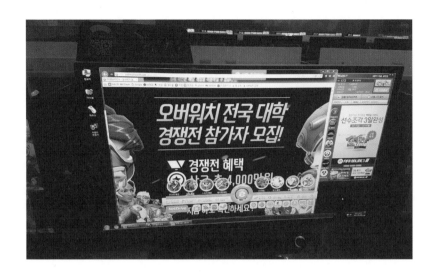

등을 치르기 위해 전국을 돌아 다녔다. 그뿐만이 아니었다. 한국 오버워치 선수들과 팀의 현주소를 직접 파악하기 위해 각 팀들의 숙소를 방문해 격려와 고충상담의 시간을 갖기도 했다.

개인적으로는 처음으로 e스포츠 선수들을 경기장이 아닌 곳에서 만나는 시간이었다. 어리게는 14살의 청소년부터 20대 초중반에 이르기까지, 아직은 많이 어린 선수들이 한 곳에 모여 숙소생활을 하는 모습을 보며 한편으로 안쓰러운 마음이 들기도 했다(나 역시 선수 출신은 아니니 내가 그들의 삶을 조금이나마 이해하는데 도움이 됐다고 믿는다).

2017년 3월, 블리자드는 스타크래프트 리마스터를 발표하며 또 한번 스타 올드팬들의 마음을 설레게 만드는 이벤트를 기획했다. 나 역시 스타리그의 광팬으로서 이 모든 인연을 시작하였기에 스타크래프트의 재탄생은 나의 마음을 뺏기에 충분한 이벤트였다. 당시 행사 참석을 위해 한국을 방문한 마이크 모하임 사장님을 모시고, 오버워치 APEX 경기 현장을 방문해, 최고조에 이르던 팬덤의 모습을 보여주며 괜히 우쭐했던 기억이 있다.

오버워치 국내리그인 APEX의 대성공과 더불어 블리자드에서는 조금씩 더 큰 e스포츠의 그림을 그려나가는 중이었다. 바로 세계 최초 지역연고 기반 e스포츠리그인 '오버워치리그(Overwatch League, 이하 OWL)'의 탄생이다. 마치 미국의 프로 스포츠, 그중에서도 NFL의 구조와 운영을 벤치마킹해 전세계를 대상으로 한 지역연고 리그 만들기에 돌입했다. 2016년 블리즈컨의 가장 큰 발표 중 하나였던 오버워치리그의 런칭 소식으로 e스포츠계는 들썩거렸다. 기존 LoL, CS:GO, 도타2로 분할됐던 e스포츠 업계에 새로운 장르와 새로운 모델을 도입하는 시도였기 때문이다.

2017년 연내 리그 시작을 목표로 우리 e스포츠 팀도 바쁘게 구조 짜기에 돌입했다. 당시 OWL 커미셔너를 맡은 네이트 낸져도 한국을 방문해 여러 언론과의 인터뷰를 통해 리그 성공을 장담하며 많은 이들의 기대를 끌어올리기도 했다. 한국에서는 특히 기대가 컸는데, 이미 한국 선수들의 최정상 실력이 정평이 나 있었고 팀들과 선수들의 인기도 여성팬들의 압도적 지지를 받고 있었기 때문이었다.

세계 지역 연고를 대상으로 참여할 구단주를 모집하는 과정에서, 나 역시 팀을 이끌고 여러 잠재적 구단주와의 미팅을 어레인지하기도 했다. 이제와서 하는 얘기지만, 나 역시 구단주 모집 과정에서 뉴스로 거론된 220억이 넘는 가입비 규모를 듣고 놀라지 않을 수 없었다. 게다가 장기적으로 홈구장 계획까지 준비해야 하는 큰 프로젝트였다.

'정말 이 금액을 내고 누가 구단주가 되려고 할까?'

기억하는지 모르겠지만 프로야구 NC 다이노스가 낸 프로야구 발전기금(일종의 가입비)은 20억 원이었고, 이후 제 10구단인 KT(수원 연고)가 낸 금액은 200억 원이었다. 정말 e스포츠 시대의 새로운 한 획을 긋는 것인가라는 생각에 나 역시 흥분을 감출 수 없었다. 여러 기업의 지원과 협상 과정 끝에 오버워치리그의 초대 시즌은 서울팀을 비롯해 총 12개 팀으로 시작하게 됐다(2019년에는 총 20개팀으로 확장).

한편, 2016년 블리즈컨의 대미를 장식했던 오버워치 월드컵은 이듬해인 2017년 더 화려한 계획을 가지고 돌아오게 됐다. 바로 오프라인 지역예선 시스템의 도입이다. 연초부터 블리자드와 팬들이 뽑은 각국의 국가대표들은 그룹으로 묶여 지역예선을 진행하는 방식이었다. 약간 축구 월드컵과 유사하다고 생각하면 된다. 다시 한번 우승을 노리는 대한민국팀의 로스터는 더욱 강해졌다. 당시 최절정 시기의 팀인 루나틱 하이와 팀 LW 중심으로 구성됐던 대한민국 국가대표팀을 데리고 출정식을 진행했다. 이밖에도 로지텍의 후원을 유치해 선수들의 프로필 및 광고 촬영, 인터뷰, 평가전 등을 팀원들과 기획해, 8월에 있을 예선과 11월 블리즈컨을 충분히 붐업(Boom-up)할 수 있도록 프로모션을 이어갔다.

본사에서도 나와 팀을 전적으로 의지하며 무엇이 한국에서 가장 효과적인지에 대해 많은 의사결정권을 준 것 같아 고마웠다. 오버워치의 이런 성공은 지금 생각하면 모두 선수들, 그리고 APEX를 성공시켜준 파트너분들 덕분이다. 한국이라는 나라가 이렇게 스포츠의 중심이 되고 또 목소리를 낼 수 있는 종목이 과연 있을까 하는 생각이 들었다. 10년에 한 번씩 나오는 슈퍼스타들, 예를 들면, 손흥민, 류현진, 김연아, 박태환 등이 외국에서 선전하는 모습에 들뜬다기보다는 [국내인기 → 해외 인기 → 해외진출] 공식이 성립되는 종목이 바로 오버워치 e스포츠란 사실이 놀랍고도 좋았던 것 같다.

APEX 시즌3의 결승은 당시 지어진 지 얼마 안되는 서울의 랜드마크 롯

ARENA SQUARE | LOTTEWORLDTOWER, JAMSIL, SEOUL

*출처 : OGN 트위치TV 채널 캡쳐

데타워 야외무대였다. 한여름 밤을 수놓을 멋진 배경과 무대가 화려함의 정점을 찍었고, 거기에 각본 없는 치열한 경기는 덤이었다. 결국 루나틱 하이가 풀세트 끝에 다시 한번 우승컵을 들어 올리는 소름끼치는 장면을 연출해 냈고, 기쁨에 울먹이는 팬들과 현장의 모습을 보며 나는 다시 한번 감동과 희열을 느끼게 됐다.

그 감동도 잠시, 바로 이어진 오버워치 월드컵 지역예선을 위해 나는 국가대표팀을 이끌고 예선장인 폴란드 카토비체로 떠나게 됐다. 왜 뜬금없이 폴란드냐고 얘기할 사람도 있을 것 같다. 글로벌 e스포츠를 조금이라도 아는 사람이라면 IEM Katowice라는 대회와 스포덱(Spodek)이라는 경기장을 한번쯤은 들어봤을 것이다. 공연장 겸 체육관이기도 한 복합문화 공간 스포덱은 ESL이 주최하는 연중 가장 큰 유럽 e스포츠 행사인 IEM대회의 개최 장소이다. IEM Katowice는 아마 지역 행사 중 가장 크고 인기 좋은 효자 관광상품일 것이다.

오버워치 월드컵 지역예선은 폴란드 내 ESL 스튜디오에서 진행됐다. 한

국팀은 폴란드, 네덜란드, 오스트리아와 한 조가 되어 예선에 임했고, 큰 무리 없이 예선 1위로 블리즈컨에서 열리는 결승라운드 진출을 확정짓게 되었다. 당시 경기가 열린 스튜디오는 약 150명 남짓 들어갈 수 있는 소규모 경기장이었는데 아침부터 줄을 서서 입장하는 팬들의 열기는 한국과 유사했다.

　또한 한국에서 비행기를 타고 날라와 한국팀을 응원하던 팬들도 10여 명 가까이 되는 것을 보면서 더 놀랐던 기억이 있다. 직장을 다니면서 회사에 휴가를 낸 후 선수들을 현장에서 응원하러 왔다는 분, 인근 유럽 다른 국가의 유학생인데 이 경기를 보고 싶어서 표를 구해 왔다는 분도 있었다. 폴란드 및 유럽팬들도 대한민국 팀의 실력을 눈으로 보고는 감탄을 금치 못했다. 나는 현장에서 선수들을 돕고 또 통역 역할을 대신하며 이 모든 현상들을 직접 관찰하게 됐다.

　한국으로 돌아와 하나의 또다른 프로젝트를 진행하게 됐다. 그것은 바

로 육군 지상군 페스티벌과의 협업으로 기획한 '육군총장배 오버워치 솔저:76 토너먼트'이다. 단순한 아이디어에서 시작됐지만, 우리 팀의 적극적인 의사와 지상군 페스티벌 기획단의 의지로 또 하나의 특별 이벤트가 탄생했다. 전국 40여 개 이상 사단과 직할부대들이 참여해 예선과 본선을 치렀다. 상금 한 푼 없는 대회였지만, 포상휴가와 참모총장님 표창장이 전달된다는 이유 하나로 전의를 불태우던 장병 선수들은 그 어떤 프로게이머들보다도 진지했다.

계룡시에서 펼쳐진 플레이오프 라운드와 계룡대 메인 무대에서 펼쳐졌던 결승전. 지금 생각해도 정말 어떻게 군대와 협업을 해갔는지 신기하기만 하다. 장병들의 나이가 20대 전후인 걸 감안하면, 정말 게임세대와 정확히 일치하는 그들의 나이대에 이런 이벤트만큼 좋은 군 여가생활이 있을까 싶다. 이런 이벤트는 그 누구도 시킨 적도 없고, 나 역시 무엇이 우리 회사의 비전에 맞는 것인가, 또 유저를 위한 것인가를 끝없이 고민하며낸 결과물이다.

한 종목의 e스포츠를 관장해 본다는 것은 그 의미가 남다르다. 단순히 의사결정이나 파워를 갖는 것을 넘어, 해당 종목에 대한 무한한 책임감을 갖게 된다. 그냥 돈을 많이 써서 멋진 대회를 만들어내는 것에 희희낙락 하는 것은 누구나 할 수 있다. 하지만 내가 지금 하는 이 모든 일들이 결국 어떤 의도와 목표를 가졌고, 또 그게 실현되기 위해 방향성을 가지고 있는 지 계속 자문해봐야 한다. 오버워치 APEX, 오버워치 월드컵처럼 크고 화 려한 이벤트들 외에도 PC방 대회, 대학부 대회 등을 지속적으로 운영하며 선수 수급의 선순환, 프로게이머 진로, e스포츠 생태계의 정착 등이 이뤄 지도록 해야 하는 의무가 있다. 그게 e스포츠 종목으로서 장수하는 비결 이기도 하다.

2017년 가을은 정말 바쁜 해였다. 특히 해외 출장이 줄줄이 잡히며, 폴란 드에서 돌아오자마자 오버워치 육군 대회를 마치고 다시 비행기를 타고 스 포텔(SPORTEL)이 열리는 모나코로 향했다. 스포텔은 전세계 스포츠산업 관계자들이 참여해 서로 프로그램을 홍보하고 판매하는 세계 최대 스포츠 미디어 전시회다. 그해의 가장 트렌디한 스포츠산업을 이끄는 여러 회사들이 입점을 했고, 여러 슈퍼스타(루이스 피구, 올리버 칸 등)들이 다양한 자격으로 현장을 찾아 사업을 홍보하기도 했다.

그해 액티비전-블리자드(블리자드의 모회사)는 게임업계 최초로 e스포츠 홍보 부스를 차리게 됐고, 내가 그 자리에 현장 견학 겸 서포트 역할을 하러 가게 된 것이다. 스포텔은 한국에서도 많은 스포츠산업 관계자들이 중계권 계약을 맺거나 새로운 프로그램을 사러 찾아온다. 행사의 규모가 큰 만큼 모나코의 군주인 알베르 2세가 직접 현장을 방문해 오버워치 월드컵 자켓을 선물로 주기도 했다.

스포텔 행사를 무사히 마치고 바로 블리즈컨이 열리는 미국 애너하임으로 달려갔다. 2017년 블리즈컨에서 열린 오버워치 월드컵은 다시 한번 세계적으로 큰 인기를 거두었다. 또 한국에게는 2회 연속 우승이라는 더 큰 선물을 주며 막을 내렸다. 이제 한국팀은 거의 모든 이들의 우상이자 공공의 적이 됐다. 또 한 해를 바쁘게 보내고 나니 회사에 정말 감사할 일이 많다는 것을 깨닫게 됐다. 게임의 성공이 가져다 주는 부귀영화이지만, 일 년간 한바퀴 사이클을 돌며 얻게 된 여러 귀한 경험들이 내게 꽉찬 365일을 선물한 것 같았다.

2018년은 드디어 오버워치리그가 첫 개막되는 해이다. 이미 확정된 12개의 팀, 그리고 가장 최고의 선수를 확보해 강력한 우승후보로 출발하는 서울 다이너스티, 또 블리자드 코리아 e스포츠 팀이 이를 위해 준비해 나가야 할 많은 과정을 앞에 두고 있다. 세계 최초로 시도되는 지역연고 기반 글로벌 e스포츠 리그는 과연 우리에게 어떤 결과를 가져다 주게 될까.

디지털 세상은 그 경계가 없다. 마치 영화 매트릭스 안의 세계처럼 시그널 하나로 모든 것이 연결되고, 창조되고, 변형되고, 이어지는 무한공간이

다. 게임이라는 매개로, 또 e스포츠라는 매개로 내가 그 세계 안에 좀 더 깊이 들어가 볼 수 있음에 감사하게 된다. 과연 이것이 먼 미래의 스포츠 세상인 것인가. 빠르게 변해가는 이 디지털 혁명의 세상 속에 스포츠와 e스포츠는 어떤 위치에 서게 될지 정말 궁금해졌다. 더욱더 많은 도전과 기대 섞인 불안감을 안은 채 나는 다시 새로운 해를 맞이하고 있다.

오버워치리그 -
글로벌 e스포츠 리그의 탄생을 지켜보다

2018년 초, 전세계 최고 지역연고 기반 e스포츠리그인 오버워치리그 초대 시즌이 드디어 개막되었다. 첫 시즌은 12개 팀이 각자의 연고 도시를 기반으로 이름을 짓고, 스포츠 팀을 연상하는 팀 유니폼을 입었다. 게임 내 캐릭터들의 스킨 역시 각 팀별로 만들어지고 판매되었다. 초대 시즌은 뉴욕, LA, 댈러스, 샌프란시스코 등 미국 주요 도시를 연고로 한 9개 팀을 포함해 한국팀(서울 다이너스티), 중국팀(상하이 드래곤즈), 영국팀(런던 스핏파이어)으로 구성되어 있었다.

참여팀들의 구단주 명단도 매우 화려했다. 크래프트 그룹의 회장이자 NFL 뉴잉글랜드 패트리어트팀의 구단주인 로버트 크래프트는 보스턴 연고팀으로, MLB 뉴욕 메츠 COO이자 VC 스털링 그룹의 창립자인 제프 월폰은 뉴욕 연고팀으로 입찰해 리그에 포함되었다. 이밖에도 기존 e스포츠 산업을 규모 있게 운영해 가던 해외 유명 e스포츠 구단들인 Cloud9, NRG Esports, Immortals, Misfits 등도 리그에 참여하게 됐다. 한국의 유일한 연고지 팀인 서울 다이너스티의 경우 '마블 올스타 배틀'이라는 게임을 개발해 넷마블에 팔아 유명해진 게임회사 카밤의 공동 설립자 케빈 추가 KSV Esports라는 이름으로 참여하게 됐으며, 중국의 경우 블리자드의 중국 JV파트너사인 중국 인터넷 기업 넷이즈가 첫 중국 연고 대표팀이 됐다.

12팀을 2개의 컨퍼런스로 나누고, 단발 토너먼트가 아닌 페넌트레이스 방식을 채택해 각 팀이 첫 해 총 28경기를 치른 후 플레이오프로 넘어가는 방식이 꼭 NBA나 MLB와 흡사했다. 오버워치리그는 팀 내 로스터 중 한국선수의 비중이 매우 높은 양상을 보였다. 아마 글로벌 리그에 한국선수가 이렇게 많이 포함된 스포츠/e스포츠리그도 없었을 것이다. 매우 자랑스러운 일이었지만, 한편으로는 편중된 한국선수들이 해외 지역을 대표할 수 있는 것인가, 우승을 위해서는 한국선수들만 있어야 하는 것 아닌가 등의 우려가 생기기도 했다. 코치진 역시 마찬가지였다. 국내의 내로라하는 인기팀 코치들은 해외팀으로 이적하는 일이 다반사였다.

오버워치리그 운영을 위해 블리자드 내에서도 별도의 팀이 조직되었고, 행정적, 재정적으로 블리자드와는 분리되어 운영되었다. 블리자드 코리아에 소속되어 있던 나와 우리 팀은 엄밀히 말하면 오버워치리그 내 팀원은 아니면서 국내와 관련된 업무를 서포트하는 역할이었다. 예를 들어, 한국어 중계, 한국 내 이벤트, 서울 연고팀인 서울 다이너스티와의 협업 등의

업무를 돕는 것이 포함된다. 따라서 리그 내 주요 의사결정들이나 대규모 협상 내용은 정말 나도 발표 전까지는 알지 못했다. 기사를 통해 알려진 가입비가 220억 원을 상회한다는 뉴스나 트위치와의 대형 중계권 협상 뉴스를 볼 때면, 나 역시 깜짝 놀랄 내용이 분명했다.

프랜차이즈 구조가 주는 안정성과 그리고 게임 수명의 한계를 뛰어 넘기 위해서 거대 자본금을 갖춘 기업 소유주가 장기 플랜을 가지고 함께해주길 바라는 마음이 컸을 것이다. 그 규모의 압박 때문인지 국내 기업이나 투자자들은 리그에 참여할 엄두를 내지 못했다. 글로벌 리그라는 이유 하나만으로 너무 큰 자본 리스크를 감당하기는 쉽지 않았을 것이다. 결과론이지만, 만약 오버워치리그가 가입비를 LoL 프랜차이즈 수준(알려진 바에 의하면 약 100억 내외)으로만 했더라도 한국을 포함한 훨씬 더 많은 기업들이 참여할 수 있지 않았을까라는 생각이 든다. 하지만, 오버워치리그 2년차인 2019년에 추가로 8개의 팀이 더 가입한 것을 보면, 내가 틀렸을 수도 있다. 결국 역사가 정답을 말해주지 않을까.

반면 내홍도 많았다. 2016년 가을에 발표한 리그의 시작은 2018년이 되서야 시작됐고, 이마저도 서두른 느낌이 많았다. 북미지역으로 편향된 연고지들, 한국선수들의 지나치게 높은 비중, 그 과정에서 불가피했던 선수와 코치의 이적 분쟁들은 오버워치리그가 다음 단계로 나아가기 위해 거쳐가는 생채기였다. 한국에서는 아무래도 한국선수들이 많이 빠져나가게 되고 또 국내 최고 인기 리그였던 APEX가 더 이상 진행되지 못하는 상황이다 보니 여론이 좋지 않았다. 한국 팬들 입장에서는 내 자식 뺏긴 느낌이라고 해야 할까. 자신이 눈 앞에서 보던 인기 선수들이 모두 미국으로 날아가 버렸으니 말이다. 그래서 오버워치리그에 더 기대가 많았는지도 모르겠다.

한국 출신 선수들이 해외 연고 팀들과 계약한다는 뉴스가 연달아 보도

됐고, 그중 뉴욕처럼 아예 전원 한국인으로 구성된 팀들이 강력한 우승후
보로 떠오르는 일이 발생하기도 했다. 2020년 홈앤어웨이를 염두에 두고
첫 2년 간은 미국 캘리포니아 버뱅크에 블리자드 아레나를 지어 모든 선수
들이 모여 직접 경기를 진행하도록 했다. 많은 선수들이 한국을 떠나 미국
LA 인근에 팀 하우스를 정하고 새로운 환경에 적응해 나갔다. 나 역시 오
프닝 시즌을 경험하기 위해 몇 차례 블리자드 아레나를 방문해, 블리자드
프로덕션과 운영팀의 정수를 직접 체험할 수 있었다.

한국에서 진행하는 대부분의 e스포츠 경기들은 방송(외주) 제작사가 거
의 모든 일을 대행해 왔다. 따라서 블리자드 직원은 관리자 역할을 담당
하는 경우가 많으며, 직접 심판을 보거나 경기 운영에 세세히 관여하지 않
는다. 반면 오버워치리그는 그 시작부터 달랐다. 모든 제작 인력, 운영 인
력이 블리자드 직원으로 구성되었다. 스튜디오 계약, 무대 제작, 선수 유
니폼 디자인, 팀스킨 디자인, 리그 음악 등 모든 것이 블리자드 인하우스
(In-house)로 제작됐다.

오버워치리그의 시작과 함께 한국의 오버워치 e스포츠에도 새로운 변혁이 일어났다. 바로 APEX 대회를 잇는 지역 대회 '오버워치 컨텐더스 코리아' 런칭, 그리고 MBC스포츠플러스와의 파트너십 발표였다. e스포츠에 지속적인 관심을 가지고 있던 스포츠미디어들의 첫 주자로 MBC가 블리자드와 손을 잡고, 오버워치리그 한국어 로컬 중계 제작, 그리고 컨텐더스의 제작을 담당하게 된 것이다. 파트너십의 세부 내용은 밝힐 수 없지만, 그동안 업계에 통용되던 '게임사가 돈 내서 대회를 제작'하는 방식을 탈피한 첫 협업이었다. e스포츠의 가치가 TV네트워크 채널에도 받아들여지는 계기이기도 했다.

하지만 구조의 변화에서 오는 부정적 영향도 없지 않았다. 오버워치리그가 오버워치 e스포츠 최상단에 있는 1부 리그가 되버리면서 많은 인기선수들이 국내를 빠져나갔고 컨텐더스 코리아는 사실상 2부 리그의 딱지가 붙으면서 인기가 떨어진 것이다. 게다가 모든 경기가 LA 저녁 시간에 진행되니 시차로 인해 한국에서는 아침 일찍 경기들을 지켜볼 수밖에 없게 됐다. 물론 MLB에서 활약하는 류현진 경기를 보기 위해 많은 이들이 아침에도 라이브 방송을 보지만, APEX의 영광을 겪은 후 지켜보는 나의 입장으로서는 아쉬웠던 게 사실이다.

여러 문제점이 있긴 했지만, 오버워치리그가 주는 첫 파급력은 어마어마했다. 전세계 지역으로 개막 첫 주 시청자가 1천만 명을 넘으며 화려하게 출발했다. 리그 독점 중계권을 확보한 트위치와의 시너지도 좋았다. 시즌 중반을 넘어가며 선수들도 점차 리그에 익숙해져 갔고, 경기의 치열함과 스포츠 느낌의 연출 등은 앞으로의 기대를 더 높이게 됐다.

2018년 9월, 시즌 종료를 거의 앞두고, 2019년에 새롭게 조인할 8개의 팀들이 더 발표됐다. 프랑스 파리와 중국의 세 개 도시(광저우, 항저우, 청두), 그리고 캐나다의 토론토와 밴쿠버 및 미국 2개 도시(워싱턴, 애틀랜타)가 더 풍성한 리그를 예고하게 됐다. 이 외에도 인텔, 토요타, 코카콜라 등 20개 이상의 S급 브랜드들의 파트너십이 이어지면서 규모적으로 많은 임팩트를 주었다.

2018년, 그리고 2019년을 거치면서 리그 운영은 점차 안정기에 접어든 것에 반해 시청 수치는 눈에 띄게 주는 모습을 보여주고 있었다. 이에 대해 여러 분석이 있었다. 개인적으로 비평해 보건데, 플랫폼을 독점으로 체결한 점, 그 플랫폼 내에서도 공식 채널을 제외하고 Co-Streaming(스트리머들이 플랫폼 내에서 방송을 보며 중계)을 허용하지 않은 점, 그리고 경기 수가 너무 많아 보는 이들의 흥미가 점점 떨어진

*출처 : 블리자드 엔터테인먼트 보도자료

점 등이 있다. 이외에도 한국선수의 지나친 편중, 지역연고 의미의 퇴색, 커미셔너의 중도 퇴사 등 여러 이슈들이 있었다. 게임 자체도 비판할 거리가 너무 많았다. 경쟁작인 LoL이 11년 간 150명이 넘는 챔피언 캐릭터를 만들어낸 것에 비해, 오버워치는 4년간 32개가 전부였다. 또한 비매너 유저, 핵 사용자, 대리게이머들이 여전히 많았고, 메타의 고착화 등도 게이머들에게 흥미를 잃게 만드는 요소로 작용했다.

한편으로는 왜 그 수많은 스포츠 프로리그들이 100년이 넘는 역사와 함께 단단하게 갖춰졌는지 알 수 있을 것 같다. 이게 게임이라는 종목이 가지는 빠른 변화의 속도와 짧은 생명력의 한계가 아닐까. 하지만 늘 말보다 실행이 어려운 법. 그리고 잘못된 점은 찾기 쉽지만, 도전해 보지 않은 자는 그보다 더 성장할 수도 없다. 그런 점에서 오버워치리그는 정말 e스포츠 산업이라는 큰 연못에 돌을 던져 큰 파장을 일으킨 것은 분명했다.

2020년에 들어서며 홈앤드어웨이 방식이 도입되면서 기존의 버뱅크 블리자드 아레나는 2019년 시즌을 끝으로 유종의 미를 거두었고, 각 팀은 홈 경기장 구축에 열심이었다. 그러나 코로나19 사태가 급속도로 전세계에 퍼지게 되면서 오프라인 경기는 중단되는 사태가 발생했고, 아쉽게도 모든 경기는 온라인으로 변경되었다. 전세계에 있는 선수들은 자기 나라 또는 특정 지역 숙소에 머무르며 경기만 치르는 어려움을 감내해야 했다. 그리고 이 사태는 이후의 e스포츠 경기들을 온라인으로 모조리 바꿔놓게 되었다. 모든 경기를 대면해서 치러야 하는 스포츠보다는 나은 상황이었지만, 확실히 글로벌리그를 온라인으로만 진행하는 것은 그 인기를 이어가기에 좋은 모습은 아니었다. 오버워치리그 시즌3는 온라인 결승으로 마무리가 됐고, 시즌4 역시 코로나의 영향 아래 매우 제한된 환경에서 오프라인 대회로 이어질 가능성이 크다.

e스포츠 역사의 시작과 최고의 순간을 창조해낸 블리자드의 야망이 오버워치리그를 탄생시킨 지 이제 3년이 지났다. 전통 스포츠 그 누구도 해내지 못했던, 아니 해낼 수 없었던 글로벌 프랜차이즈 리그의 꿈을 e스포츠로 도전해 봤다는 것에 큰 의미가 있다. 그리고 그 과정에서 많은 시행착오가 발생했고, 이 역시 e스포츠 역사의 한 페이지로 기록될 것이다.

첫 시작의 화려함에 비해 여러 악재가 겹친 오버워치리그. 과연 그 다음 이야기는 어떻게 전개될까. 나 역시 한 명의 팬으로서 또 산업에서 일하는 한 명의 구성원으로서 리그의 성공을 기원하는 마음으로 계속 지켜보겠다.

게임 수명의 한계와 가능성

2020년 5월 20일은 오버워치가 출시된 지 4년이 되는 날이었다. 블리자드 코리아 팀은 오버워치 4주년을 기념하고 국내 오버워치 팬들을 위한 선물의 의미로, 예전 루나틱 하이 멤버와 러너웨이 멤버의 대결을 컨셉으로 한 오버워치 감사제 특별 매치를 준비했다.

방송제작은 APEX로 국내 오버워치 e스포츠의 중흥기를 함께한 OGN에서 맡았고, 중계도 역시 APEX의 간판인 정소림 캐스터와 김정민, 황규형(용봉탕) 해설이 맡게 됐다. 코로나19 사태로 인해 무관중 행사로 진행됐

지만, 생방송 동시 시청자는 총 25만 명에 육박하며 흔히 말하는 대박 이벤트로 마무리됐다.

현장에 가서 경기를 지켜보며 만감이 교차했다. APEX라는 대회로 오버워치 e스포츠의 성공을 함께했었고, 또 그때 그 선수들이 지금은 해외로 진출해 글로벌 프로게이머로서 성장해 있는 모습을 보며 진한 감동이 느껴졌기 때문이다. 한국에서 꾸준히 선수생활을 하거나, 은퇴 후 스트리머의 삶을 사는 선수들도 있었다. 각자의 위치는 조금씩 달랐지만, 이번 이벤트를 위해 바쁜 시간을 내어 함께 자리해준 이들에게 고마움을 느꼈다.

오버워치 e스포츠가 여전히 오버워치리그와 그 아래 오버워치 컨텐더스, 오픈 디비전 등으로 구조적으로 잘 갖춰져 유지되고 있음에도 불구하고 그 시청자 수는 지속적으로 하락세를 보여왔다. 또 게임의 인기 역시 예전같지 못했다. 그런 의미에서 그날 스페셜 매치가 동접 25만 명 이상의 수치를 보이며 인기를 끈 것은 시사하는 바가 분명 있었다.

오버워치라는 게임과 e스포츠 인기의 하락세에 몇 가지 핵심적인 이유가 있었다.

내 생각을 아래 세 가지로 정리해 본다.

첫째, 게임의 컨텐츠 개발 속도.

오버워치가 누가 봐도 웰메이드 게임임은 정말 확실하지만, 런칭 이후 컨텐츠 업데이트의 속도가 타 게임에 비해 너무 느렸다. 현재 글로벌 e스포츠의 최고 선두두자인 LoL의 캐릭터(영웅) 수는 150개가 넘는다. 반면 오버워치의 경우 게임 런칭 시 21명의 영웅이 있었고, 4년이 지난 후에도 영웅의 수는 32개에 불과했다. 빠른 컨텐츠 업데이트에 익숙한 국내 팬들에게는 너무 답답한 속도였을 것이다.

또한 서로 경쟁하는 e스포츠의 특성상 새로운 캐릭터는 새로운 전략을 의미한다. 패치 업데이트(영웅 능력의 변화)도 전략의 재미를 더해주기는 하지만 결국 같은 캐릭터와 조합의 반복은 보는 맛을 없애기 때문이다. 게다가 블리자드가 2019 블리즈컨에서 오버워치2 런칭 계획을 발표한 이후, 개발진들이 그 프로젝트에 몰두하면서 오버워치2 런칭 이전에 더 이상의 영웅 추가는 없을 것이라고 공식화했다. 요즘처럼 게임시장 경쟁이 치열한 가운데, 오버워치2 게임 런칭만 기다리며 그 공백 기간을 인내심 있게 기다려 줄 팬들은 점차 사라져간다. 사람들은 다른 게임을 언제나 쉽게 접할 수 있고, 과거의 것은 금세 잊어버린다.

둘째, 리그의 운영 방식과 e스포츠 생태계.

오버워치리그는 세계 연고지를 대상으로 하기에 시간대와 장소의 제약을 '홈&어웨이'라는 방식으로 풀고자 했다. 또한 한국 포함 세계 8개 지역에 컨텐더스라는 브랜드로 2부 리그를 만들어 선수 수급을 하는 구조를 도입했다. 그러나 홈스탠드를 도입한 첫해 코로나19사태가 터지며 모든 오프라인 경기가 취소됐고, 모든 경기는 온라인으로 치러지며 반쪽자리 대회가 될 수밖에 없었다.

사실 코로나19 사태가 큰 영향이 있긴 했지만, 애초부터 홈스탠드 경기를 통해 각 홈팀이 수익창출을 내야 했던 리그의 구조가 근본적인 이유다. 예를 들어 한 팀이 1년에 4~6회 정도 홈경기를 유치하고 그 이벤트들을 통해 수익을 창출해야 했는데, 몇 개의 도시를 제외하고는 홈스탠드 이벤트로 돈을 번다는 것은 사실상 너무 현실성이 떨어지기 때문이다. 또한 2부리그로 전락한 컨텐더스는 과거 APEX의 인기와는 비교할 만한 것은 아니었다. 1부 리그와 2부 리그의 동시 추락이 결국 시청자 수와 팬의 하락으로 이어진 것이다.

셋째, 플랫폼 전략.

오버워치리그는 2018~2019년 2년 동안 트위치와 독점 중계를 결정했다. 오버워치 팬들이 대부분 트위치라는 플랫폼에 친숙해진 것을 감안하면 나쁘지 않은 선택이었다. 하지만 트위치 스트리머에게 동시중계권한을 부여하지 않은 것은 너무 아쉬운 판단이었다. 공식채널의 뷰어십 집중과 통계치 확보를 위해서 한 결정이겠지만, 더 크게 퍼뜨려야 할 시기에, 중앙채널로만 모든 인기를 통제하려고 한 점은 지금 생각해도 아쉽기만 하다.

또한 독점계약에 대한 성과도 많은 의문이 든다. 디지털 플랫폼의 다양성과 각 국가별 인기 플랫폼이 다름에도 한 곳과 독점계약을 함으로써 모든 다른 기회를 놓친 느낌이었다. 즉 물길은 열 개인데 한 길만 뚫어놔서 상류의 물을 다 소화를 못 시킨 격이 된 것이다. 결국 2020년 시즌3 시작 직전, 오버워치리그는 유튜브 게이밍과 3년 독점 계약을 다시 한번 맺게 된다. 유튜브라 하면 디지털 플랫폼 최강자의 위치에 올라와 있기에 뭔가 좋은 소식처럼 느껴질 수 있지만, 막상 시즌을 시작하고 보니 시청률이 곤두박질치는 상황이 발생했다. 유튜브로 독점 중계된 오버워치 리그는 유튜브에 존재하는 수많은 콘텐츠들과 경쟁하는 결과를 초래했다. 아직 유튜브 게이밍은 트위치보다 게임 방송 위주도 아니었고, 또 라이브 중계 컨텐츠를 하이라이트해주는 기능(예를 들면, 유튜브 메인으로 홍보해 주는 피처링)이 부족한 것도 원인 중 하나였다.

다들 e스포츠의 종목화를 얘기할 때 많이들 물어보는 것이 바로 게임의 수명이다. '올림픽 같은 대회에 지속적으로 출전할 수 있을 게임이 과연 있을까.', '게임의 인기가 얼마나 갈 줄 알고 e스포츠에 투자할 수 있겠나.' e스포츠를 하겠다고 공언한 게임사가 일종의 생태계를 성공적으로 구성하고자 노력하는 것은 당연하다. 프로게이머가 존재할 수 있는 규모의 대회들을 지속적으로 열고, 방송제작을 통해 전세계에서 그 대회들을 볼 수 있게 해주며, 마케팅을 통해 스타선수들과 팬층을 확보함으로서, 사람들이 마치 스포츠를 보듯이 e스포츠 컨텐츠(1부 리그)를 소비하면서, 또 게임을 지속적으로 플레이하도록 하는 선순환 구조를 만들고자 노력한다. 축구나 야구의 생태계 구조를 생각해 보면 이해가 쉬울 것이다.

하지만 이런 생태계 구성이 가능한 게임의 종류는 전세계적으로 많지 않다. 그리고 5년 이상 e스포츠를 성공적으로 끌고 간 게임은 한 손가락으로 꼽을 정도이다. 리그오브레전드, 카운터 스트라이크 글로벌 오펜시브(CS:GO), 도타2, 그리고 스타크래프트(스타크래프트와 스타2) 정도가 그 명단에 들 수 있을 것이다. 오버워치, PUBG 등이 그 뒤를 이을 게임 종목으로 이야기되고 있다.

오버워치 4주년 특별매치를 보면서 느낀 내 마음의 감동 한편으로는, 왜 4년밖에 안된 오버워치가 벌써 '추억을 파는' 게임이 됐을까라는 아쉬운 생각을 가지게 됐다. 인생사 새옹지마(人生事 塞翁之馬)라 했던가. 오버워치가 전세계로 폭발적 인기를 끌 때만 해도, 드디어 한참만에 LoL을 끌어내릴 대항마 게임이 나왔다고 들떠 있을 때가 있었다. 오버워치리그를 2018년에 런칭하며 각종 대형 계약 소식들을 쏟아낼 때만 해도 최소 10년은 이대로 이어갈 새로운 e스포츠 사업모델의 시초가 될 것이라 믿었다. 하지만 지금의 이런 다운 트렌드가 계속 된다면 앞으로 1년 후를 장담할 수 없을지도 모른다.

블리자드가 심혈을 기울이는 오버워치2는 분명 많은 것을 시험할 수 있는 계기가 될 것이다. 조금 냉정하게 말하면 아마 오버워치와 오버워치 e스포츠가 되살아날 마지막 기회가 될지도 모른다. 최근 액티비전-블리자드는 각 계열사(블리자드, 액티비전, 킹즈)의 통합 과정에서 임원 인사 조치를 많이 시행했다. 특히 최근에는 Sport & Entertainment라는 부서를 신설하고 전 MLB 부 커미셔너 출신 임원을 임명하기도 했다.

e스포츠는 이제 Sport&Entertainment의 일부가 되게 됐고, 미국 최고의 전통을 가진 프로 스포츠 임원이 앞으로 블리자드 e스포츠를 어떻게 이끌지 귀추가 주목된다. 나 역시 친정팬의 위치에서 블리자드, 그리고 오버워치 e스포츠의 성공을 기원한다. 다시 한번 말하지만, 누구나 실패는 할 수 있다. 그 실패는 반드시 성공의 뿌리가 되며, 도전하지 않는 사람은 영원히 성공하지 못한다. 이 모든 도전과 시행착오들은 훗날 역사의 한 페이지를 장식하며 그때 더욱 성장했을 진보한 e스포츠의 초석으로 기억될 것이라 믿는다.

블리자드에서의 마지막 페이지

2019년부터 블리자드 코리아 e스포츠 전체를 관리하는 역할을 하던 나는 2020년부터 아시아-태평양 지역 e스포츠 총괄 역할로 범위로 넓혀갔다. 블리자드가 지닌 다양한 IP의 e스포츠를 두루 경험하고 관리할 수 있는 좋은 기회를 쌓아 나갔다.

[총괄 당시 관리한 주요 대회 목록]
· 오버워치리그, 오버워치 컨텐더스 코리아/오스트레일리아/퍼시픽
· 하스스톤 그랜드마스터즈, 마스터즈 투어 APAC 및 제3자 주관 대회
· 스타크래프트 KSL 및 제3자 주관 대회
· 스타크래프트2 GSL
· 월드 오브 워크래프트 MDI 및 ARENA
· 워크래프트3 제3자 주관 대회
· 히어로즈 오브 더 스톰 제3자 주관 대회

스타크래프트 e스포츠의 근원지이자 e스포츠 종주국 대한민국. 한국만큼 블리자드 게임과 e스포츠를 사랑한 나라도 없을 것이다. 특히 한국만의

가장 큰 특징인 PC방 문화는 한국이 PC게임 위주의 e스포츠에서 강국이 될 수밖에 없는 이유이기도 했다. 또한 전국에 펼쳐진 LAN망과 방송제작 능력, 화수분처럼 쏟아져 나오는 유소년 선수들 이 모든 것이 한국의 강점이고 또 강점이었다. 아마 한국의 40대 아저씨(1989~79년생, 월드오브워크래프트, 디아블로, 스타크래프트 세대)들 중 블리자드 게임으로 돈 좀 써보지 않은 사람이 얼마나 될까 싶기도 하다. 블리자드 e스포츠 프로그램 중 한국이 차지하는 비중이 아무래도 높다는 사실이 내가 더 큰 역할을 하는 데 도움을 줬다는 생각이 든다. 아시아-태평양 총괄의 역할을 하며 2020년에 소화한 컨텐츠 총량만 3,500시간 이상, 방송일만도 500일이 넘었다. 지역 오피스로는 한국, 대만(동남아시아, 인도, 대만, 홍콩, 마카오 담당), 그리고 호주(호주, 뉴질랜드 담당)를 관리했다. 그중에서 단연 한국에서 생산된 콘텐츠가 압도적으로 많았다.

스포츠 시장에서 근무할 때만 해도 한국은 글로벌 스포츠 산업에서 중심이 아닌 변방국 정도 수준이었다. 스포츠산업 전방에서 일하던 나도 늘 뭔가 그 한계를 느껴왔던 것 같다. 특히 2018 평창올림픽이 끝나던 그 무렵, 한국 스포츠시장에서 내가 더 이상 성장의 동기부여를 가질 수 있을까라는 고민을 많이 했던 것 같다. 그리고 코로나19사태와 함께 스포츠 산업은 급격히 얼어붙었고, 생각보다 그 여파가 길게 이어졌다.

하지만 e스포츠는 달랐다. 내가 '대한민국' 출신이라는 이유만으로도 커다란 자긍심과 기회를 부여했다. 한국의 최고가 세계의 최고가 될 수 있고, 누군가 영어를 못해도 누가 대신 통역을 해서라도 그가 하는 이야기를 이해하려고 하는 스포츠 종목이었다. 그런 환경에서 종목사 e스포츠 담당을 했다는 사실은 내가 글로벌 e스포츠 전문가가 되는 커리어 과정에서도 매우 좋은 경력으로 남을 것을 확신한다.

e스포츠의 미래는 나도 예측하기가 어렵다. 여전히 시장에서 압도적 우위를 차지하고 있는 LoL과 e스포츠가 얼마나 그 인기를 더 이어갈지, IOC가 올림픽에서 e스포츠를 끌어안을 것인지, 만약 그렇다면 어떤 게임을 올림픽에 선정할 것인지, 어떤 게임이 또 전세계 e스포츠 시장에 위협적인 존재로 떠오를지, 정말 한 치 앞을 모르겠다. 하지만 한가지는 확실하다. 오늘보다 내일의 시장이 더 커질 것이고, 한 게임의 인기가 사그러들어도, 내일이면 또 수많은 게임들이 새로 출시되어 e스포츠계의 한 자리를 넘볼 것이라는 사실을 말이다.

여전히 글로벌 e스포츠는 PC게임 위주로 돌아가고 있지만, 앞으로 5년 이후의 양상은 어떻게 변할지 아무도 모른다. 텐센트가 개발한 모바일 AOS게임 '왕자영요(Honour of Kings, 글로벌버전 이름은 Arena of Valor)'는 중국과 아시아 지역에서 e스포츠로도 엄청난 성공을 거두었다. 또 다른 유사 모바일 AOS게임인 '모바일 레전드: 뱅뱅'이란 게임 역시 인도네시아, 필리핀 등 동남아시아에서 e스포츠로 엄청난 인기를 끌고 있다.

PC문화는 아무래도 선진국 경제수준(발달된 인터넷망과 집마다 PC를

가지고 있을 정도의 경제적 여유가 필요)에서나 가능하기에 많은 개발도 상국 중 이미 PC를 뛰어 넘어 바로 모바일세대로 변형된 나라가 많다. 게 다가 VR게임의 지속적인 발전도 앞으로 e스포츠가 갈 수 있는 또 다른 길 을 제시할지도 모른다.

블리자드는 e스포츠 산업의 발전에 정말 혁혁한 공로가 있다. 최근 몇 년 의 운영이 조금은 잘못된 방향이라 비춰질지언정, 그들이 이뤄놓은 토대와 또 앞으로의 계획들은 훗날 역사적으로도 큰 발자취로 남길 것이다. e스포 츠를 스스로 자생할 수 있는 하나의 독립적인 사업처럼 바라보든, 또는 게 임 마케팅의 일환으로 보든, 그건 크게 중요치 않다. 이런 시도 저런 시도를 해보며 그들이 궁극적으로 가지고 있는 블리자드의 가치 – '유저들에게 이 세상에서 가장 멋진 엔터테인먼트 경험을 선사하자(Dedicated to creating the most epic entertainment experiences...ever).'–를 실현해 나겠다는 그 신념에는 변화가 없을 것이다.

막상 블리자드를 떠난다고 생각했을 때는 겁이 나기도 했다. 주변 사람 들도 그 좋은 직장을 왜 그만두냐며 많이들 놀라는 것 같았다. e스포츠에 서 게임사의 절대적인 위치, 특히 블리자드같이 글로벌 e스포츠의 핵심적 인 위상을 갖는 회사를 떠난다는 것은 나중에 생각해 보면 후회막급일지 도 모른다. 하지만 나는 여전히 e스포츠계에 큰 믿음이 있어 이 산업에서 좀 더 미래를 계획해 보고자 한다. 게임사뿐만이 아닌 그 주변 산업 관계자 들도 수익모델을 발견할 수 있음을 반드시 증명해 보고 싶은 의지가 있다.

라이엇 게임즈나 블리자드 같은 회사들이 만들어 놓은 e스포츠 생태계는 앞으로 계속될 것이고, 그들이 벌려놓은 큰 사업 안에서 누군가는 반드시 돈을 벌어야 한다. 시간이 지났음에도 그런 구조가 나오지 못한다면 그건 정말 게임의 인기를 뒤엎는 착취에 지나지 않을 것이다. 젊은 시기를 모두 바친 선수들, 그리고 그 선수들을 통해 사업을 펼치는 구단들, 그리고 대회를 운영하고 방송을 제작하는 사람들, 중계하는 사람들, 학원을 차리는 사람들 모두 반드시 돈을 벌어 수익을 창출할 수 있어야 하고 이것이 잠시 후 사라지는 연기가 아니라 지속가능해야만 한다. 나는 그 모델에 오래 전부터 관심이 있었고, 이제 그 무모한 도전을 시작해 보려 한다.

블리자드에서 월급을 받는 사람으로서의 인연은 여기서 잠시 끝이겠지만, 앞으로도 e스포츠계에서 또 다른 위치에서 만나 일할 계획이기에 그리 슬프지만은 않다. 또 내 마음속의 영원한 고향인 만큼 모든 사람들과의 추억은 가슴 깊이 간직할 것이다. 특히 오랜 기간 함께한 독서클럽, '시블독(시공의 블리자드 독서클럽)'은 내게 정말 큰 행복이자 인생의 배움터였다. 모든 글의 마지막 페이지는 다음 글의 첫 페이지로 이어진다. 내 이야기가 여기서 멈추는 듯 보이지만, 아마 또 다른 시작의 페이지가 되어 다음 글로 이어질 날이 오리라 믿는다. 그 날을 기다리며 당차게 내 인생의 한 챕터를 다시 열고 빈 페이지를 채워나가고자 한다.

e 스포츠 마케팅 쪼개기

제 4 장

앞으로, e스포츠의 미래는 어떻게 될 것인가?

| ▶ |

최근 쏟아지는 관심만큼이나 e스포츠 산업에 큰 변화들이 일어나고 있다. e스포츠가 전통 스포츠를 뛰어넘는 인기와 위상을 가지기 시작하면서 스포츠 대회 정식종목으로 선정해야 한다는 여론이 확산되고 있다. 또한 정부는 제도적 지원 차원에서 아마추어 리그의 확대, 그리고 전용경기장 사업을 전국으로 확대하고 있다. 하지만 코로나19 사태의 위기 속에 e스포츠 산업의 뿌리인 PC방 사업이 직격탄을 맞고 영향을 받으며 악전고투하고 있다. 그러나 온라인 게임의 장점을 십분 활용한 e스포츠는 오히려 더 강해져 진화하고 있다. 위기 속에 더 빛나고 있는 e스포츠 산업의 미래, 과연 어떻게 변해갈 것인가. 그리고 우리는 무엇을 더 준비해야 하는가.

e스포츠 전용 경기장 러시!

2013년 본격적인 건립 시작, 2022년까지 약 10개 전용경기장 확보 예정
공급이 수요를 초과하는 현상에 코로나19 악재까지 겹쳐
자체 콘텐츠 확보한 구장 롤파크, 아프리카TV 경기장은 낙관적, 그 외는 글쎄올시다
장기 리그, 이벤트 영업 등 사용자 발길 찾는 컨텐츠 필요

　우리나라에 e스포츠 전용 경기장은 과연 몇 개나 될까? 2010년 이전은 스타크래프트 e스포츠의 활황기와 함께 소수의 e스포츠 경기장이 매우 바쁘게 돌아갔다. 직관을 원하는 팬들은 늘 존재했고, 결승전 정도를 제외하고는 방송국 스튜디오 환경에서 팬들과 함께 e스포츠 대회를 진행하며 수요와 공급의 균형을 맞춰왔다. 하지만 해를 거듭할수록 커져가는 규모와 e스포츠의 프로화와 더불어 e스포츠 전용 경기장들이 생겨나기 시작했다.

　2013년을 시작으로 2017년까지 국내에서 3개의 메이저 e스포츠 전용 경기장이 지어졌다. 바로 OGN e스타디움, 아프리카TV 프릭업 스튜디오, 넥슨 아레나가 그 주인공이다. 이 3개의 경기장은 연간 국내 e스포츠 경기의 거의 대부분을 소화하며 전문 방송 제작의 레벨을 한층 끌어올리는데 큰 기여를 했다. 하나씩 조금 더 자세히 살펴보자.

1. 서울 OGN e스타디움

　OGN e스타디움은 2016년 서울시와 문화관광부가 8년 간 435억 원을 투자, 그리고 OGN이 100억 원의 방송시스템을 투자해 만든 전문 경기장 이다. 국내 최고, 아니 세계 최고의 제작력을 갖춘 OGN이 만든 경기장이 기에 많은 고정 팬들이 상암동이라는 거리적 압박을 극복하고 늘 방문했 던 곳이다. OGN e스타디움이야말로 정말 한국 e스포츠의 대표 구장이다. e스포츠 역사를 창조하고 이끌어 온 OGN이 직접 경기장을 만들었으니 사 실 위치 빼고는 최고의 환경이었다.

　개장 당시, 하스스톤 마스터즈 코리아를 시작으로 e스포츠 제작의 시동 을 걸었고, LCK와 오버워치 APEX 제작을 통해 그 정점에 섰었다. 또한 PUBG의 인기에 따라 건물 2층 공간을 약 100개의 경기석을 갖춘 아레나 로 변경하기도 했다. 하지만 LCK가 롤파크로 이전하고, 그리고 오버워치 APEX, PUBG 서바이벌 시리즈가 종료되면서 아쉽게도 현재는 메이저 게 임 대회는 정기적으로 열리지 않고 있다. 여전히 다양한 e스포츠 대회가 꾸 준히 열리고 있지만 인기 IP가 제외되어 있어 최근의 동향은 e스포츠 영광 의 시절에 비하면 많이 못 미치는 편이다.

2. 아프리카 프릭업 스튜디오

　원래는 곰TV가 2013년 삼성역 인근에 개장한 곰TV 스튜디오가 프릭 업 스튜디오의 전신이다. 2015년 아프리카TV가 인수하면서 명칭을 변경 한 '프릭업 스튜디오'는 국내 e스포츠를 대표하는 경기장으로 수많은 아프 리카TV 주최 대회들을 개최해 왔다. 특히 스타크래프트2 GSL 대회는 해외팬들에게 많은 인기를 끌고 있어 GSL을 보기 위해 외국인이 찾는 경우가 매우 많았고 국제대회 결승전이 벌어질 경우 절반 이상이 외국인으로 가득 차는 진풍경을 보여주는 유서 깊은 경기장이다. 현재 가장 활발히 활용되는 경기장 중 하나이며, 아프리카TV의 핵심 컨텐츠 ASL, GSL, BJ멸망전이 열리고, LCK 2부 챌린저스 코리아, 오버워치 컨텐더스 등 외부 대회도 심심치 않게 열리는 곳이다.

3. 넥슨 아레나

2013년 개장한 넥슨 아레나는 이름에서 알 수 있듯이 넥슨이 네이밍 후원 겸 투자를 하고, 운영사는 SPOTV GAMES(현 Loud G)였다. 넥슨 아레나는 강남 한복판에 있는 400석 규모의 경기장이라는 어마어마한 강점을 가지고 있었다. 복층 구조로 되어 있어 높은 층고로 인한 탁 트인 느낌을 제공했다. 또한 웬만한 대회 결승전 무대의 소화가 가능한 환경이기에 강남이라는 이점까지 더해져 그 활용도가 정말 높은 경기장이다. 주로 활용됐는 대회는 넥슨 대표 대회 카트라이더 리그, 서든어택 챔피언스 리그, 케스파컵 등이다. 과거 전성기에는 스타리그나 피파온라인 리그도 진행했으나, 시간이 지날수록 대회장 활용도가 많이 떨어지고 사업거리가 줄어들며 경영이 악화됐을 것이라는 예측이 많다. 결국 2020년 7월 계약 만료와 함께 역사 속으로 아쉽게 사라지고 말았다.

이 작은 나라에, 그것도 서울 한복판에만 전용 경기장이 세 개나 존재했다는 사실은 한국 e스포츠 팬들에게는 감사할 일이다. 이들의 존재만으로도, 기존 e스포츠 주도 게임사는 물론 잠재적인 게임사들 역시 이곳들을 활용해 국내외 대회들을 유치/운영할 가능성이 커지기 때문이다.

e스포츠 경기장 비즈니스 러시가 시작되다

앞서 설명한 세 경기장은 사실 스포츠 경기장의 형태라기보다는 방송국/플랫폼 주도의 제작 스튜디오에 가까웠다. 따라서 한 편의 쇼를 준비하기 위한 제작환경(카메라, 조명, 경기석, 중계석 등)에 관람석이 더해진 공간이었다. 굳이 비교하자면, 스포츠경기장보다는 콘서트장에 가까운 형태 말이다. 따라서 관람객은 선수들을 바로 앞에서 보며 인게임 화면을 큰 LED 스크린으로 보는 형태였다.

그런데 최근 e스포츠 상설경기장 사업이 갑작스레 유행하는 추세이다. 기존 방송사들의 경기장에, 게임사, e스포츠 전문기업, 지자체 등이 이 사업에 뛰어들며 치열한 자리 싸움을 펼치고 있다. 2018년부터 지어졌거나 향후 2022년까지 건축이 확정된 추가 e스포츠 경기장들을 하나 하나 살펴보자.

롤파크

경기장 설립 프로젝트 유행의 시작은 단연 라이엇 게임즈의 '롤파크(LoL Park)'가 아닐까 싶다. 2018년에 라이엇게임즈가 직접 개장한 롤파크는 종로구(1호선 종각역, 5호선 광화문역 근처)에 위치해 있다. 임대 기간만 12년이라 알려진 롤파크. 롤 e스포츠를 위한 전용 경기장으로 카페, 굿즈샵, PC방(LoL의 형상을 따서 101석을 준비했다고 한다)까지 갖춘 초호화 e스포츠 경기장이다. 이 경기장은 당연히 국내 최고의 메가히트 e스포츠 대회인 롤 챔피언스 코리아(LCK, LoL Champions Korea)를 위해 만들어진 공간이다.

2019년 LCK부터 모든 경기를 소화하고 있다. 롤파크가 존재함으로써 좋아진 장점은 여러 가지가 있겠지만, 일단 선수들이 가장 최적의 환경에서 플레이할 수 있게 됐고, 팬들도 경기 외 콘텐츠(팬미팅, 빌지워터 카페, 선수 피규어 전시, 라이엇 PC방 등)를 다양하게 즐길 수 있는 기회를 갖게 됐다.

아프리카 콜로세움

기존 환경에 만족하지 못하고 더 큰 e스포츠 사업을 위해 경기장을 확장한 케이스도 있다. 아프리카TV의 신축 구장 '아프리카 콜로세움'이다. 앞서 소개한 아프리카TV '프릭업 스튜디오'는 삼성역이라는 위치의 강점이 있지만, 점점 커지는 아프리카TV의 e스포츠 사업을 모두 소화하기엔 부족했다. 그리하여 잠실역 롯데월드 옆 극장 공간을 임대해 새롭게 전용구장을 런칭했다. 아프리카 입장에서는 프릭업 스튜디오로는 늘 부족했던 e스포츠 경기장의 목마름을 한 방에 해결했다고 보여진다. 잠실 롯데월드라는 나름의 역세권 이점도 분명 있을 것이다. 아쉽게도 코로나19 사태가 맞물리며 아직 팬들에게 정식 개장을 제대로 못한 상황이지만, 향후 프릭업 스튜디오의 많은 e스포츠 콘텐츠를 소화할 것으로 예상된다.

너도 하냐, 나도 한다(일반 기업 경기장 구축 사업)

방송사나 게임사가 아닌 여러 게임 관련 기업들도 경기장 사업에 뛰어들었다. 이런 경기장 구축은 솔직히 내게는 꽤나 놀랄 만한 소식이었다.

VSG 아레나

먼저 온라인 게임 회사인 액토즈소프트는 역삼역 근처에 100석 규모의 e 스포츠 경기장 'VSG 아레나'를 개관했다. 액토즈소프트는 모바일 전문 게임회사로, e스포츠와는 직접적인 관련은 없는 회사였다. 그런데 강남에 100석 규모 e스포츠 경기장을 짓는다는 소식이 들려졌다. 삼성역과 선릉역 중간 테헤란로 한복판에 경기장이 들어섰고, 이런 저런 컨텐츠를 유치해 진행하고 있다. 큰 대회로는 스타크래프트 KSL 시즌3, 섀도우버스 코리아 오픈 등을 진행한 바 있다. 액토즈소프트는 e스포츠 구단 비즈니스를 동시에 진행 중이며, 현재는 TEAM VSG라는 이름으로 PUBG와 왕자영요 게임단을 운영 중이다.

레벨업 스튜디오

국내에서는 손꼽히는 e스포츠 유망기업인 빅픽쳐 인터렉티브가 건립한 e스포츠 전용경기장이다. 레벨업지지(lvup.gg)는 빅픽쳐 인터렉티브가 보유한 대회 전용 웹플랫폼이며 이 플랫폼을 통해 다양한 경기를 주최하고 오프라인 경기는 이곳을 통해 소화한다. 레벨업에서는 이미 리그 오브 레전드, 오버워치, 콜 오브 듀티 등 주요 IP의 아마추어 대회들이 다양하게 펼쳐지고 있다. 보통 아마추어 대회들은 많이 주목을 받지 못하는데, 레벨업 스튜디오는 2부 리그 팀들의 스크림 경기 등을 온오프라인으로 중계하는 방식으로 구단들의 아카데미 팀 홍보, 자사의 스튜디오 활용도 향상을 이끌어내는 윈-윈 전략을 쓰고 있다.

게임사들이 아마추어 대회는 좀 더 유연하게 IP승인을 해주기 때문에 대회 주관에도 어려움이 많이 없다. 코로나19사태로 인해 온라인으로 열린 2020년 오버워치리그의 Grand Finals 4강 및 결승 진출 팀들이 이곳 레벨업 스튜디오를 대관해 활용하기도 했다. 또한 빅픽쳐 인터렉티브는 직접 '엘리먼트 미스틱'이라는 구단을 보유하고 있기에 구단과 경기장의 시너지가 발생할 가능성도 많다. 다만 독산동에 위치하고 있고 역세권이 아닌 부분 때문에 접근성이 떨어지는 단점은 존재한다.

지방에도 e스포츠 경기장을!

지금까지 살펴본 전용 경기장들은 모두 서울에 모여 있다. 그 이유는 아마 대한민국 e스포츠 산업이 거의 서울, 수도권에 집중되어 있기 때문일 것이다. 하지만 이제는 전용 경기장 사업이 전국적으로 확대되고 있다. 정부에서도 문체부 게임컨텐츠산업과 주도로 e스포츠진흥법을 여러 차례 발의 및 개정하는 가운데 e스포츠 상설 경기장 사업을 추가하고 있다.

지난 2019년, 문화체육관광부 주관으로 'e스포츠 상설경기장 구축 지원 사업'이 진행됐다. 수도권을 제외한 지방자치단체를 대상으로 모집한 이번 사업은 국비 30억과 지자체 매칭 펀드 30억이 더해지는 조건으로 총액 약 60억 규모의 e스포츠 경기장을 지방도시에 건립한다는 취지이다. 이번 사업에 여러 지자체가 지원했고, 그 결과, 부산, 대전, 광주광역시가 최종 선정됐다. 60억 하면 엄청난 금액으로 느껴질지 모르겠지만, '경기장'이라는 사업의 규모, 그리고 사업에서 요청하는 시설 기준을 보면, 신축 구장을 짓기에는 많이 부족한 예산이다. 그래서인지 선정 지자체들은 모두 리노베이션 모델을 선택하게 됐다.

경기도는 이보다 통이 더 크다. 경기도는 2019년 독자적으로 e스포츠 전용시설 사업예산을 편성했는데, 도비 100억 원을 들여 경기도 내 e스포츠 경기장 사업을 공모에 붙였다. 부천, 성남, 안산, 용인 등이 경합을 펼쳤고, 결국 판교 IT기업들을 품고 있는 성남시가 최종 선정됐다. 이 사업은 도비 100억 원, 시비 150억 원, 민간 46억 원 등 총사업비가 300억 원 정도로 예상되는 가운데 업계의 기대감도 증폭되고 있다.

성남시의 경기장은 특히 신축 건립을 기본으로 하고 있으며, 판교 내 환상어린이공원 부지를 활용, 지상 3층, 지하 1층 규모의 e스포츠 경기장을 만든다. 주 경기장(400석)과 보조경기장, 선수 전용 공간과 PC방, 스튜디오 등이 자리 잡을 계획이다.

성남을 포함해, 위에서 언급한 부산, 대전, 광구 구장에 대해 간단히 살펴보도록 하자.

경기 e스포츠 경기장(성남시)

- 위치: 판교 환상 어린이공원 부지
- 개관 시기 : 2022년
- 주경기장 규모 : 400석
- 특이사항 : PC방 100석

부산 e스포츠 아레나

- 위치 : 부산 서면 복합 쇼핑몰 '피에스타' 15, 16층
- 개관 시기 : 2020년 말
- 주경기장 규모 : 328석
- 특이사항 : GC부산 운영 e스포츠 6개 팀, 부산 거주 국제e스포츠연맹과 협력 기대

광주 G플렉스 스타디움
- 위치 : 조선대학교 해오름관
- 개관 시기 : 2020년 말
- 주경기장 규모 : 1,000석
- 특이사항 : 현존 국내 e스포츠 전용 상설 경기장 중 최대 크기(대략 비교: OGN 600석, 넥슨 아레나 400석, 롤파크 400석, 아프리카 콜로세움 400석, 프릭업 스튜디오 200석)

대전e스포츠 상설경기장
- 위치 : 대전엑스포과학공원 내 첨단과학관
- 개관 시기 : 2020년 말
- 주경기장 규모 : 500석
- 특이사항 : 총사업비 70억 원을 예상했지만, 실제 40억 원 추가 투입 요구돼 사업 일시 중단

경기장 사업의 명암

사업 주관 기관에 따라 목표가 다를 수 있겠으나, 경기장 사업의 성패는 '컨텐츠 보유' 여부에 달려 있다. 더 단순하게 얘기하면 그게 처음이자 끝이다. 다른 말로 설명하면, 경기장을 개관한 후, 1년 365일 중 며칠이 운영되느냐에 따라 사업의 성공이 좌우된다는 의미이다.

국내 e스포츠의 가장 큰 부분을 차지한다고 말할 수 있는 LCK의 전 경기(결승전 예외)는 롤파크에서 벌어진다. 스프링과 서머 시즌으로 나뉘어 치

러지는 LCK의 대략적인 연간 총 방송일은 약 120일 정도이다. 단순한 계산으로 보면 LCK를 주목적으로 하는 롤파크는 1년의 1/3 정도가 운영된다는 이야기다. 뉴스를 통해 알려진 바에 의하면, 롤파크 건설에 들어간 돈이 임대비 포함 약 1,000억 원을 지출했다고 한다. 여기에 방송제작비, 자체 프로덕션 직원 인건비, 경기장 운영비 등은 매년 고정비며, 이를 모두 포함한다면 사실 매년 엄청난 지출은 불을 보듯 뻔하다. 라이엇게임즈 코리아의 주수익이 PC방 과금이나, 인게임 아이템 판매라고 하고, e스포츠 자체적으로 LCK 중계권/스폰서십 수익, 그리고 경기장 내 라이엇 PC방 수익, 식음 판매 등을 매출 요소라고 한다고 해도, 경기장 사업을 통해 수익모델을 창출한다는 것은 사실 쉽지 않을 것이다.

아프리카TV의 케이스는 어떨까? 아프리카TV는 자체 콘텐츠가 상당히 많은 경기장 사업자 중 하나이다. 그냥 유명한 것만 늘어놓아봐도 ASL(스타크래프트 리마스터), GSL(스타2), AWL(워크래프트3), BJ 멸망전(LOL, 스타, 스타2, PUBG) 등이 있다. 이 외에 대회 유치도 상당히 잘해오는 편이라, 오버워치 컨텐더스, PUBG 글로벌 대회 국내 예선 등이 꾸준히 벌어진다. 또한 '아프리카TV'라는 직접 보유하고 있는 디지털 플랫폼에서 벌어지는 자체 오프라인 엔터 행사들을 모두 치러낼 수 있는 공간이기도 하다. 즉, 자기 집 잔치를 하려고 할 때 놀 수 있는 큰 마당이 있는 셈이다.

아프리카TV가 최근 콜로세움이란 경기장을 하나 더 오픈한 것도 프릭업 스튜디오 하나로 소화해 내기 어려울 정도로 제작 콘텐츠가 많아졌다는 이유가 있다. 규모나 횟수가 늘어나다 보니 당연히 더 큰 경기장이 필요했으리라 생각한다. 자체 제작 컨텐츠는 플랫폼 비즈니스(자체 콘텐츠는 아프리카TV로만 볼 수 있으므로 유저 유입)로 바로 이어지기에 이보다 더 좋은 시너지 효과가 있을까 싶다.

위에 설명한 두 개의 경기장은 그래도 경기장 건립에 직접 투자할 만한 케이스인 게 맞다. 보유 컨텐츠가 명확하기 때문이다. 모든 경기장은 사업 유지를 위해 반드시 컨텐츠가 필요하다. e스포츠 상설 경기장이라면 아무래도 e스포츠 경기를 치러내야 하는데, 알다시피 e스포츠가 가능한 게임의 수는 한정적이고, 고정적, 장기적으로 리그를 치러내는 게임은 다섯 손가락에 꼽을 정도이다. 이런 상황에서 2022년까지 지금보다 약 다섯 개의 경기장이 더 생긴다고 보면 된다. 과연 공급에 맞는 양의 컨텐츠를 확보할 수 있을까. 정말 누가봐도 수요보다 공급이 많아지는 상황이다.

내가 만약 e스포츠 경기장 사업을 맡았다면 즉시 머릿속으로 이런 계획을 짤 것 같다.

1) e스포츠 경기 확보를 위한 최우선 유치작업을 위해 게임사를 만날 것이다.

2) 각종 신게임의 론칭 행사/e스포츠 제안, 스트리머 팬미팅 등 수단과 방법을 가리지 않고 대관일을 늘리기 위해 고민할 것이다.

3) 될 만한 게임을 하나 골라 IP 투자계약을 맺고 e스포츠 리그를 직접 탄생시킬 것이다.

여러 운영 방법이 있겠지만, 결국 해당 경기장을 대표하는 장기적이고 고정적인 e스포츠 리그가 있어야 하는 것은 경기장 사업의 가장 핵심 요소이다. 사람들이 OGN하면 떠오르던 리그가 무엇인가. 스타리그, 롤챔스(LCK), 오버워치 APEX 등이 아닌가. 이 세 가지 모두 더 이상 존재하지 않는다. 프릭업 스튜디오하면 적어도 ASL과 GSL은 첫 번째로 떠오른다. 그리고 이 대회들은 아직도 계속 운영되고 있다. 그 정도의 핵심 컨텐츠는 있어야 사람들이 계속해서 경기장을 찾게 마련이다. 고정적인 컨텐츠가 없이는 고용하는 사람의 인건비조차 부담일 것이다.

이게 수요보다 공급이 많을 때의 가장 큰 문제이다. 그렇다면 그 문제의 해결책은 없을까. 일단 다시 말했지만 장기적으로 대관을 해줄 리그 컨텐츠 확보가 필요하다. 그러기 위해선 IP의 확보가 필요하다. 게임사에서 IP를 확보해 리그를 제작/운영대행하거나, 자체 리그를 만드는 방법이 있다. 리그 제작/운영대행의 경우가 과거부터 진행하던 가장 흔한 경우의 대관 방법인데, 여기도 공급이 늘어남에 따라 상당한 경쟁이 예상된다. 게임사가 e스포츠 대회에 쓰는 돈을 가져간다는 이야기인데, 예전에 3개 회사가 비딩에 참여하던 것이 이제는 10개의 회사(경기장)가 들어오는 격이 될 수 있다. 결국, 가격 경쟁, 수혈을 감수한 치킨게임이 예상된다.

그렇다면 IP만 허락을 받아 자체 대회를 만드는 방법은 어떨까. 물론 가능하다. e스포츠 게임사들은 어쨌든 자신들의 게임이 계속해서 플레이되고 인기를 유지하길 바란다. 그래야 결국 기본 사업이 성공하는 거니까. 기존 게임사 주도로 이뤄지는 e스포츠 대회(메이저 리그)에 해가 되지 않고, 경쟁자로 의식되지 않으면서도, 게임사가 가려워했던 부분을 긁어주는 대회라면 아주 윈-윈 전략이지 않을까.

2020년 초 진행된 The Esports Night(T.E.N)은 이런 예의 본보기이다. 부산시와 Loud G가 함께 기획한 T.E.N의 1회는 'KT vs SKT 스타크래프트 프로리그 리매치'로 꾸며졌다. 과거 스타 프로리그의 역사적인 라이벌인 KT와 SKT의 이지훈, 박용운 전 감독을 비롯해 이영호, 김성대, 김택용, 도재욱 선수 등 당시 주축 멤버들이 대거 참가해 'e스포츠계의 슈가맨' 격 콘텐츠를 뽑아냈다. 이런 예처럼 게임사 입장에서도, 참여자 입장에서도, 시청자 입장에서도 재미있어 할 만한 연속성 있는 콘텐츠를 확보한 것은 넥슨 아레나를 운영하는 라우드G 입장에서는 매우 현명한 판단이었다 생각한다(이런 행사에도 불구하고 더 이상은 넥슨 아레나를 볼 수 없다는 것이 더욱 아쉽다).

하지만 이 역시 늘 쉽지는 않다. 항상 게임사와 협의해야 하며, 게임사 e스포츠에 경쟁이 되지 않으면서도, 흥행되는 컨텐츠를 만들어야 하기 때문이다. 기획과 제작에 들어가는 투자, 그리고 그 이상의 수익을 내야 하는 부담도 감내해야 한다. 따라서 분야를 막론한 영업전략은 당연히 필요할 것이다. 게임 론칭 행사, 콘서트, 세미나, 팬미팅, 심지어 벼룩시장이면 어떤가. 자체 프로그램(비 e스포츠 자체 행사 컨텐츠 개발, 아카데미, PC방 등)에 대한 고민도 사전부터 필요할 것이다.

경기장 사업, 유연한 자만이 살아남을 것

경기장은 사람을 모이게 하기 위해 만들어진 곳이다. e스포츠의 특징은 경기장에 가지 않아도 경기가 가능하다는 점을 잊지 말자. 그리고 유저들 대부분이 여전히 가는 것보다 보는 게 더 익숙한 층들이다. 그런 이유로 경기장 사업자는 한번 더 고민이 필요하다. e스포츠 경기장은 사람을 모이게 해야 하는 파워 고정 컨텐츠가 반드시 필요하다. 예상컨데, 지금의 경기장들은 단순히 e스포츠 용도로만 활용되서는 미래를 장담할 수 없음이 확실하다.

대회 주최자들의 대회 외주 제작 규모는 매년 연말에 이미 대부분 정해지고 제작사 선정도 연말 즈음에 결정된다. 그 예산을 쟁취하려는 노력 외에도 다른 돌파구가 반드시 필요하다. 투자를 하려는 자는 과감한 투자로 IP를 확보하는 방법을 택해야 할 것이며, 효율성을 추구하는 자는 초기부터 영업에 몰두하며 최적의 운영방안을 찾아야 할 것이다.

지자체 경기장처럼 국민의 세금으로 만드는 경기장들은 더 컨텐츠 유치가 절실하다. 아마추어 대회를 한다고 사람들이 경기장을 찾을 것인지 냉정하게 잘 고민해 보라. 사업계획을 세울 당시부터 '짓고 보자'식의 마인드보다는, 대회 유치를 위해 필요한 제작 예산을 미리 확보하고, 전문적 운영사를 선정하는 작업이 필요하다. 게임사 입장을 반드시 생각해 보자. 적어도 서울 경기장 옵션을 모두 제치고 지자체 경기장을 이용함으로써 얻는 이점은 있어야 할 것이다.

앞으로 경기장 활용 상황을 주의 깊게 지켜볼 필요가 있다. 스포츠 계에서도 큰 메가 이벤트 한번 열겠다고 전국에 경기장을 지어 넣고 활용을 못해 텅빈 공간에 대한 운영비로 국세 낭비하는 경우가 허다했다. e스포츠라도 예외는 아닐 것이다.

지었다면 (무슨 수를 써서라도) 채워야 한다. 짓지 않았다면 채울 고민부터 하고 짓자.

경기장 지어놓고 날림이었다, 운영 미숙으로 파리 날린다 이런 기사는 보고 싶지 않은 간절한 마음이다. 모든 경기장이 정말 게임과 e스포츠를 통한 신사업의 활로를 뚫어주고, 새로운 레저문화의 중심지가 되는 날이 올 것이라 믿는다.

02

코로나19 사태와
e스포츠의 돌파구

코로나19 사태, PC방 중심 게임 문화에 심각한 타격
스포츠와 달리 e스포츠는 온라인 경기 진행에 친숙
향후 글로벌 대회조차 온라인/오프라인 믹스 형태 대회로 변형 가능성 높아

2020년 전세계를 강타한 코로나19 사태로 인해 우리 삶에 여러 큰 변화가 생겼다. 스포츠계는 어떨까. 일단 코로나19의 확산과 함께 전세계 스포츠는 모두 중단됐다. 2020년 예정됐던 도쿄 하계 올림픽은 그 다음해로 연기돼 버렸다. 상황이 조금씩 나아지자 여러 스포츠 리그들이 그나마 무관중 및 제한된 인원으로 경기를 재개했다. 신기하게도 이런 상황이 되자 내가 얼마나 진정한 스포츠 팬이었는지를 깨닫게 됐다. 하루에 여가로써 소비하는 스포츠 뉴스와 컨텐츠가 이렇게나 많다는 것을 새삼 알게 된 것이다. 반대로 그동안 당연시하던 스포츠라는 것이 내 인생에서 없어지자 삶의 많은 부분이 무미건조해짐을 느꼈다.

이번 코로나19 사태로 e스포츠도 완전 얼어붙었다. 세계 e스포츠 리그 대부분의 오프라인 이벤트들은 줄줄이 취소됐다. 라이엇게임즈, 블리자드 등 메이저 e스포츠 리그들이 순간 중단되었고, 세계 3대 게임전시회로 불리는 'E3'가 전격 취소됨은 물론, 국내에서는 10년 역사의 게임쇼 '플레이

엑스포'가 연기를 발표했고 매년 11월 개최되는 '지스타'는 온라인 방식으로 진행하기로 결정됐다.

코로나19사태가 본격적으로 영향을 끼쳤던 2020년 3월의 PC방 사용률은 약 18.79%였다. 또한 각 지자체에서 행정명령을 통해 영업제한이나 사회적 거리두기 방침을 시행하면서 과거 같은 기간에 비해 낮은 이용률을 기록했다. 사회적 거리두기 단계에 따라 PC방은 폐쇄와 개장을 반복했지만 그만큼 손님의 수는 줄어들었고, 이는 PC방들의 줄도산으로 이어졌다. 또한 사용시간 대비 과금 정책을 가지고 있는 게임사 입장에서도 연계적으로 매출에 손해가 발생하고 있다. 어느 서비스업이든 타격이 없는 업계는 없겠으나, PC방 업계도 이번 일로 인해 큰 손해를 감내해야 하는 상황을 맞았다.

'아하… 할 일이 없다…'

코로나19 사태와 함께 이런 생각 안해본 사람이 과연 있을까. 학교, 직장, 여행지, 도심, 레저공간, 어디 하나 갈 곳이 없다. 어쩔 수 없는 일이지만, 이런 사태를 겪어본 적 없는 대부분의 국민들은 핸드폰, 컴퓨터, TV로 시간을 보내게 됐다. 평소라면 주로 모바일 게임이나 유튜브 같은 스트리밍이 편하게 접할 수 있는 컨텐츠 소비였다면, 이런 특수한 상황이 되니 게임, 스트리밍, 모바일 영상 콘텐츠들의 소비량이 엄청나게 늘어나 버렸다. 우리나라와 다르게 집에서 게임을 하는 것이 일반적인 서구문화에서는 더욱 그렇다.

PC게임 플랫폼인 '스팀'의 자료를 보니, 최근 2020년 3월 15일 스팀 동시 접속자가 역대 최대인 2천만 명을 돌파했다고 한다(2019년 3월 대비 15% 상승). 보통 개학과 맞물려 게임 비수기로 여겨지는 3월에 이런 수치가 나온다는 것은 그만큼 사람들이 집에서 게임을 많이 즐긴다는 반증이다. 캐주얼한 모바일 게임에 비해, 한번 플레이를 시작하면 최소 몇십 분이 강제되는 PC게임은 여러 게임 환경이 받쳐줘야 한다. 장비, 시간, 집중 등이 필요하다는 의미이다.

그래서인지 트위치 같은 게임 스트리밍 플랫폼이 유래없는 활황을 이루고 있다. 스트림 엘레멘츠와 게임 통계 사이트 Arsenal.gg에 따르면 전세계 트위치 시청률이 10% 증가했으며 유튜브 게이밍 시청률도 15% 증가했다고 한다. 또한 스트리밍 미디어 전문 시장조사업체인 콘비바(Conviva)의 보고서에 따르면 글로벌 OTT 시장은 코로나19 사태로 2020년 3월 시청시간이 20%나 증가했다고 한다. 놀랄 일도 아니다. 나 역시 집에서 유튜브와 트위치만 쳐다보고 있었으니 말이다.

코로나19 서바이벌 모드 발동! – 스포츠는 멈췄지만 e스포츠는 계속 된다

지금은 전세계 모든 스포츠가 중단됐지만, 그 결정을 내리기 직전까지 산발적으로 '무관중 경기'가 진행됐다. 무관중 경기를 본 사람은 알겠지만, 스포츠에서 무관중 경기는 진짜 보는 맛이 떨어진다. 축구로 보면 공 소리와 선수 및 코치진이 소리 지르는 소리로 가득찬 90분의 연속이다. 게다가 골을 넣었을 때의 함성은 우리 동네 조기 축구와 비슷하다. 천하의 네이마르도 무관중 앞에서 다를 것 없더라. 스포츠가 팬 중심으로 이뤄진다는 것은 바로 이런 곳에서 확인할 수 있다. 관중의 함성과 응원, 리액션이 없는 스포츠 경기는 사실상 속 빈 강정과 다름 없음을 느끼게 됐다.

반면 e스포츠는 어떨까?

e스포츠 역시 프로스포츠의 외형을 많이 닮아 있다. 선수, 경기장, 경기석, 관중석, 팬들의 함성. 하지만 e스포츠는 명확하게 다른 점이 있다. 직

관을 한다고 해도 선수들의 플레이 모습은 어차피 대형 스크린을 통해 보게 되고, 방송으로 보나 현장에서 보나 인게임 화면이 대부분의 콘텐츠를 차지한다. 즉, 선수 입장하고 자리 세팅 후 경기준비된 후부터는 방송 그래픽 제외하고는 다 인게임 화면이라는 얘기다. 보통 하루 방송의 8할 정도는 인게임 화면일 것이다.

코로나 사태로 전면 연기, 취소됐던 e스포츠 리그들은 사태가 장기화되자 빠르게 온라인 대회로 방향을 선회해 다시 경기를 재개했다. 콘텐츠에 목말라 있던 게임팬들에게는 정말 반가운 소식이 아닐 수 없다. LCK, 오버워치 리그, 배틀그라운드 PGS 등이 온라인으로 빠르게 전환해 대회를 재개했다. 또한 오버워치 컨텐더스, 스타크래프트 ASL, 스타2 GSL 등 일부 대회는 무관중 오프라인 대회(관중은 없으나 선수는 스튜디오에서 경기)로 진행을 하고 있다.

온라인 대회의 경우 중계진은 방송 스튜디오로, 선수들은 숙소나 자체 팀 경기장소에서 경기를 펼친다. 전화나 화상 인터뷰는 언제든지 쉽게 가능하다. 이런 온라인 진행모델은, 콘텐츠는 계속 생산하면서도 비대면으로 경쟁 스포츠가 가능한 최적안을 찾은 것이다.

위기를 기회로, 앞으로 벌어질 e스포츠 형태 변화

이번과 같은 전염병 사태는 사실상 사람과 사람이 대면할 수 없는 상황을 강제했다. 스포츠는 물리적 접촉이 불가피한 경쟁이므로 이에 직접적 타격을 받을 수밖에 없었다. 그런 면에서, 온라인 게임은 오히려 빛을 발할 수 있었다고 생각한다. e스포츠는 역사적으로 온라인에서 이뤄지던 게임을 오프라인으로 꺼내서 진행되어 왔던 면이 있다. 마치 스포츠처럼 관중

석을 만들고 팬들이 현장을 찾아 응원하게 만들었던 것이다. 하지만 e스포츠의 근본은 온라인에서 만나 경쟁하는 것이기에 그 근본에만 충실해도 사실 문제될 것은 없다. 그런 면에서는 가장 코로나19의 영향을 '덜' 받는 콘텐츠인 것만은 확실하다.

온라인 중계에 대한 우려는 여전히 많다. 안정된 인터넷망, 중계진, 옵저버만 갖춰진다면 경기와 중계는 크게 문제될 것이 없다. 다만 선수를 직접 볼 수도 없고 현장감이 떨어지는 한계가 있다. 또한 보통의 e스포츠 경기는 라이브 서버의 위험성을 낮춘 별도의 LAN 환경을 기반으로 안정된 경기를 보여주는 반면, 온라인 경기는 인터넷망이 조금이라도 문제가 되면 게임 플레이에 직접적인 영향이 갈 수 있기에 여러 위험성을 안고 있기도 하다.

오버워치 리그처럼 글로벌 연고를 가진 팀들이 경쟁을 온라인으로 하는 경우는 어떨까. 오버워치 리그는 코로나19 사태 장기화로 인해 남은 시즌 전 경기를 온라인으로 진행하겠다고 발표했다. 원래 계획이었던 각 지역 연고팀의 홈 개최 방식인 '홈스탠드'가 코로나19 사태로 인해 취소됐거나 미래가 불투명했기 때문이다. 글로벌 팀들이 각자의 연고지에서 머물며 경기를 한다고 했을 때, 전세계의 팀들을 인터넷 안정성이나 접속 이슈 없이 온라인으로 경기를 해본 경험은 아마 e스포츠 역사에 아직 없을 것이다. 보통은 한 장소나 적어도 한 국가에서 동일 서버를 이용할 때나 가능했던 온라인 플레이를 글로벌 대상으로 실행한다는 건 사실 굉장한 도전이자 모험이었을 것이다.

그래서 게임을 할 때 '서버'라는 게 존재하는 것 아닌가. 각국에서 다른 나라 서버에 접속할 때는 네트워크에서 말하는 레이턴시(Latency, 지연시간)가 발생하기 때문에, 레이턴시가 있다는 건 0.1초의 컨트롤을 중요시하는 프로게이머들에게는 용납할 수 없는 환경일 것이다.

그래서 e스포츠도 줄곧 오프라인 경기를 추구해왔던 것이다. 하지만 이제는 방법이 없다. 리그를 취소하지 않는 한 온라인이 강제된 상황이다. 그런 면에서 오버워치 리그의 향후 대회 운영 방식에 매우 관심이 가는 바이다.

쇼는 계속되어야 한다

코로나19 사태로 인해 정말 많은 산업, 자영업 등이 피해를 입고 있다. 스포츠와 e스포츠가 중단된 것이 중요하지 않을 정도로 삶의 기로에 서있는 사람들도 많다. 설령 그런 상황까지는 아니더라도 집에서 오랜 시간을 보내다 보면 무기력해지기 십상이다. 우리의 여가문화 대부분이 중단됐기에 볼 것도 마땅치 않고 콘텐츠에 대한 수요가 들끓는 상황이다.

e스포츠의 미래를 예측해 보자면, 코로나19 사태를 다 극복한 후에도 좀 더 온라인에 한걸음 다가간 방식으로 변형될 것이라고 생각한다. 전세계의 플레이어들이 서로 경기를 하더라도 연결망의 안정성이 확보되고, 레이턴시 문제가 없다면 굳이 다른 지역이나 나라로 이동할 필요는 없을 것이다.

이런 모습을 상상해 본다. 서울에 있는 한 인기팀과 상해에 있는 한 인기팀이 경기를 하는 날이다. 각 팀은 자신의 홈 경기장(지역 홈경기장)으로 가 경기석에 앉는다. 관중석에는 100% 홈팀을 응원하는 팬들이 자신의 팀을 응원하고 있다. 화면을 경기로 보며 그들의 플레이에 열광하고, 승리에 도취된다. 어웨이팀이 없는 모두가 홈팀인 이 시나리오. 얼마나 멋진 모습인가. 코로나19 사태가 우리 삶의 많은 부분을 제한했지만 e스포츠는 더 강해져서 돌아왔다. 그리고 쇼는 앞으로도 계속될 것이다.

03

프로게이머의 은퇴 후 미래
100분 토론!

프로게이머뿐 아닌 아마추어 선수들까지 포함한 은퇴 프로그램 고민해야
대부분 개인방송, 코치, 아카데미 강사 외에는 커리어 끊어져
e스포츠 주최 게임개발사와 대한체육회가 더 큰 책임감 가져야 할 때

'프로게이머의 은퇴 이후 삶, 무엇을 준비해야 하는가'

이런 주제의 기사를 여러 번 접해본 바 있다. 제목은 저렇게 지었지만, 사실 이 주제의 대상은 '프로게이머'만이 아닌 '아마추어 선수'들도 포함해야 한다. 우리가 프로라고 여기는 선수들 외에도 프로게이머를 꿈꾸고 있는 모든 유망주들, 그리고 결국 프로가 되지 못한 채 꿈을 접은 아마추어 선수들까지 그 대상에 넣어야 한다는 이야기다.

토론을 위해 이런 세 가지 질문을 던져 본다.

첫째, 그들은 대부분 은퇴 후 뭘 하는가?

둘째, 그들은 무엇을 할 수 있는가?

셋째, 그들을 누가 책임져야 하는가?

이 세 가지의 큰 명제를 따라가다 보면 오늘 하고자 하는 이야기의 핵심을 살펴볼 수 있을 것 같다.

첫째, 그들은 대부분 은퇴 후 뭘 하는가?

2019년 한국e스포츠협회의 조사에 따른 프로게이머 평균 은퇴 예상 나이는 26.1세였다. 남자 선수가 99%인 프로게이머 세상에서 대부분의 선수들은 은퇴 후 군대를 가는 것이 일반적인 수순이다. 은퇴를 하더라도 자신의 인기를 활용해 개인방송으로 생활을 이어가는 선수들도 적잖다. 협회에서 발표한 자료에 따르면 국내 프로게이머 숫자는 약 420명이었고, 설문조사에 참여한 선수들 중 미래계획을 묻는 질문에 3분의 1정도는 '별로 생각해 본 적이 없다'라고 밝혔다고 한다. 보통 그 정도의 나이라면 사회생활을 시작하는 나이인데 그 나이에 은퇴가 가까워지는데도 미래에 대한 생각을 많이 해보지 않았다면, 이 정도면 심각한 문제 아닌가. 아니면 이런 생각도 든다. 은퇴가 가까워질 때까지 정말 미래에 대한 고민을 할 여유가 없는 환경은 아닐까.

선수들의 은퇴 후 예상되는 진로는 보통 다음과 같다.

1) 군대 (진로라기 보다는 일반적인 선택지)

2) 개인방송

3) 코치

4) 해설자

5) 기타(아카데미 학원선생님, 학업, 취직, 개인사업 등)

군대는 사실 진로라고 말하기는 어렵고, 국가의 의무에 당면한 사람으로서 향후 2년 남짓한 시간의 진로가 강제되는 것이라고 할 때, 2번에서 5번이 가장 많이 생각하게 되는 경우가 될 것이다. 인기가 있는 선수라면 개인방송으로 그 팬덤을 이어가는 게 당연하겠지만, 그럴 수 있는 스타 선수의 수가 얼마나 될까. 코치나 해설자 역시 인기에 대한 보장 없이는 가기 어려운 진로코스이다. 물론 모든 코치/감독이 인기 선수 출신은 아니다. 하지만 특히 팀게임에서 선수의 실력이 입증하는 판단력, 팀워크, 리드력 등은 확실히 그렇지 못한 선수에 비해 돋보이기 마련이다.

그럼 이런 선택지가 전부일까. 꼭 그렇지는 않다. e스포츠 1세대(스타크래프트)들의 현재 모습을 가끔 기사로 살펴보면, 간혹 눈에 띄는 경우들이 있기도 하다. 과거 인기 선수 출신 CJ엔투스의 서지훈 선수는 CJ스포츠 마케팅팀에 취업해 회자가 되기도 했고, 서경종 선수처럼 콩두 컴퍼니 같은 회사를 직접 창업하기도 했으며, 임요환이나 홍진호 선수처럼 방송인이 되기도, 최인규 선수처럼 전업 포커플레이어가 되기도 한다. 하지만 지금 약 20년이 지난 프로게이머 역사에서 이런 특이 케이스는 뭔가 시스템 구축으로 만들어진 진로 선택지라 보기는 어렵다. 다시 말해 개인의 노력으로 그냥 그렇게 된 것이지, 시스템으로 만들어진 것이 아니라는 뜻이다.

한편 프로게이머가 되지 못한 아마추어 선수들의 진로는 어떻게 될까. 예를 들어 20살까지 연습생 또는 2군을 전전하다 결국 그만두게 된 아마추어 선수가 있다고 치자. 그의 진로는 어떻게 예상하는가. 포기한 나이가 이르면 어릴수록 뭔가 새롭게 시작할 수 있는 가능성이 더 높겠지만, 20대 초반까지 프로게이머를 준비하다 그만둔 경우라면 사실 가장 중요한 학업의 시간을 모두 게임에 바친 것이기에 쉽게 진로탐색이 되지 않을 수 있다. 이 경우는 이후 진로를 예상하기 어렵다. 군대 옵션을 제외하고는 모든 것이 리셋되고 처음부터 다시 해야 한다. 간혹 아카데미 학원 선생님이나 또는 코치 등의 재질이 보인다면 오히려 그쪽으로 처음부터 파고드는 것이 나을 사람도 있을 것이다. 그만큼 옵션이라고 말할 것도 딱히 없다. 이들의 앞에 놓인 미래는 과연 어떻게 될 것인가.

둘째, 그들은 무엇을 할 수 있는가?

선수 입장에서 생각해 보면, 은퇴 후 e스포츠와 관련된 업종에서 일하고 싶은 건 정말 당연할 것이다. 자기 삶의 가장 많은 시간을 할애한 것이 게임인데, 그것을 버리고 다른 것을 하는 것이 쉬운 일이겠는가. 그래서인지 협회 설문조사 등을 보면 프로게이머들의 은퇴 후 진로 희망사항에, 개인 방송, 해설, 또는 코칭 스태프의 비중이 높다. 이 부분은 생각해 볼 때 그들이 잘하는 것이 과연 무엇인지 따져볼 필요가 있다.

1) 게임 지능.

2) 게임 전략.

3) 게임 코칭.

지능이 좋으면 자신이 플레이하는 모습만 보여줘도 누군가는 그걸 보고 따라할 것이고(개인방송), 전략을 짜는데 타고 났다면 그것을 후배들에게 전수할 수 있고(팀코칭스태프), 누군가에게 게임하는 방법 자체를 잘 가르치는 능력이 된다면 1:1 과외나 학원 과외(아카데미 선생님)가 가능할 것이다. 그 외의 개인별 기타 능력은 사람마다 다를 것 같다.

개인 방송은 아마 그들이 취할 수 있는 가장 쉬운 방식의 전향방법일 것이다. 혼자 앉아서 게임도 하고 소통도 하며 돈을 벌 수 있다는 단순 공식이라면 말이다. 여기서 핵심은 내 방송을 누가 몇 명이나 보고 별풍선과 후원, 광고수입이 얼마나 될지에 대한 답이 나오는지 여부일 것이다.

선수들이 바라보는 해설, 코칭 스태프의 꿈 역시 정말 자연스러운 현상이다. 선수 출신이 지도자의 코스를 밟는 스포츠 세계와 유사하기도 하다. 하지만 문제는 바로 일자리의 절대적 숫자가 부족하다는 것이다. 각 팀당 코칭스텝 수와 프런트의 수에 국내 팀 수를 고려해 보면 일자리 수가 딱 보일 것이다. 축구처럼 모수가 많은 것도 아니고, 게임의 수명도 스포츠와는 다르기에 내가 지금 지도자로 가는 이 길이 향후에 어떤 미래를 보여줄지 솔직히 명확하지는 않다.

지금까지 살펴본 몇 가지의 은퇴 후 경로가 어떻게 보이는가. 정말 좁은 문으로 보이지 않는가. 개인방송, 코치, 해설자, 아카데미 학원선생님 등 외의 새로운 길이 반드시 필요하다. 그리고 이 길은 스스로 알아서 개척하라고 말해서는 안되며, 제도적인 지원이 반드시 필요하다. 적어도 e스포츠 종주국이라 불리는 한국이 결국 '선진국' 소리를 들으려면 반드시 준비해야 하는 시스템이 바로 '은퇴 선수 관리 프로그램'이라는 얘기다.

셋째, 누가 책임져야 하는가?

스포츠의 경우를 살펴보자. 대한체육회의 경우 대한체육회 산하 '은퇴선수진로지원센터'를 운영하고 있다. 국민체육진흥기금 지원사업인 이 센터는 기준에 따라 '체육인'을 등록 및 관리하고 그들의 은퇴 후 진로를 지원해준다. 국민체육진흥기금은 국민체육진흥공단(KSPO)에서 나오고 그들의 기금조성사업 중 가장 핵심이 바로 스포츠 토토, 경륜, 경정 사업이다. 나라에서 관리하는 건전 갬블링 사업의 수익이 이런 곳에 쓰인다는 것이 매우 바람직한 일이며 칭찬받아 마땅한 일이다.

나도 [스포츠마케팅 쪼개기] 출간 이후 1년에 한두 번씩 대한체육회 진로지원센터로 특강을 가곤 한다. 보통 강의를 가면 참석자는 20대부터 50대까지, 출신 종목도 야구, 농구부터 바이애슬론, 패러글라이딩까지 정말 다양했다. 강의 때마다 느끼지만, 운동선수 출신들이 은퇴 후 느끼는 진로에 대한 불안감, 사회진출 시 갖는 두려움은 생각 외로 크다. 프로로 진출한 선수들을 제외하면 정말 90% 이상의 운동선수 출신들은 20대 중후반부터는 진로에 대한 생각을 하지 않을 수 없다. 대부분 어린시절부터 운동만 해왔기에 일반 학생들과 대비 사회진출 준비를 제대로 해올 수 있었을까. 다시 말해, 운동으로 밥 벌어먹을 게 아니라면, 앞으로 남은 인생을 뭐먹고 살지 고민하고 그곳에 답이 있어야 하지 않느냐는 말이다.

대한체육회 공식 페이지를 통해 조회한 '등록 체육인'의 수는 2020년 12월 기준 약 11만 명이었다. e스포츠 협회가 파악한 등록선수는 약 480명으로 이는 아마추어 선수를 모두 배제된 숫자다.

'과연 누가 책임져야 하는 문제인가'

내 입장에서 가장 첫번째 답은 바로 '종목사'이다. 종목사는 게임개발사를 말한다. 하지만 현실은 그렇지 못하다. 돈이 없어서 그럴까? 나는 돈이 없는 게임사를 본 적이 없다. 게임사가 주최하는 e스포츠 상금이나 대회 제작비만 봐도 돈이 없어서 못하는 것은 이유가 아니다. 아마 그래야 하는 내부 명분을 찾지 못해서일 것이다. 현실적으로 말해, e스포츠 단독 사업으로만 수익성이 있는 게임사는 아직 없다. 아무리 중계권을 비싸게 팔고, 스폰서십을 열심히 팔아도 자기들이 들이는 비용에 비하면 아직 손익분기점을 넘기는 어렵다. 그런데 왜 아직도 e스포츠를 통해 돈을 쓰는가. 당연히 그 결과가 게임 비즈니스로 이어지기 때문이다. 사람들이 계속 게임을 사고, 인게임 아이템을 사고, PC방에서 플레이를 해줌으로써 돈을 벌수 있기에 e스포츠도 지속 가능한 것이다. 그렇다면 게임사가 은퇴 후 선수를 책임져야 하는 이유는? 아마도 게임사 입장에서는 아직 명분이 많이 부족할 것이다.

그럼 협회는 어떤가. 축구를 예로 들어보자. 축구의 은퇴 후 진로 프로그램은 대한프로축구연맹이나 대한축구협회가 담당하지 않는다. 위에 설명한 것처럼 대한체육회를 통해 은퇴선수지원 프로그램을 운영한다. 한국 e스포츠협회는 2019년 7월, 대한체육회 인정단체가 됐다. 종목사가 아닌 체육 중앙 기관이 은퇴 후 선수를 관리하는 것이 정책이라면 이제 대한체육회는 e스포츠 선수들까지 포용할 때가 되지 않았을까. 그렇지 않다면 한국 e스포츠협회가 좀 더 많은 예산을 확보하여 선수들의 진로를 찾아주는 노력을 해주길 진심으로 바란다.

하지만 협회의 노력은 한계가 있을 수밖에 없다. 위에서 종목사인 게임사가 은퇴 후 선수를 책임지지 못하는 내부 명분의 한계가 있음을 명시했지만, 여전히 게임사가 그 책임을 져야 하는 게 맞다고 강하게 믿는다. 적어도 한두 해 e스포츠를 시도하다 없어지는 게임이 아니라면 은퇴 후 선수를 다시 자신들이 뛰어놀 수 있는 사회로 환원시키자는 책임감을 느껴야 한다. 선수들이 은퇴 후 학업을 이어가고, 또 e스포츠 산업으로 커리어를 가질 수 있게 도와주는 프로그램이 있다면 그 예산을 적극 지원하고 또 자신들의 게임 출신이라면 차후 면접에서도 이점을 주는 등의 방법을 고려하면 어떨까. 나도 게임사에 있었지만 이런 아이디어를 머릿속으로만 생각하고 실제로 추진하지 못한 게 너무 아쉬울 뿐이다.

최근 '경기컨텐츠진흥원'으로부터 'e스포츠 연관산업 종사자 육성 사업 심사' 심사위원 의뢰를 받았다. 자료를 살펴보니 사업 목적이 다음과 같았다.

'e스포츠 선수들의 짧은 선수생명과 낮은 연령대를 고려 은퇴(예정) 프로게이머 및 e스포츠 프로진출이 어려운 아마추어 선수 대상 직업전환 프로그램 추진'

e스포츠 산업에 종사하는 사람으로서 볼 때 참으로 감사한 일이다. 한편으로는 내가 할 일을 대신 해주는 것 같아 부끄러운 느낌까지 든다. 모든 인

생이 자신의 선택이라지만, 적어도 어린 10대 시절을 게임에 바친 그들에게 한번이라도 진로에 대한 고민을 하게 만들고 그 답을 어느 정도 제시해 준 상태에서 인생을 선택하게 만드는 것이 올바르지 않을까.

무조건 게임사의 돈, 또는 국민의 세금을 활용한 정부의 돈으로 이 모든 것을 해결할 수 있다고 믿지는 않는다. 모두 다 자신의 입장이라는 것이 있기 때문이다. 만약, 이런 은퇴 후 선수를 케어할 수 있는 좋은 사업모델이 있다면, 그리고 그 좋은 취지를 정부나 게임사가 도와줄 수 있다면, 누군가는 그것으로 사업을 해볼 수 있지 않을까 생각한다. 예를 들어 내가 좋아하는 팀이나 선수가 향후 진로를 위해 사용할 수 있는 자금을 크라우드 펀딩으로 미리 만들고, 정말 절실히 미래를 준비하는 선수들을 선발해 장학금이나 취업 프로그램을 운영한 후 그들이 다시 e스포츠 취업에 돌아와 팬들에게 보답할 수 있는 그런 좋은 사업 말이다. 오늘 이 토론이 진정한 'e스포츠 선진국'으로 가는 길을 고민하는 계기가 되길 기도해 본다.

e스포츠는 과연 스포츠가
될 수 있을까?

2018년 아시안 게임 이후 높아진 스포츠로서의 인식
내적 외적인 구조는 이미 스포츠 반열에 올라와 있어
올림픽 참여가 스포츠화되는데 큰 부분을 차지하지는 않아
정부와 게임사 주도 건전한 게임문화, 건강한 e스포츠 문화 자리잡길

많은 이들이 묻는다. e스포츠는 과연 스포츠인가?

땀을 흘리는 신체적 능력을 쓰지 않기 때문에 스포츠가 아니라느니, 그 럼 가끔 정식종목에 이름을 내미는 체스나 바둑은 스포츠냐는 식의 논쟁 을 한번은 들어봤을 것이다. e스포츠는 스포츠인가, 그리고 스포츠가 될 수 있을까?

e스포츠는 2018년도 자카르타-팔렘방 아시안게임에 임시종목으로 선택 된 바 있다. 종목은 리그 오브 레전드, 스타크래프트2, 클래시 로얄, 펜타 스톰, 하스스톤, PES 2018 이렇게 총 여섯 게임이 세부종목으로 채택되었 고, 한국은 스타크래프트2 금메달, 리그오브레전드 은메달을 따내며 e스 포츠 사상 스포츠대회 최초 메달이라는 역사를 썼다. e스포츠의 정식종목 화는 이때부터 급물살을 타며, 2022년 항저우 아시안 게임에서도 이 분위 기를 이어가는 듯했으나, 결국 최종 심사에서 탈락하며 아쉬움을 전했다.

여기서 첫 번째 질문이다. 여전히 논란의 대상인 e스포츠, 이런 정식종 목에 대한 결정은 누가 내릴까. 올림픽이라면 IOC가, 아시안 게임이라면 OCA가 그 권한을 가지고 있다. 각 스포츠 국제기구들은 또 각 국가의 올 림픽 위원회(예: 한국의 대한체육회)로 회원사가 이뤄져 있으므로 UN같 이 거대한 국제기구의 전형적인 모습을 가지고 있다. 총회에서의 결정들 이 중요하고, 회장이 누가 되느냐도 중요하다. IOC나 OCA의 성격 자체 는 상당히 보수적이며, 쉽게 의사결정을 내릴 수 없는 구조를 가지고 있 다. 그나마 OCA가 IOC보다는 지역 구분상 한 단계 낮은 '아시아' 올림픽 평의회이다 보니 그나마 조금 더 과감한 결정은 내릴 수 있을 것이다. 사 실 최근의 분위기로 e스포츠가 거의 모든 국가에 영향력을 끼치고 있는 상황에서 아시안게임에 e스포츠가 포함된다고 한들 놀랄 사람은 거의 없 을 것이다.

그렇다면 다음 질문이다. 국제스포츠대회의 정식종목이 된다는 이유가 스포츠로 받아들여진다는 의미일까. 꼭 그렇지는 않다. 올림픽이나 아시 안게임 등의 종목은 주관기구 및 주최국가의 의지에 달려 있는 것이다. 예 를 들어 2012 런던 올림픽에서는 야구가 정식종목에 포함되지 않았다. 유 럽에서는 인기가 없는 야구를 개최국 영국이나 IOC가 원치 않았기 때문이 다. 올림픽에 야구가 없다고 야구가 스포츠가 아닌 것인가. e스포츠가 아 직 포함되지 않은 이유는, 아마 스포츠에 대한 정의, e스포츠 종목 내의 폭 력성, 종목의 대중성, 게임에 대한 정부방침, e스포츠 종목선정 기준의 애 매함 등을 고려해 아직은 시기상조라고 판단했을 것이다.

그럼 또 여기서 질문은 던져본다. e스포츠가 스포츠라면 과연 어떤 기준 을 충족시켜야 하는가. 아래와 같이 질문을 던져보고 답해 본다.

– 해당 국가에 그 종목을 주관하는 협회가 있어야 하는가?

우리는 한국 e스포츠협회가 있다. 그리고 종목사인 게임사가 누구보다 열심히 e스포츠를 관리하고 있다.

– 신체적 능력을 활용해야 하는가?

체스, 바둑 같은 예를 볼 때 꼭 신체적 능력이 몸을 모두 움직이는 것을 의미하지는 않고, 마인드 전략 싸움 + 광클과 팀전략의 요소도 인정이 될 수 있다고 본다.

– 스포츠게임만 가능한가?

폭력성과 실제 스포츠와의 유사성을 따진다면 그럴 수는 있겠다. 다만, EA의 FIFA 시리즈말고 이걸 충족시켜줄 게임이 있을까?

– 생활체육, 그리고 아마–프로의 생태계가 존재하는가?

생활체육은 PC방이 그 역할을 해주고 있고, 아마–프로 생태계는 당연히 존재한다. 아마 대한민국 어린 유소년 대부분은 아마추어 게이머일 것이다.

– 인기가 수반된 프로화가 되어 있는가?

당연히 되어 있다. 국내 10대, 20대에게 최고 인기 프로스포츠에 아마 세 손가락 안에 드는 게 e스포츠일 것이다. 글로벌 시청률로만 따지만 아마 이미 프로스포츠를 넘어섰을 것이다. 프로화된 e스포츠의 수익 원천도 스포츠와 비슷하다. 스폰서십, 중계권, MD, 티켓 세일즈 및 F&B 등이 존재하며 각 카테고리별 비중은 다르지만 개념은 동일하다.

이 정도만 살펴봐도 스포츠라고 불러도 손색은 없는 것 같다. 그럼 다음 질문이다. e스포츠가 스포츠라고 받아들여지면 무엇이 달라질까?

그 부분에 대한 대답은 아직 잘 모르겠다. 이미 각 종목사가 알아서 글로벌 대회, 지역 대회들을 잘 운영하고 있다. 또한 한국 e스포츠협회가 아마추어 e스포츠의 발전과 선수들의 권익보호를 위해 앞장서고 있다. 만약 누군가가 '스포츠가 아니다'라고 대서특필한다고 이런 활동들이 없어질까. 그런 일은 없을 것이다. 스폰서들은 계속 e스포츠계로 몰려오고 있고, 중계권 가격은 계속 올라가고 있다. 사실 스포츠로 정의되든 안되든 간에 e스포츠 산업은 앞만 보며 달려갈 것이다. 그게 시대의 흐름인 것이다.

만약 e스포츠가 정식 스포츠로 인정 받아 좋은 게 한 가지 있다. 바로 국제대회에서 좋은 성적을 거둬 몇몇 선수들이 군면제를 받는 가능성이 생긴다는 것이다. 우리나라 프로게이머 선수들은 대부분 군대가 곧 은퇴인 경우가 많기 때문에 이 방법이 생긴다면 그 무엇보다 큰 메리트로 다가올 것이다.

이제 마지막 질문이다. 굳이 스포츠라 불리는 게 중요치 않은 e스포츠, 그럼에도 불구하고 왜 스포츠가 되어야 하는가. 대한체육회의 설립 취지는 살펴보면 이렇게 적혀 있다.

'학교체육—전문체육—생활체육의 벽을 허물어 스포츠로 국민이 행복해지고, 사회가 건강해지는 스포츠 선진국으로의 도약하는데 기여한다.'

아주 좋은 비전이다. e스포츠가 '그들만의 리그'가 아닌 모든 이들에게 받아들여지는 스포츠가 되려면, '학교체육—전문체육—생활체육'의 순환고리가 자리잡아야 한다. 우리나라는 이게 점점 잘 자리잡아 가고 있다. 종목 수가 많지는 않지만, 몇 개의 주요 게임을 중심으로 아마추어 e스포츠—프로 e스포츠가 자리잡아 가고 있다. 프로게이머, 코치진, 방송전문가, 아카데미 등이 점차 선진화되어 가고 있다.

여기서 멈추어서는 안된다. 프로게이머가 자신의 10대 대부분을 게임 연습에 몰두하며 보내야 하는 현실, 그리고 20대 초반에 커리어가 끝나는 현실을 감안해 그 이후의 삶을 보장할 수 있는 길을 만들어야 한다. '본인의 선택'이니 알아서 책임지라는 식의 사고는 안된다. 또한 생활스포츠도 마찬가지다. 게임이 중독이라는 문화는 남이 만든 게 아니다. 우리 스스로 그렇게 인식을 만든 것이다. 건전한 게임문화, 건강한 e스포츠 문화는 절대 나쁜 것이 아니며, 새로운 방식의 레저문화인 것이다. 이 역시 더 많은 프로그램과 인식변화의 노력을 통해 바꿔갈 수 있다. 다행히 우리나라의 정부부처 이하 지자체들이 e스포츠 산업의 부흥에 관심을 가져주기 때문에 조금 더 시간이 지나면 나아지리라 믿는다.

솔직히 말해보자. 대한민국에서 e스포츠는 이미 스포츠의 반열에 올라와 있다. 인기, 외형, 규모 모든 면에서 그렇다. 이제 문제는 그 내실을 찾는 것에 있다. 이 역시 e스포츠 선진국으로서 누구보다 빨리 해낼 수 있을 것이다. 최근 여러 부조리한 계약문제 등으로 내홍을 겪으며 우리는 스스로를 채찍질하고 또 한번 진보했다. 이런 노력들은 어떤 스포츠 종목에 비하면 더 나은 부분도 있다. 앞으로 대한민국 e스포츠가 한국을 대표하는 스포츠로 올림픽에서 메달을 목에 거는 뉴스를 보기를 희망해 본다.

"찐" 인플루언서

　게임사들이 게임 잘하는 사람을 데리고 대회를 여는 것은 어제 오늘 일은 아니었다. 하지만 이런 게이머들을 진정한 의미의 '글로벌 스타'로 만들고, 산업 구조 역시 기성 스포츠와 유사하게 발전시켜 나간 것은 최근 몇 년의 성과이다. 또한 e스포츠의 성격도 빠르게 변하고 있다. 예전의 e스포츠 형태가 '세상에서 게임 제일 잘하는 사람'을 가리는 대회를 만드는데 집중되었다면, 지금은 가장 최고의 프리미엄 엔터테인먼트 가치를 지닌 하나의 쇼로서 발전하고 있다. 프로게이머를 지향하며 하루 하루를 열심히 연습하고 있는 친구들에게도 2부, 아마추어 리그, 트라이아웃처럼 점차 시스템이라는 것이 생겨나고 있으며, 나라에서도 제도적 지원을 통해 뒷받침을 해나가고 있다. 프로가 되지 않더라도, 또는 은퇴를 하더라도 스트리머로 변신해 얼마든지 재밌는 스토리 중심으로 e스포츠 이벤트를 만들 수 있는 여건이 됐다.

　e스포츠 산업의 성장동력은 사실 2015년부터 2020년 사이 혁명적으로 세상을 바꾼 디지털 미디어 시장의 성장이다. 과거에는 전통적 TV 제작 방식에 의존해 게임사와 방송사가 합작해 만드는 대회가 아니고서는 e스포츠를 향유할 수 없었다. 하지만 디지털 플랫폼의 등장은 이 모든 것을 한순

간에 바꿔 버렸다. 유튜브가 이 세상에 처음 소개된 건 2005년이지만, 유튜버가 '인플루언서(Influencer)'가 되어 세상을 바꾸기 시작한 것은 최근 5년 간이라 말할 수 있을 것이다. 초창기 디지털 플랫폼의 큰 비중을 차지했던 콘텐츠 중 하나가 바로 게임이다. 예전이라면 방구석 너드(Nerd)로 치부됐던 이들이 스트리밍을 통해 어느 순간 게임 잘하는 쿨한 사람이 되었고, 그를 통해 인기를 얻은 스트리머가 프로게이머가 되어 전세계 모든 이들에게 슈퍼스타가 되는 경우도 생겨나기 시작했다.

구글의 CBO(Chief Business Officer)인 로버트 킨슬의 저서 '유튜브 레볼루션'의 마지막 챕터엔 이런 표현이 나온다. '밀레니얼 세대를 겨우 파악했더니 이제 Z세대가 나타났다.' 90년대 중반부터 2000년대 중반에 태어난 사람들을 포괄하는 Z세대들은 e스포츠의 주요 소비층이자 앞으로 한 세대를 이끌어 갈 장본인이 될 것이다. 이들은 TV보다는 핸드폰이나 아이패드가, 그리고 24시간 편성된 프로그램보다는 라이브 스트리밍이나 넷플릭스가 더 편하다. 어릴 적부터 게임을 플레이하고 스트리밍을 보고 자랐으며, 또 프로게이머란 직업의 개념을 알고 자란 세대이다.

이런 Z세대들에게 e스포츠 세계에서 일하는 모든 사람들은 문자 그대로 '인플루언서(영향력을 주는 사람)'가 되어가고 있다. 단순히 개인 스트리밍을 하는 인기 프로게이머만을 의미하는 것은 아니다. 프로게이머, 코치, 스트리머, 캐스터, 게임사 e스포츠 담당자, 방송국 PD, 창업자까지 모두를 포함한다. 점점 거대해져 가는 e스포츠 시장에 한 부분을 담당하는 그들 모두가, 그 미래를 꿈꾸는 어린 세대에게 영향력을 주는 인플루언서인 것이다.

현 e스포츠 세계에서 주도적 역할을 하는 모든 사람들은 이런 새로운 세대들에게 일종의 롤모델이 되어야 한다. e스포츠에 관심은 많지만 어디서부터 시작해야 할지 모르는 많은 어린 세대들이 갈 길을 잘 닦아 놓아야 하는 의무가 있다. 그게 바로 내가 생각하는 e스포츠 산업의 '찐(진짜)' 인플루언서이다. 그렇다. 우리는 모두 미래의 세대들에게 '찐 인플루언서'이다.

내가 처음 아무것도 아닌 사회 준비생일 때 스포츠에서 일하는 프로페셔널들을 보며 동경심을 가졌었다. 2013년 처음 전통 스포츠에서 e스포츠를 멀리서 바라봤을 때 뭔가 나를 끌어들이는 그 잠재력과 가능성이 나를 자극시켰던 기억이 있다. 내가 2016년에 드디어 e스포츠 산업에 입성했을 때, 나는 내 예감이 틀리지 않음을 직감할 수 있었다. e스포츠의 어마어마한 상승세와 그럼에도 아직 다 캐지 못한 그 금맥을 말이다.

역사는 미래의 거울이라고 했다. e스포츠의 미래가 어떻게 변해갈지는 그 누구도 확실히 판단할 수 없겠지만, e스포츠의 현재를 냉정하게 들여다보고 분석하는 과정은 반드시 더 나은 미래를 다지는 초석이 되리라 생각한다. 그 부분에서는 나 역시 국내에서는 처음으로 이런 내용을 다룰 수 있었다는 것에 많은 자부심을 느낀다.

이 책을 통해 담은 수많은 사람들의 이야기와 또 나의 이야기는 정말 빙산의 일각에 불과하다. 아직도 바닷속 저 깊은 곳에는 'e스포츠'라는 이름의 더 큰 빙산이 자리잡고 있고, 이제 빠른 속도로 그 모습을 위로 드러내고 있다. 나 역시 산업에 몸담고 있는 사람으로서 선한 영향을 주는 인플루언서로 자리잡고자 한다. 또 내가 예측했던 'e스포츠의 밝은 미래'가 옳았음을 증명할 때까지 계속 노력해 나가고 싶다. 대한민국 e스포츠 화이팅.

감사의 말

이번 책이 개인적으로 다섯 번째 책이지만, 한 권의 책을 출간한다는 사실은 여전히 내게 기적 같은 일이다.

'스포츠마케팅 쪼개기' 시리즈의 뒤를 잇고자 'e스포츠 마케팅 쪼개기'라고 이름을 지었지만 e스포츠 산업계에서는 e스포츠마케팅이란 용어가 거의 쓰이지 않기에, 제목 자체로는 책의 성격을 명확히 할 수 없을 것 같았다. 그래서 책의 부제를 'All About Jobs In Esports (e스포츠 취업의 모든 것)'이라고 지은 것이다.

스포츠 마케팅이라는 주제를 가지고 지속적으로 책을 낼 수 있다는 것은 정말 감사한 일이다. 2006년 스포츠에 대한 열정만 가지고 시작했던 작은 도전의 불씨가, 15년이 지난 지금 차곡차곡 스토리로 쌓여 여러 권의 책으로 남아 누군가에게 도움을 준다고 하니 나조차도 신기할 뿐이다. 일기에나 쓸 수 있는 이야기를 누군가와 공유한다는 것이 조금은 부끄러울 때도 있지만, 누군가가 그 이야기를 영감 삼아 비슷한 꿈을 꾼다는 것은 정말 멋진 일이 아닐 수 없다. 입시, 취업, 진로는 어린 청소년들과 사회초년생들이 가장 관심있는 분야가 아닐까. 그들에게 커리적으로, 또는 인생으로서의 멘토가 되어 선한 영향력을 끼치는 것이 아마 내가 평생 이어가고 삶의 방향이지 않을까 싶다.

이번 책도 나와 함께 출판 파트너로 함께해 준 북마크의 멋쟁이 신사 정기국 대표님께 진심 어린 감사의 말을 전하고 싶다. 책의 기획 아이디어나 출판계획서를 보낼 때마다 늘 따듯하고 여유 있는 말투로 긍정적 피드백과 격려를 주시는 좋은 인생 선배님이시다. 2013년 첫 책을 낼 때 정말 많은 출판사를 컨택하고 직접 만나기도 했지만, 북마크가 가장 좋은 파트너라 느꼈던 것도 다 정기국 대표님의 겸손하시고 인자한 아우라 때문이지 않을까 생각한다. 늦었지만 이번 책을 빌어 꼭 감사하다고 말하고 싶다.

'e스포츠마케팅 쪼개기'는 지금 현재 대한민국 e스포츠에서 맹활약하고 있는 사람들의 현재 모습이 그대로 담겨 있다. 20년 역사 밖에 되지 않은 산업이기에 학문적, 이론적 정보가 여전히 부족한 분야이고, 현업에 있는 사람들의 세대교체도 이뤄지지 않았다. 1세대 e스포츠 캐스터였던 전용준, 성승헌, 박상현, 정소림 캐스터가 여전히 대한민국에서 최상급 중계진으로 활약하고 있는 것을 보면 잘 알 수 있다. 지금 산업에서 활동 중인 사람들은 누군가를 보며 쉬운 길을 따라 걸어온 사람은 없다. 밀림으로 우거진 산을 직접 오르며 허리춤에 찬 칼 하나로 직접 그 길을 만들어가고 있다고 해도 과언이 아니다. 그 길을 함께 걸어가고 있는 우리 모두에게 찬사를 보낸다.

바쁜 업무 중에도 흔쾌히 인터뷰에 참여해 준 많은 분들에게 감사를 드린다.

e스포츠 최고 미남 코치이자 '내일은 패셔니스타' MMA 문성원 코치. 화려한 선수생활을 뒤로 하고 다른 장르 게임에서 새롭게 시작한 코치 생활에서도 멋진 행보를 보이고 있는 그를 계속 응원하고 있다. 특히 MMA 코치처럼 선수 출신들이 e스포츠 업계에서 계속 장수하며 큰 발자취를 이루기를 간절히 바라는 마음에서이다.

차세대 e스포츠 최고 유망주 심지수 캐스터. 그에게 뿜어져 나오는 강직함과 겸손함이 섞인 카리스마는 왠지 성공의 기운이 물씬 풍긴다. 나와 약속한 대로 10년 후 롤드컵 (또는 그를 대체할 게임) 결승의 메인 캐스터가 되기를 계속 응원하겠다. 다만 중계시간으로 인한 생체리듬 핑계 대지 말고 건강관리 잘 하길 당부하고 싶다.

뼛속까지 OGN 정예원 PD. 차분하고 침착하지만 힘 있는 언어로 사람의 마음을 움직일 줄 아는 멋진 사업PD이다. OGN이라는 거대한 영광을 계속 이끌어 갈 좋은 버팀목이 될 것이라 믿는다. 곧 평생 배필을 만나 새로운 인생의 챕터를 여는 그의 삶에 축복을 빌며, 앞으로도 좋은 동료로 남고 싶다.

박진화 PM은 오버워치 컨텐더스로 맺어진 인연 덕분에 인터뷰를 가지게 됐다. 코로나19 덕분에 많이 마주친 적이 없지만, 될 성 부른 나무는 떡잎부터 알아본다고 일하는 스타일을 보고 반하게 됐다. 인터뷰를 하며, '역시'라는 소리를 연발하게 할 정도로 유능한 인재이고, 또 앞으로 아프리카 TV e스포츠에 크게 기여할 핵심멤버라고 느꼈다.

내가 블리자드에서 일하던 시기, WDG라는 회사와 유난히 인연이 많다. WDG 이상기 대표와 권순홍 PD (그리고 위에 소개한 심지수 캐스터)는 그 과정에서 만나게 된 업계 동료들이다. WDG가 아마추어 e스포츠에 가진 비전, 요즘 시대에 가장 필요한 효율적 중계 시스템, 그리고 엉뚱한 몽상가 기질이 그 인연의 끈을 세게 당긴 것 같다. 한 가지 확실한 것은 이상기 대표나 권순홍 PD의 미래는 아마 내가 예측한 대로 흘러가지는 않을 것 같다. 그게 너무 흥미로워 아마 앞으로 계속 이웃으로 그 과정을 지켜보게 되지 않을까 싶다.

김근동님과 방상원님은 블리자드 e스포츠 팀장 시절, 반 년 씩 짧게 같이 근무 했던 미래 유망주들이다. 재야에 이런 인재들이 넘친다는 사실을 몸소 보여준 장본인들이다. 아직은 20대의 나이이기에 그들의 앞에 놓인 여러 갈래의 가능성들이 어떻게 발현될 지 정말 궁금하다. 나는 e스포츠를 보고 진로를 준비했던 사람은 아니지만, 이들처럼 인성과 능력을 갖춘 사회 초년생들을 보면 분명히 몇 년 안에 e스포츠 업계에서 동료로 만날 것 같은 강한 느낌을 받는다. 꼭 다시 다른 인연으로 다시 만나 같이 일할 수 있는 날이 있길 바란다.

　내가 어떤 일을 추진할 때마다 나의 주변에서 응원해 주고 무한 신뢰해 주는 사람 중 한 명이 로지텍 이진회 이사이다. 그래서 내 컴퓨터 장비는 다 로지텍G이다. 나중에 정말 유명해지면 로지텍 로고를 붙인 옷을 입고 다니고 싶을 정도로 늘 내게는 고마운 동료이자 후원자이다. 그와 함께 진행한 지난 프로젝트들은 내 개인적인 e스포츠 역사들 중 가장 기억에 남는 나날들이다. 블리즈컨 당시 내 호텔방에서 만나 나누었던 진솔한 이야기들은 영원히 마음 속에 간직하고 있다.

　부산진흥원 우한솔 선임은 아마 앞으로 가장 주목해야 할 대한민국 여성 e스포츠인이지 않을까 싶다. 성별의 차이와 능력을 따지는 것은 아니고, 그가 가진 능력과 열정 자체가 남녀불문 감히 대한민국 최고로 봐도 무방하다. 부산시 서면에 지어진 지방 자치단체 최초이자 최고 e스포츠 경기장인 부산 e스포츠 아레나 건립 프로젝트의 주역으로 기억될 것이라 믿는다. 그가 보여준 e스포츠를 향한 불꽃(한화 불꽃로드 출신임)으로 세상을 밝힐 일만 남은 듯하다.

빅픽처 인터렉티브 송광준 대표는 창업자로서 존경하는 면모를 두루 갖춘 전형적인 비전형 리더이다. 그의 창업 스토리를 알게 되면서 내가 먼저 접근했고 인터뷰를 부탁했다. 아마 그와의 인연은 계속 이어지게 될 것 같은 강한 느낌을 받는다. 평생을 직장인으로만 살아온 내가 그의 스토리를 들을 때면 늘 마음 어딘가가 요동치기 때문인지도 모른다. 꼭 그의 사업이 승승장구하여 대한민국 e스포츠 전문기업으로 1호 상장 기업이 되고, 세계로 뻗어나가는 유니콘 기업이 되길 응원한다.

인터뷰에 응해준 인원 외에도 감사해야 할 조력자들이 더 있다. 처음 책을 기획했을 때 그 의도를 함께하고 e스포츠 산업 전문 컨퍼런스를 만들어 보자고 의기투합한 베리 e스포츠의 한승용 대표와 빅픽처 인터렉티브의 구마태 경영전략실 부실장(e스포츠 연구개발원 원장 겸임)에게 무한 감사를 보낸다. 우리 셋이 일과 외 시간을 할애해 만든 [e팩트]는 정말 의미있는 프로그램이자 장차 대한민국 e스포츠를 돌이켜볼 때 소중한 자료로 쓰일 대한민국 e스포츠 산업 분석의 초석이 될 것이라 믿는다. [e팩트]는 여전히 현재 진행형인지라 이번 책에는 많이 실지는 못했지만, 책을 통해서 리뷰 글을 소개할 수 있게 허락해 준 러너웨이 구단주 러너 윤대훈, 꽃빈 이현아 부부, 또한 대한민국 최고 e스포츠 캐스터이자 주식회사 중계진 대표인 박상현 캐스터, 마지막으로 EJN의 박찬제 대표에게 진심어린 감사의 말을 전한다. 이 밖에 책에 실은 사진을 쓸 수 있도록 허락해 준 새별비 박종렬, 미로 공진혁, 타이롱 김태영님께도 감사드린다.(여러분과 함께한 오버워치 월드컵 여정은 정말 잊지 못할 겁니다.)

　가장 마지막으로 내 사랑하는 아내 애니와 우리 인생의 최고의 선물 아들 시원이에게도 고맙다는 말을 하고 싶다. 그 존재만으로도 내 인생을 완성시켜주고, 나에게는 살아가는 이유가 된 당신 두 명은 내가 살아가는 이유야. 특히 내가 부족한 모습을 보일 때 객관적인 시각으로 나를 일깨워 주고 더 균형감각 있게 만들어주는 아내 애니에게 진심으로 사랑한다는 말을 전한다. 사랑해. 영원히 하고 하루 더. 책을 통해 말하면 영원히 박제될 것 같은데, 나는 다시 태어나도 애니와 결혼하기로 결정했어.

책이 출판되는 시점이면 이미 내 유튜브가 막 열려 어린 새싹 단계를 밟고 있을 것이라 믿는다. 모든 사람들이 마르고 닳도록 말하는 유튜브를 내가 해보지 않고 평가할 수 없다고 생각한다. 2012년부터 나의 커뮤니케이션이 글(Text)였다면 이제는 영상(Video)이 같이 곁들여져야 하는 시기가 됐다. 콘텐츠가 모든 것의 핵심인 요즘 세상에 내가 그려나갈 콘텐츠 그림이 뭐가 될 지 나 역시 많이 기대가 된다. 그게 무엇이 됐던, 앞으로 다음 세대가 살 이 세상이 더 좋은 세상아 되는데 기여하는 사람으로 남고 싶다.

▶ YouTube 스마쪼맨

e스포츠마케팅 쪼개기

초판 1쇄 발행일 | 2020년 11월 20일

지 은 이 | 이승용
펴 낸 곳 | 북마크
펴 낸 이 | 정기국
디 자 인 | 서용석
마케팅·관리 | 안영미

주   소 | 서울특별시 동대문구 무학로34길 36 덕정빌딩 401호
전   화 | (02) 325-3691
팩   스 | (02) 6442-3690
등   록 | 제303-2005-34호(2005. 8. 30)

ISBN | 979-11-85846-91-0 (13320)
값 | 17,000원